"十二五"职业教育国家规划教材
经全国职业教育教材审定委员会审定
21世纪高职高专能力本位型系列规划教材·物流管理系列

运输管理项目式教程

（第2版）

主　编　钮立新
副主编　王　瑜　王德祥
主　审　方向阳

北京大学出版社
PEKING UNIVERSITY PRESS

内 容 简 介

本书按照运输管理工作过程系统化的原理,以一票货物为载体,以项目驱动为导向,参照物流运输职业岗位的任职要求及国家物流师职业资格标准编写而成。

本书共分为 8 个项目,即物流运输调研、制定物流运输方案、选择物流运输企业和签订运输合同、托运和承运货物、组织货物运输、货物的到达交付与运输商务管理、特殊货物运输、国际货物运输。 全书共有 26 个任务,在内容上融入了物流行业、企业与职业要素,以达到融知识、技能、职业素养于一体的目的。

本书既可用作高职物流管理专业的教材,也可用作物流运输从业人员的业务参考书。

图书在版编目(CIP)数据

运输管理项目式教程/钮立新主编. —2 版. —北京:北京大学出版社,2015.7
(21 世纪高职高专能力本位型系列规划教材·物流管理系列)
ISBN 978-7-301-24241-4

Ⅰ. ①运… Ⅱ. ①钮… Ⅲ. ①物流—货物运输—管理—高等职业教育—教材 Ⅳ. ①F252

中国版本图书馆 CIP 数据核字(2014)第 096115 号

书　　名	运输管理项目式教程(第 2 版)
著作责任者	钮立新　主编
责任编辑	李　辉　陈颖颖
标准书号	ISBN 978-7-301-24241-4
出版发行	北京大学出版社
地　　址	北京市海淀区成府路 205 号　100871
网　　址	http://www.pup.cn　新浪微博:@北京大学出版社
电子信箱	pup_6@163.com
电　　话	邮购部 62752015　发行部 62750672　编辑部 62750667
印刷者	三河市北燕印装有限公司
经销者	新华书店
	787 毫米×1092 毫米　16 开本　14.75 印张　341 千字
	2011 年 8 月第 1 版
	2015 年 7 月第 2 版　2015 年 7 月第 1 次印刷
定　　价	32.00 元

未经许可,不得以任何方式复制或抄袭本书之部分或全部内容。

版权所有,侵权必究
举报电话: 010-62752024　电子信箱: fd@pup.pku.edu.cn
图书如有印装质量问题,请与出版部联系,电话: 010-62756370

序

　　物流业是整合优化运输、仓储、装卸、搬运、包装、流通加工、配送、信息等资源的复合型产业,也是集聚融合运输业、仓储业、货代业、信息业等产业的服务型产业,在扩大就业、促进生产、拉动消费、调整产业结构、转变经济发展方式和增强国民经济竞争力等方面发挥着重要作用。近年来,我国物流业总体规模快速增长、服务水平显著提高、发展环境和条件不断改善,急需一大批理论基础扎实、实践动手能力较强的物流管理和技术技能人才。物流类专业现已成为很多本科院校和高职高专院校重点建设和拓展的热门专业之一。

　　运输作为物流系统的重要功能要素,是物流产业的血脉。"(物流)运输管理"课程作为物流类专业的主干课程之一,对学生理清物流运输体系、科学选择物流运输方式、熟练确定物流运输的责权利、动态更新物流发展知识等具有很好的教学指导意义。

　　我国物流发展起步相对较晚,知名专家学者吸收借鉴物流业发达国家的先进理念,并结合我国实际,编写了诸多版本的(物流)运输管理教材,内容丰富,知识点全面,为我国物流人才的培养做出了重要贡献。由于我国物流业对应用型、复合型、国际化人才的大量需求,出版一系列适合我国物流类专业学生使用的特色教材成为极其迫切的任务。

　　苏州大学钮立新等老师编写的《运输管理项目式教程》(以下简称"教程"),参照物流运输职业岗位的任职要求和国家对物流师的职业资格标准,广泛参考国内外现有教材,深入调研企业最新的运输管理知识和技能,吸收借鉴企业一线先进经验,全面整合梳理运输管理理论、技术和技能;以一票货物为载体,以项目驱动为导向,融物流运输行业、企业、职业要素于一体,分物流运输调研、制定物流运输方案、选择物流运输企业和签订运输合同、托运和承运货物、组织货物运输、货物的到达交付与运输商务管理、特殊货物运输、国际货物运输等8个项目26个任务编排教材内容。"教程"在教学方法和手段上注重"教学做"一体,在考核模式上推行多元化,积极引导教师边教边导边做,学生边学边做边竞技。同时"教程"还在南京铁道职业技术学院精品课程网站上共享课程标准、企业岗位职责与标准、岗位作业程序、教学课件以及主题素材库、图片库、视频库、试题库等内容,实行立体化资源建设和动态课程辅助建设。

　　2013年8月,该教材被教育部选为"十二五"职业教育国家规划教材选题立项教材。希望本教材能为物流专业的运输管理教学添砖加瓦。

2013年12月

马长世,江苏海事职业技术学院党委书记,教授。

第 2 版前言

本书第 1 版自 2011 年出版以来，在全国各地的高职院校得到了广泛使用，涉及物流管理、交通运输等相关专业。由于本书基于工作过程系统化，采用了大量的工作案例和实践操作实例等内容，较好地体现了理论与实践融合，推动了学生职业能力的提高。本书的案例选取直接面向企业工作现场、面向企业一线所急于解决的实际问题，典型实用，体现了职业教育职业性的特点，具有指导意义，非常适于高职院校相关专业及行业企业培训使用，因此得到了有关高职院校和行业协会、物流服务企业的好评。

运输管理是国内大中专院校物流管理、交通运输等专业根据行业企业工作能力培养需要开设的专业核心课程，具有很强的实践性。目前教材版本较多，但存在着重理论轻实践、理论与实践相脱离等缺点，无法满足教学实践需要。随着校企合作的不断深化，以及与企业一线专家的沟通交流，行业企业发展速度很快，一些新技术、新方法得到广泛应用，要求教材也要与时俱进，不断更新，以适应不断发展的社会需要。同时，教材建设能够体现教学改革的需要，要有利于职业技能的培养和职业能力的形成，要求教材不仅能够体现理实一体化，而且要有利于教学做一体化的实现。大中专院校物流管理、交通运输等专业已成为培养社会所需的物流类高素质技术技能型专门人才的主要途径，因此，无论是从教材现状还是行业企业发展及专业建设的需要出发，编写和修订本书都是十分必要的。

本次修订在保留第 1 版绝大多数实用内容和案例的基础上，结合行业企业发展和新技术、新方法的应用，更新了数据，并对项目内容和学习任务进行了适当调整。例如，增加了物流运输供需平衡、确定最短运输路线、优化货物调运方案、运输合同的主要内容、航空货物运输的类型等知识点，使各项目的设置更加完善并更贴近实际工作、适应职业能力的培养。

本书第 1 版由钮立新、党康林担任主编，王瑜、陆俊勇担任副主编，成灶平、陈玲玲参编。钮立新负责全书编写的组织和定稿工作。

本次修订由钮立新担任主编，王瑜、王德祥担任副主编，党康林、成灶平、沈建男、李喜荣、黄友文为参编，方向阳担任主审。钮立新负责全书编写的组织和统稿工作，方向阳对全书进行了审核。

编者在编写和修订本书的过程中得到了苏州市吴江经济技术开发区物流中心、中外运高新物流（苏州）有限公司、大田集团苏州公司、苏州高新物流管理有限公司等企业，以及南京海事职业技术学院、苏州工业职业技术学院、苏州经贸职业技术学院、南京铁道职业技术学院、苏州大学政治与公共管理学院和阳澄湖校区管理委员会的领导和同仁的大力支持和指导，在此表示衷心的感谢！

编者在编写本书的过程中还参考了大量的相关资料，借鉴了国内外众多学者的研究成果，在此对他们付出的劳动深表谢意。

由于现代物流业在我国正处于成长阶段，各种新的理论和见解不断出现，且本书的编写时间短，编者水平有限，书中难免有疏漏之处，希望广大读者批评指正。

编 者

2015 年 2 月

目 录

项目1　物流运输调研 …………………… 1

　任务1　物流运输系统调研 ………………… 2
　　1.1.1　现代物流运输系统概述 ………… 2
　　1.1.2　现代物流运输系统的构成 ……… 4
　任务2　物流运输市场调研 ………………… 7
　　1.2.1　物流运输市场的分类 …………… 8
　　1.2.2　运输市场的特征 ………………… 8
　　1.2.3　运输市场的竞争 ………………… 9
　任务3　物流运输供需调研 ………………… 12
　　1.3.1　物流运输需求调研 ……………… 13
　　1.3.2　物流运输供给调研 ……………… 15
　　1.3.3　物流运输供需平衡 ……………… 18
　项目小结 ……………………………………… 19
　职业能力训练 ………………………………… 20

项目2　制定物流运输方案 …………………… 21

　任务1　选择物流运输方式 ………………… 22
　　2.1.1　运输方式及其技术经济
　　　　　 特征分析 …………………………… 22
　　2.1.2　影响运输方式选择的因素 ……… 25
　　2.1.3　选择物流运输方式的方法 ……… 27
　任务2　拟定运输路线 ……………………… 31
　　2.2.1　确定最短运输路线 ……………… 31
　　2.2.2　优化货物调运方案 ……………… 33
　任务3　运输方案合理化 …………………… 38
　　2.3.1　运输合理化的概念和影响
　　　　　 因素 ………………………………… 39
　　2.3.2　不合理运输 ……………………… 40
　　2.3.3　运输合理化的有效措施 ………… 41
　项目小结 ……………………………………… 44
　职业能力训练 ………………………………… 44

**项目3　选择物流运输企业和
　　　　　签订运输合同** …………………… 46

　任务1　选择物流运输企业 ………………… 47
　　3.1.1　物流运输服务质量
　　　　　 比较决策 …………………………… 47
　　3.1.2　物流运输价格比较决策 ………… 48
　　3.1.3　物流运输综合决策 ……………… 49

　任务2　签订运输合同 ……………………… 49
　　3.2.1　运输合同的概念、特征和
　　　　　 分类 ………………………………… 49
　　3.2.2　确定运输合同内容 ……………… 51
　　3.2.3　订立和履行运输合同 …………… 52
　任务3　运输合同管理 ……………………… 53
　　3.3.1　运输合同的变更和解除 ………… 54
　　3.3.2　货运事故和违约处理 …………… 54
　　3.3.3　货运合同当事人的权利、
　　　　　 义务和责任 ………………………… 55
　　3.3.4　合同运输的推行 ………………… 59
　项目小结 ……………………………………… 60
　职业能力训练 ………………………………… 60

项目4　托运和承运货物 …………………… 62

　任务1　托运和承运公路运输货物 ………… 63
　　4.1.1　选择公路货物运输的类型 ……… 63
　　4.1.2　托运和承运公路运输货物的
　　　　　 工作流程 …………………………… 64
　　4.1.3　计算公路货物运输的运费 ……… 67
　　4.1.4　验收与保管货物 ………………… 69
　任务2　托运和承运铁路运输货物 ………… 72
　　4.2.1　选择铁路货物运输的类型 ……… 72
　　4.2.2　托运和承运铁路运输货物的
　　　　　 工作流程 …………………………… 75
　　4.2.3　计算铁路货物运输的运费 ……… 79
　任务3　托运和承运水路运输货物 ………… 86
　　4.3.1　选择水路货物运输的类型 ……… 87
　　4.3.2　托运和承运班轮运输货物的
　　　　　 工作流程 …………………………… 88
　　4.3.3　计算水路货物运输的运费 ……… 93
　任务4　托运和承运航空运输货物 ………… 95
　　4.4.1　选择航空货物运输的类型 ……… 96
　　4.4.2　托运和承运航空运输货物的
　　　　　 工作流程 …………………………… 97
　　4.4.3　计算航空货物运输的运费 …… 100
　项目小结 ……………………………………… 103
　职业能力训练 ………………………………… 103

项目5　组织货物运输 ……………………… 106

　任务1　组织公路货物运输 ………………… 107

5.1.1　组织公路货物运输的技术
　　　　　装备与设施 …………… 107
　　5.1.2　组织公路整车货物运输 …… 114
　　5.1.3　组织公路零担货物运输 …… 117
任务2　组织铁路货物运输 …………… 121
　　5.2.1　组织铁路货物运输的技术
　　　　　装备与设施 …………… 122
　　5.2.2　计算铁路货物运输的运到
　　　　　期限 …………………… 124
　　5.2.3　组织铁路货流 ………… 125
　　5.2.4　组织铁路行车 ………… 126
任务3　组织水路货物运输 …………… 127
　　5.3.1　组织水路货物运输的基本
　　　　　条件 …………………… 128
　　5.3.2　组织班轮运输 ………… 131
　　5.3.3　组织租船运输 ………… 133
任务4　组织航空货物运输 …………… 136
　　5.4.1　组织航空货物运输的技术
　　　　　装备与设施 …………… 136
　　5.4.2　计算航空运输时差及飞行
　　　　　时间 …………………… 137
　　5.4.3　组织航空货物运输的业务
　　　　　流程 …………………… 139
项目小结 ……………………………… 143
职业能力训练 ………………………… 143

项目6　货物的到达交付与运输商务
　　　　管理 ……………………… 145
任务1　货物的到达交付 ……………… 146
　　6.1.1　公路运输货物的到达交付 … 146
　　6.1.2　铁路运输货物的到达交付 … 148
　　6.1.3　水路运输货物的到达交付 … 151
　　6.1.4　航空运输货物的到达交付 … 153
任务2　货物装卸 ……………………… 155
　　6.2.1　运输工具积载 ………… 155
　　6.2.2　装载与卸载 …………… 157
任务3　运输商务管理 ………………… 160
　　6.3.1　运输经营风险管理 …… 161
　　6.3.2　运输商务纠纷及处理 … 164
　　6.3.3　运输服务质量管理 …… 167
　　6.3.4　运输安全管理 ………… 169

项目小结 ……………………………… 171
职业能力训练 ………………………… 171

项目7　特殊货物运输 ……………… 173
任务1　危险货物运输 ………………… 174
　　7.1.1　识别和确认危险货物 …… 174
　　7.1.2　各类危险货物的特征和储运
　　　　　要求 …………………… 175
　　7.1.3　危险货物运输的组织与
　　　　　管理 …………………… 185
任务2　超限货物运输 ………………… 189
　　7.2.1　超限货物概述 ………… 190
　　7.2.2　超限货物运输的管理规定与
　　　　　业务规范 ……………… 192
任务3　鲜活易腐货物运输 …………… 194
　　7.3.1　鲜活易腐货物运输的特点 … 194
　　7.3.2　鲜活易腐货物保藏及运输的
　　　　　方法 …………………… 195
　　7.3.3　鲜活易腐货物的运输组织
　　　　　工作 …………………… 196
项目小结 ……………………………… 196
职业能力训练 ………………………… 196

项目8　国际货物运输 ……………… 198
任务1　制定国际货物运输方案 ……… 199
　　8.1.1　选择国际货物运输方式 … 199
　　8.1.2　拟定国际货物运输线路 … 201
　　8.1.3　确定国际货运代理 …… 203
任务2　签订国际货物运输合同 ……… 208
　　8.2.1　签订国际货物运输代理
　　　　　合同的基本程序 ……… 208
　　8.2.2　缮制提单 ……………… 210
　　8.2.3　签订租船合同 ………… 216
任务3　国际货物的交接 ……………… 218
　　8.3.1　国际货物的装载方式与交接
　　　　　地点 …………………… 218
　　8.3.2　国际货物的交接方式 … 220
　　8.3.3　国际货物的交接程序 … 221
项目小结 ……………………………… 223
职业能力训练 ………………………… 223

参考文献 …………………………… 225

项目 1

物流运输调研

任务1 物流运输系统调研

【学习目标】

- 能理解运输系统的概念、功能与作用。
- 能运用网络技术、实地考察等方式对运输系统进行调研，为选择运输服务商提供决策依据。
- 熟悉运输系统的构成。
- 能区分不同的运输系统，能考察运输系统。

【任务描述】

以物流运输系统为载体，完成运输及其功能调研、区分不同的运输系统。作为运输客户，调查其所处的运输环境系统，为运输业务人员的基础能力。

【想一想】

科华电脑公司储运部主管李清准备为公司运送100箱计算机（从上海市南京路88号到南京市珠江路90号南京联建贸易公司）。李清应如何完成此次运输任务？他应具备哪些知识并如何开展工作？

要解决李清的运输问题，首先必须了解李清能获得的运输资源有哪些。

1.1.1 现代物流运输系统概述

运输是社会和国民经济体系的主要基础条件，是物流的最基本功能之一，是现代物流运作流程不可缺少的一环。运输费用在全部物流费用中占的比例最高，是工商企业取得市场竞争优势的重要手段。因此，加强现代物流运输活动的研究，实现企业运输合理化，无论对企业系统整体功能的发挥，还是对促进国民经济持续、稳定、协调的发展，以及对工商企业的自身竞争实力的增强，都有着重要的意义。

本书将物流运输管理的概念界定为"一个公司外购或自营物流服务过程中对运输服务活动的管理和控制"。

1. 运输系统的基本概念

1) 运输的概念

运输是人和物的载运及输送，在本书中专指"物"的载运及输送。它是指在不同地点之间（如城市之间、企业之间或一个大企业内相距较远的两车间之间），以改变"物"的空间位置为目的，对"物"进行的空间位移。广义的运输经营活动还包括货物集散、装卸搬运、中转仓储、干线运输、配送等。虽然运输过程不生产新的物质产品，但它可以创造货物的时间效用和空间效用（物质产品增值）。

运输作为物流系统的一项功能，包括生产领域的运输和流通领域的运输。生产领域的运输活动一般是在生产企业内部进行，因此称为厂内运输，它是作为生产活动中的一个环节，直接为物质产品的生产服务的。流通领域的运输活动则是流通领域里的一个活动环节，其主要内容是以社会服务为目的,完成货物从生产地点向消费地点在空间位置上的物理性转移。人们经常把较长距离的运输活动称为长途运输或干线运输,把从物流网点到用户的运输活动称为"配送",将局部场地的内部移动称为"搬运"。本书所讲的运输,着重于流通领域的运输。

 **特别提示**

  运输是一种服务,而不是可以触摸到的有形产品,是对购买者和使用者的一种服务,购买这种服务和购买有形产品有相似之处,也有其独特之处。
  运输的移动特性包括速度、可靠性和频率,货物运输设备影响运输的准备、运输货物的批量和装卸成本等。

  2)运输系统的概念
  运输系统作为物流系统的最基本的系统,是指由与运输活动相关的各种要素组成的一个整体。各种运输方式相组合就组成了各种不同的运输系统,如公路运输系统、铁路运输系统、水路运输系统、航空运输系统、管道运输系统等。例如,处于不同领域,则有生产领域的运输系统和流通领域的运输系统;按运输的性质划分,则有自营运输系统、营业运输系统、公共运输系统等。
  运输系统现代化就是采用当代先进适用的科学技术和运输设备设施,运用现代管理科学,组织、协调运输系统各组成要素之间的关系,达到充分发挥运输功能作用的目的。
  运输系统的现代化,使运输系统结构发生了以下四个方面的根本性改变。
  (1)由单一的运输系统结构转向多种方式联合运输的系统结构,如汽车→船舶→汽车、汽车→铁路→汽车、汽车→飞机→汽车、船舶(港口)→火车(站场)→汽车(集散场)等不同的联合运输系统。
  (2)建立了适用于矿石、石油、肥料、水泥、煤炭等大宗货物的专用运输系统。
  (3)集包装、装卸、运输一体化,使运输系统向托盘化与集装箱化方向发展。
  (4)顺应全球经济的发展需要,一些发达国家陆续开发了一些新的交通系统、收发货物系统等,如铁路传送带运输机械、筒状容器管道系统、城市中无人操纵收发货物系统等,以解决日益增大的物流量而引发的交通运输能力不足的问题。
  2. 运输系统的基本功能
  在物流管理过程中,运输主要提供两大功能:物品移动和短时储存。
  1)物品移动
  运输的主要目的就是以最短的时间、最低的成本将物品转移到指定地点。运输的主要功能就是实现产品在供应链中的位移,通过改变货物的地点与位置而创造出价值,这是空间效用。运输还能使货物在需要的时间内到达目的地,这是时间效用。运输的主要功能就是以恰当的时间将货物从原产地转移到目的地,完成产品的运输任务。
  2)短时储存
  运输的另一大功能就是对物品在运输期间进行短时储存,也就是说将运输工具(车辆、船舶、飞机、管道等)作为临时的储存设施。如果转移中的物品需要储存,而在短时间内还需重新转移,装货和卸货的成本也许会超过储存在运输工具中的费用,或在仓库空间有限的情况下,可以采用迂回路径或间接路径运往目的地。

3. 运输系统的作用

1) 运输是物流的主要功能要素之一

物流是"物"的物理性运动,这种运动不但改变了物的时间状态,也改变了物的空间状态。而运输则承担了改变空间状态的主要任务,运输是改变货物空间状态的全部任务。

2) 运输是社会物质生产的必要条件之一

运输是国民经济的基础和先行。马克思将运输称为"第四个物质生产部门",是将运输看成生产过程的继续,这个继续虽然以生产过程为前提,但如果没有这个继续,生产过程则不能最后完成。所以,虽然运输这种生产活动和一般生产活动不同,它不创造新的物质产品,不增加社会产品数量,不赋予产品新的使用价值,而只变动其所在的空间位置,但这一变动使生产能继续下去,使社会再生产不断推进,所以将其看成一种物质生产部门。

运输作为社会物质生产的必要条件,表现在以下两个方面。

(1) 在生产过程中,运输是生产的直接组成部分,没有运输,生产内部的各环节就无法连接。

(2) 在社会上,运输是生产过程的继续,这一活动联结着生产与再生产、生产与消费的环节,联结着国民经济各部门、各企业,联结着城乡,联结着不同国家和地区。

1.1.2 现代物流运输系统的构成

现代物流运输系统的构成包括运输节点、运输线路、运输工具、货主与运输参与者等要素。

1. 运输节点

运输节点是指以连接不同运输方式为主要职能,处于运输线路上的,承担货物集散、运输业务的办理、运输工具的保养和维修的基地与场所。运输节点是物流节点中的一种类型,属于转运型节点。例如,不同运输方式之间的转运站、终点站,公路运输线路上的停车场(库)、货运站,铁道运输线路上的中间站、编组站、区段站、货运站,水运线路上的港口、码头,空运线路上的空港,管道运输线路上的管道站等,都属于运输节点范畴。

2. 运输线路

运输线路是供运输工具定向移动的通道,也是赖以运行的基础设施,是构成运输系统最重要的要素。在现代的运输系统中,主要的运输线路有公路、铁路、航线和管道。其中公路和铁路为陆上运输线路,除了引导运输工具定向行驶外,还需承受运输工具、货物或人的质量;航线有水运航线和空运航线,主要起引导运输工具定位定向行驶的作用,运输工具、货物或人的质量由水和空气的浮力支撑;管道是一种相对特殊的运输线路,由于其严密的封闭性,所以既充当了运输工具,又起到了引导货物流动的作用。

在我国公路运输线路建设中,高速公路增长最快,从 1989 年通车里程仅 271km,到 2012 年年底达到了 9.62 万 km,位居世界第二。预计到"十二五"末,我国的高速公路通车总里程将有望达 10 万 km,超过美国跃居世界第一。

截至 2012 年年底,我国铁路营业里程达到 9.80 万 km,居世界第二,亚洲第一。其中高铁运营里程达到 9 356km,居世界第一位。复线里程约为 1.38 万 km,电气化里程约为 1.83 万 km。

我国航空运输业也加速增长。截至 2012 年年底,民航航线总数已达 2 457 条,航线总里程达 494.88 万 km,是 1990 年的 9 倍。港口吞吐量已经连续 9 年保持世界第一。

尽管我国运输线路建设增长迅速，就我国国土面积来说已基本赶上发达国家水平，但是，相对于我国人口数量来说，我国不仅与欧美发达国家相差悬殊，而且与巴西等发展中国家相比也有一定差距，见表1-1。由表1-1中数据可知，我国与美国、德国和印度国土面积运输线路密度基本相等，但美国和巴西人口数量运输线路密度是我国的4倍和2倍。

表1-1　五国国土面积、人口数量运输线路密度统计

国家	国土面积运输线路密度/(km/万 km²)	人口数量运输线路密度/(km/万人)
中国	8 227.2	58.3
美国	6 869.3	253.6
德国	14 680.4	65.9
印度	5 403.9	21.6
巴西	1 885.8	118.4

注：表中我国数据截至2011年年底。

 知识链接

我国交通运输部首次发布《中国公路水路交通运输发展报告》

2013年9月26日，我国交通运输部首次发布了《中国公路水路交通运输发展报告》（以下简称《发展报告》）。《发展报告》的时间跨度为1978—2012年，全面介绍了我国公路水路交通运输的发展历程、发展成就，以及在支撑经济贸易发展、改善城乡人民生活、提供安全和社会保障、促进生态文明建设四个方面的突出贡献。

目前，我国已建立了较为完善的公路水路运输系统。高速公路覆盖了全国90%以上的中等城市，普通干线公路基本实现了对县级及以上行政区的连接和覆盖，农村公路通达几乎所有的乡镇和建制村。公路总里程、港口吞吐能力、内河通航里程、全社会完成的公路客货运量、水路货运量和周转量等多项指标均居世界第一。

截至2012年年底，我国公路总里程达424万 km，高速公路通车里程达9.6万 km；内河航道通航里程达12.5万 km，沿海和内河港口生产性泊位达3.2万个；全国拥有公路营运汽车1 340万辆、水上运输船舶17.9万艘。

3. 运输工具

运输工具是指在运输线路上用于装载货物并使其发生位移的各种设备装置，它们是运输能够进行的基础设备。运输工具根据从事运送活动的独立程度可以分为三类：①仅提供动力，不具有装载货物容器的运输工具，如铁路机车、牵引车、拖船等；②没有动力，但具有装载货物容器的从动运输工具，如车皮、挂车、驳船等；③既提供动力，又具有装载货物容器的独立运输工具，如轮船、汽车、飞机等。

管道运输是一种相对独特的运输方式，它的动力装置设备与载货容器的组合较为特殊，载货容器为干管，动力装置设备为泵（热）站。因此设备总是固定在特定的空间内，不像其他运输工具那样可以凭借自身的移动带动货物移动，故可将泵（热）站视为运输工具，甚至可以连同干管都视为运输工具。

我国民用运输工具拥有量的增长速度也是很快的，和相应的运输线路长度的增长呈线性正相关关系。其中民用汽车和私人汽车的增长速度最快，2011年分别是1990年的17倍和90倍。具体数据见表1-2。

表1-2 我国1990—2011年民用运输工具拥有量

运输工具	单位	1990年	1995年	2000年	2003年	2011年
铁路机车	台	13 970	15 554	15 253	16 320	20 721
国家铁路	台	13 592	15 146	14 472	15 456	19 590
地方铁路	台	378	408	327	359	836
合资铁路	台			454	505	295
铁路客车	辆	28 526	32 663	37 249	40 487	54 731
铁路货车	辆	368 561	436 414	443 902	510 327	651 175
民用汽车	万辆	551.36	1 040.00	1 608.91	2 382.93	9 356.32
载客汽车	万辆	162.19	417.90	853.73	1 478.81	7 478.4
载货汽车	万辆	368.48	585.46	716.32	853.51	1 787.99
私人汽车	万辆	81.62	249.96	625.33	1 219.23	7 326.79
水运驳船	艘	82 482	57 998	44 658	40 457	21 292
机动船	艘	325 858	299 717	185 018	163 813	157 950
民航飞机	架	499	852	982	1 190	2 888

4. 货主与运输参与者

运输是物流活动，活动的主体就是参与者，活动作用的对象是货物客体。货物可能属于参与者，也可能不属于参与者。运输必须由货主和运输参与者共同参与才能进行。

1）货主

货主是货物的所有者，包括托运人（或委托人）和收货人，有时托运人和收货人是同一主体，有时不是同一主体。但不管是托运人托运货物，还是收货人收到货物，他们均希望在规定的时间内，在无丢失损坏且能方便获取货物运输信息的条件下，花最少的费用将货物从托运地转移到指定的收货地点。

2）承运人

承运人是指进行运输活动的承担者。承运人可能是铁路货运公司、航运公司、民航货运公司、运输公司、储运公司、物流公司及个体运输业者。承运人受托运人或收货人的委托，按委托人的意愿以最低的成本完成委托人委托的运输任务，同时获得运输收入。承运人根据委托人的要求或在不影响委托人要求的前提下合理地组织运输和配送，包括选择运输方式、确定运输路线、进行配货配载等，降低运输成本，尽可能多地获得利润。

3）货运代理人

货运代理人是指根据客户要求，并为获得代理费用而招揽货物、组织运输和配送的人。货运代理人本身不是承运人，他们只负责把来自各客户手中的小批量货物进行合理组织，装运整合成大批量装载，然后利用承运人进行运输。送达目的地后，再把该大批量装载货物拆分成原来的小批量送往收货人。

4）运输经纪人

运输经纪人是指替托运人、收货人和承运人协调运输安排的中间商，协调的内容包括装运装载、费率谈判、结账和跟踪管理。经纪人也属于非作业中间商。

5）政府

由于运输业是一种经济行业，所以政府要维持交易中的高效率水平。政府期望形成稳定而有效率的运输环境，促使经济持续增长，使产品有效地转移到全国各地市场，使消费者以合理的成本获得产品。为此，许多政府比一般企业要更多地干预承运人的活动，这种干预往往采取规章制度、政策促进、拥有承运人等形式。政府通过限制承运人所能服务的市场或确定他们所能收取的价格来规范他们的行为，通过支持研究开发或提供诸如公路或航空交通控制系统之类的通行权来促进承运人发展。

6）公众

公众关注运输的可达性、费用和效果及环境和安全标准。公众按合理价格产生对商品的需求并最终确定运输需求。尽管最大限度地降低成本对于消费者来说是重要的，但与环境和安全标准有关的交易代价也需要加以考虑。尽管目前在降低污染和消费安全方面已有了重大进展，但空气污染等产生的影响仍是运输的一个重大问题。既然要把降低环境风险或运输工具事故的成本转嫁到消费者身上，那么他们必然会共同参与对运输的安全做出判断和决策。

显然，各方的参与使运输关系变得很复杂，运输决策也很复杂。这种复杂性要求运输管理需要考虑多方面的因素，顾及各个方面的利益。

【做一做】

站在科华电脑公司李清的立场上，对上海地区的运输系统进行调研。

【评一评】

相互交换所完成的调研结果，查看组内其他成员调研情况，每组进行综合，得出小组调研报告，在班级内交流。

任务2　物流运输市场调研

【学习目标】

- 了解运输市场资源环境，掌握运输市场的特征。
- 能运用网络技术、实地考察等方式对运输市场进行调研，了解运输市场竞争状况，为选择运输服务商提供决策依据。
- 能考察运输市场，通过考察进一步理解运输的概念、功能与作用。

【任务描述】

以物流运输市场为载体，完成运输市场竞争状况的调研，运用网络技术、实地考察等方式对运输市场进行调研，为选择运输服务商提供决策依据。

【想一想】

作为科华电脑公司储运部主管的李清，应如何做好运输工作？如何了解关于物流运输市场的有关信息和竞争状况？

运输市场是运输生产者和运输需求者之间进行运输服务产品交易的场所和机制，是运输活动的客观反映。狭义的运输市场指的是运输承运人提供运输工具和运输服务来满足旅客或货主对运输需要的交易活动场所，即进行运输服务买卖的场所。广义的运输市场是指一定地区对运输需求和供给的协调与组织，包括一定的交易场所、较大范围的营业区域和各种显性或隐蔽的业务活动。

1.2.1 物流运输市场的分类

为了做好运输的管理工作，需要了解不同运输市场的经济特征，并有针对性地进行市场调查与分析研究。首先要了解运输市场的分类。在运输市场中有几种分类方法，见表1-3。

表1-3 物流运输市场的类别

标准	类别	特点
按行业划分	铁路运输市场、水路运输市场、公路运输市场、航空运输市场、管道运输市场	这种分类可以用于研究不同运输方式之间的竞争，如综合运输、运价体系和各种运输方式之间的竞争等
按运输对象划分	货运市场、客运市场、装卸搬运市场	货运市场对国民经济形态较为敏感，对安全质量和经济性等要求较高；客运市场则与人民生活水平和国际交往有关，对运输的安全性、快速性、舒适性和方便性等要求较高
按运输范围划分	国内运输市场、国际运输市场（如国际航运市场、国际航空运输市场等）	国内运输包括铁路运输市场、江河运输市场、沿海运输市场、公路运输市场；国际运输包括国际水运市场、国际航空运输市场等
按供求关系划分	卖方运输市场、买方运输市场	在卖方运输市场时，运输产品供不应求，货主的需要常常得不到满足，以运定产的现象经常发生，迫切需要扩大运输生产能力；而在买方运输市场时，运输产品供过于求，又会有大量的运力闲置而得不到充分利用。卖方与买方运输市场的经营环境不同，运输企业所采取的经营策略也不同
按运输需求的弹性划分	富有弹性的运输市场和缺乏弹性的运输市场	在富有弹性的运输市场中，运价的变动对运输量的影响较大，运价是调整运输市场平衡的有力工具
按交割时间划分	现货交易市场和期货交易市场	现货交易市场是指在签订交易合同时，运输劳务立即进行交割；而所谓期货市场是指先签订期货交易合同，然后在某一特定时间交割。期货交易市场的主体之间对运输劳务所有权的转让与货物位移在时间上是分离的，两者不具有同步性，与现货交易有很大的不同

1.2.2 运输市场的特征

运输市场是整个市场体系中的重要市场，它是运输生产者与需求者之间进行商品交换的场所和领域。运输市场具有第三产业服务性市场的特征，这些特征表现如下。

1. 运输市场是一个典型的劳务市场

运输企业主要为社会提供没有实物形态的运输劳务。运输劳务是一种看不见、摸不着的服务产品，它既不能储存也不能调拨，而且它的生产与消费具有同步性，它的所有权具有不可转移性。

2. 运输市场是一个劳动密集型市场

与工业相比，运输业技术构成相对较低，特别是公路运输业。运输业用人较多，每位就业人员占有的固定资产额较低，在企业劳动成果中，活劳动所占比例较大。

3. 劳务市场与商品市场成比例发展

随着社会的进步和商品市场的发展，劳务市场在整个市场中所占的份额有不断扩大的趋势。

4. 运输市场的区域性较强

在市场的空间布局上存在着不同程度的自然垄断。运输市场具有一定的服务半径，超出这个半径范围，企业的经济效益就会急剧下降。

5. 运输市场波动性较强

由于运输劳务没有实物形态，运输市场受各种因素影响后变动较大，因此波动性较强。

6. 运输市场受到企业自给自足运输力量的潜在威胁

许多企事业单位都组建了自己的车队和船队。有的甚至还拥有自己的铁路线和机车车辆，这些运输力量平时主要为本企业的生产服务。但是，它们随时都可能进入运输市场参与竞争，是一支不可忽视的经济力量。在汽车运输行业，企事业单位自备车辆占整个社会汽车拥有量的85%以上。

1.2.3 运输市场的竞争

市场经济本质上是一种竞争经济，竞争机制在其中起着重要的作用。所谓竞争机制是指在市场经济条件下必须建立的优胜劣汰的机制，即通过竞争促使企业之间优化资源配置，更好地参与市场化经营。随着市场机制的不断发育和完善，运输市场将会呈现出更加激烈的争夺。怎样看待和评价我国运输市场中的运输竞争，如何在竞争中规范各类主体的行为，鼓励和促进企业间的有效竞争，防止和避免不良竞争给交通运输企业和整个社会造成危害，是发展运输市场过程中必须引起高度重视的问题之一。因此，加强对运输竞争的研究，探讨竞争机制，对实现运输资源的有效配置、合理调整运输结构、增强运输企业的竞争优势，使运输企业更好地满足国民经济和社会发展的要求，具有重要的现实意义。

1. 运输市场的竞争特点

1）铁路运输的成本构成及市场竞争特点

铁路运输具有较高的固定成本，这是因为铁路运输企业要拥有铁路网、站场、运输设备等固定设施，并要负责维护这些固定设施。通常，这些固定费用要占铁路运输企业成本支出的1/3左右。铁路运输的高固定成本特点，决定了铁路运输企业不可能像其他运输企业那样，对运输需求量的变化能够做出灵活的反应。

铁路运输的可变成本主要由燃料动力费用、人工开支和税收组成。

铁路运输的上述成本特点，决定了铁路运输企业具有较高的规模经济特性。

铁路运输的外部竞争具体表现为：在高价值商品运输及中短途旅客运输上与汽车运输竞争；在紧急货运及中长途旅客运输上与航空运输竞争；在低价值商品运输上与水上运输竞

争；在流体类货物运输上与管道运输竞争。随着整个交通运输事业的发展，以上竞争将会更加激烈。

2）公路运输的成本构成及市场竞争特点

汽车运输的成本结构，包括较高的可变成本和较低的固定成本。大约90%的成本是可变的，10%的成本为固定的。对于公路系统的公共投资是形成这种低固定成本结构的主要原因。因此，汽车运输可以用增加或减少在用汽车数量的办法来适应短期内运量的变化。此外，汽车运输的站场也可以供众多的汽车运输企业或个人使用。每个汽车运输从业者对车站的投资比较少，这也是其固定成本较低的一个原因。所以，汽车运输业的大部分成本属于日常运营支出，即由燃油、工资、车辆磨损、过路过桥费和维修费用等组成的可变成本。汽车运输的这种成本结构，使得它的规模经济效益不太明显，这也是那些小型汽车运输从业者能够保持竞争活力的主要原因。

汽车运输固定成本相对低的特点，使得进入汽车运输业不会受到太高的资金限制，因而汽车运输从业者众多，从而导致汽车运输业的内部竞争十分激烈。对于经营性汽车运输公司（或个人）而言，这种竞争既来自其他商业性汽车运输公司（或个人），也来自企事业单位的自备运输系统。对于大多数的旅客运输、普通货物运输而言，竞争几乎表现为自由市场竞争形态。但对于特种货物运输、零担货物运输、集装箱运输而言，竞争却表现为垄断竞争或寡头垄断形态，因为完成这类运输任务，需要投资较高的专用车辆、装卸设备、专用场站及具有丰富装运经验的专业人员。

3）水路运输的成本构成及市场竞争特点

水路运输的基本成本结构是高可变成本和低固定成本。与汽车运输及航空运输相似，企业不需要为自己准备线路。大自然提供了水道，政府负责维护、改善和管理。航运公司只在使用政府提供的设施时支付使用费，如船闸费、码头费、燃料税等。这些使用费与运量直接相关，所以属于可变成本。

水路运输并不完全是劳务密集型产业，因为它们运输的主要是散装货物，可以进行机械化装卸。燃料消耗方面，船只虽然每千米要消耗更多的燃料，但由于其运量较大，故单位周转量消耗的燃料较少。可以说水运业是燃油消耗更为经济的一种运输方式。航运企业的成本还应包括保险费用，它用来应付自然灾害所造成的损失。航运公司可以用保险金补偿损失，否则自己要直接承担事故造成的全部经济损失。

上述成本结构表明，在各种运输方式中，航运企业的规模经济性不是十分突出，其可变成本通常占到总成本的90%。

水路运输面临的竞争主要来自外部，即与铁路和管道的竞争。水路运输在散干货（如谷物、煤炭等）的运输方面和铁路竞争，在散装液体（石油和石油制品）的运输方面主要和管道竞争。水路运输和汽车运输之间的竞争不大。在大多数情况下，汽车运输帮助水路运输克服了其可达性受到限制的困难，起到了联系内陆地区和水道的纽带作用。

4）航空运输的成本构成及市场竞争特点

与汽车运输相似，航空运输的成本结构也是由高可变成本和低固定成本构成的。这是因为政府投资并经营机场和航线，而航空公司不必直接支付这些固定设施的建设及管理费用。

航空公司的固定成本主要包括购置运输机成本、飞机保险费及其维护费用。其可变成本则包括机场使用费、人工和燃料开支、代理售票机构佣金、旅客用餐费用、广告及服务促销费用等。

由于航空运输主要以客运为主，对于既定客位数的飞机而言，只有其客位被充分利用时，才能发挥出较好的营运效益。这种效益属于规模经济效益，当运用大型运输机时，规模经济性将更加突出。影响航空公司规模经济效益的另一重要因素是其建立的完整通信网（用以实施运营控制和预订机票），这种固定投资的回收与运输量大小密切相关。总之，航空运输业的成本结构和汽车运输业很相似。

航空运输市场的竞争较为剧烈，各国航空公司之间通常在机票票价、航线开辟、服务质量方面展开竞争。目前国内民用航空公司，也逐步形成了中央与地方多家经营的局面，联合、竞争的态势将进一步发展，当然这也将促进我国航空运输事业的进步。

2. 运输市场中运输企业所面临的竞争

在各种竞争中，运输企业所面临的竞争更具有其特殊性。它不仅要参与不同运输方式和同类运输方式之间的运输市场竞争，还要投入多元经济市场的竞争，即它是在"两个市场"中展开的竞争。在目前的运输市场竞争中，任何一个交通运输企业都要根据运输市场的需求，在企业现有的条件下，向社会提供各种不同的运输服务方式，并通过不断变换自己的运输对象、运输工具、运行路线、停靠站点、运输货物到发时间、运行组织方式等来满足货主与不断变化的运输需求，与其他交通运输企业进行竞争。运输竞争能力是指运输企业争取用户、争取市场的能力，它由运能、质量、价格、信誉、服务五个要素构成，其中运输价格和服务质量因素构成了运输市场提升竞争优势的两个重要因素。

1) 运输价格

价格因素的合理调节和运用是运输企业提升其竞争优势、把握市场竞争力的关键。在当前的运输市场竞争中，合理的运输价格和服务收费是市场竞争制胜的关键，在运输方式相似的情况下，运价的高低会影响到企业的竞争力和市场份额。运价较低者就可能有更强的竞争力，有可能占有更多的市场份额。运价是货主选择承运者的重要因素之一，这也就是说，价格优势对企业具有重要的影响。问题的关键是如何获得这种低价竞争的优势。从理论和实践来看，采取加强企业管理、压缩运输成本的"成本领先"策略应该是一条有效的途径。这里所谓的"成本领先"，是要以先进的技术为基础，以科学的管理为手段，通过集约化、规模化、高效化经营来达到合理的保本有利的运价来投入运输竞争，以薄利多销的方式来获得聚沙成塔之效。显然，要达到"成本领先"、降低运输价格的目的，技术创新是运输企业的主要驱动力之一，这点已在我国当前运输市场的竞争中得到了充分的体现。各种运输企业不断采用高新技术来提高运输速度，使用先进适用的运输工具来扩大运输能力，正是源于价格竞争力因素的驱动。

2) 服务质量

服务质量的不断改进和提高是运输企业提升其竞争优势、提高竞争力的核心内容。运输企业的服务优势主要是指为货主所能提供的热情、周到、方便、舒适的服务。服务优势的核心是服务质量，服务质量的竞争在运输方面主要是安全、快捷、舒适、方便及服务设施等。在货物运输方面考虑的主要是正点交付、货损和货差较少、便捷性、可靠性、联运直达等。应该说，在价格受到严格管理，价格浮动空间受到限制的情况下，服务质量的竞争显得尤为重要。

3. 运输市场的规范与发展

在市场机制条件下，优胜劣汰是必然规律，但是，由于交通运输是国家重要的基础产业,且交通运输设备代表着国家固定资产和专用资产的巨额投资,在固定资本所占的比例很大,并具有闲置能力的情况下,如果听任运输市场中的不良竞争,对国家和社会所造成的负面影响和损失将是难以估量的。从这个意义上来看,国家对运输业发展给予适当的规划和引导,对运输市场的竞争进行必要的规范和管制,以此促进有效和公平的竞争,具有极其重要的影响作用。

(1) 国家要进一步加大对运输市场的宏观调控力度,通过建立和健全规范运输市场竞争的法规体系,使运输市场公正、有序的竞争具有法律环境的支持。

(2) 严格运输市场的准入制度,加强对运营过程中各项规章制度的检查、监督与落实。这主要是指对运输的设备条件、经营者的资格条件,特别是从事公路运输的驾驶员了解和掌握交通规则等方面进行的严格管理。除此之外,还必须对各种运输设施的建设、运输工具的制造等确立严格的设计规范和技术标准,对投入运营后相应的养护制度和安全检查制度等的督促落实,以确保运输市场的安全与秩序,确保对社会公众利益的有效保障。

(3) 要通过制定合理的运输发展政策,科学规划各种运输方式的交通基础设施建设发展的战略布局,引导各种交通运输方式有序竞争、协调发展。

(4) 要支持和鼓励各种运输方式通过运输协作来充分发挥各自的供给优势,取长补短,在竞争中综合协调地发展。

由于各种运输方式都有各自的功能和适应范围,都有最适合的优势领域,彼此不能相互取代。因此,应根据社会经济和运输市场发展的需要,支持和鼓励各种运输方式间的运输协作,通过运输协作来弥补运输方式之间技术优势的间断部分,使运输供给特性具有更好的连续性,从而在更大程度上满足各种运输需求,避免运输企业间的不良竞争。

【做一做】

站在科华电脑公司李清的立场上,对上海地区的运输市场竞争状况进行调研。

【评一评】

相互交换所完成的调研结果,查看组内其他成员调研情况,每组进行综合,得出小组调研报告,在班级内交流。

任务3 物流运输供需调研

【学习目标】

- 了解物流运输需求、供给的概念。
- 掌握物流运输供需规律。能运用网络技术、实地考察等方式对物流运输供求状况进行调研,为选择运输服务提供决策依据。
- 掌握物流运输供需平衡的原理。

【任务描述】

以物流运输市场为载体,完成物流运输供求关系的调研,运用网络技术、实地考察等方式对物流运输供求状况进行调研,为选择运输服务提供决策依据。

【想一想】

作为科华电脑公司储运部主管的李清,应如何做好其运输工作?如何了解关于物流运输需求状况的信息?

1.3.1 物流运输需求调研

1. 物流运输需求的概念

物流运输需求是指在一定时期内、一定价格水平下,社会经济活动在货物位移方面具有支付能力的需要。物流运输需求必须满足两个条件,即具有实现货物位移的愿望和具备支付能力。物流运输需要是物流运输需求形成的前提条件,支付能力和支付意愿是物流运输需求形成的必要条件,没有支付能力的物流动运输需求不能形成物流运输需求。

2. 物流运输需求的特征

1) 物流运输需求的派生性

市场需求有独立需求与派生需求。独立需求就是消费者对最终产品的需求,而派生需求则是由于对某一最终产品的需求而引起的对生产该产品的某一生产要素的需求。物流运输活动是产品生产过程在流通领域的继续,它与产品的调配和交易活动紧密相连,因此物流运输需求是工农业生产活动的派生需求。

2) 个别需求的异质性

对于物流运输来说,由于所运输的货物在种类、重量、体积、形状、性质、包装上各有不同,因此对运输总体的需求是由性质不同、要求各异的个别需求构成的。在运输过程中必须采取相应的措施,才能满足这些个别需求的具体要求。它们的运输服务需求各不相同,有的要求运价低廉,有的要求快速送达。因此,识别这些需求的异质性,是搞好物流运输服务经营的重要前提。

3) 总体需求的规律性

对运输服务生产企业来说,不但要掌握和研究个别需求的异质性,而且也要研究总体需求的规律性。不同货物的运输要求虽然千差万别,但就总体来说,还是有一定规律性的,如货流的规律性、市场需求变化的规律性等。

4) 不平衡性

运输的不平衡性体现在时间、空间和方向上。时间的不平衡性主要起因于农业生产的季节性、贸易活动的淡季与旺季、节假日及旅游季节等。空间和方向上的不平衡性主要起因于资源分布、生产力布局、地区经济发展水平、运输网络布局等。

3. 影响物流运输需求的主要因素

1) 价格因素

运输产品价格的变动是引起运输需求变动的主要因素。一般来说,运价下降时,运输需求上升,而运价上涨时,短期内需求会受到一定的抑制。两地市场商品价格差别增大,则会刺激该商品在两地之间的运输需求,而两地商品价格差别缩小,则会减少该商品在两地间的运输需求。另外,燃料、运输工具等价格的变动会引起运价的变动,进而导致运输需求的变动。

2)工农业生产的发展因素

国民经济的主要内容之一就是工农业生产。工农业生产发展了,运输需求也会随之提高。

3)国际国内贸易的增加因素

随着国家进一步对外开放,国家的对外贸易量也迅速增加,相应增加了对运输的需求。

4)国家的经济政策因素

国家的经济政策对运输需求的影响主要表现在政府对经济的扶持与干预上。例如,国家为了发展某一产业,对该产业采取扶持的政策,降低贷款利率或减免税收。国家某些产业和经济领域的兴衰,会直接影响运输的需求。

5)自然因素

自然因素主要是农产品及其他季节性产品对运输的需求,在不同的季节里有着不同的需求。

6)经济地理因素

经济地理因素主要是指由于自然和区位聚集造成的资源的地理分布不平衡。例如,工业矿产能源资源主要分布在我国的北部与西部,工业品生产主要集中在东部沿海地区。为了适应生产和消费的需要,必然产生货物大范围地理位移的运输需求。

4. 物流运输需求规律

物流运输需求是以拥有一定货运量的全体需求者为对象,并表示在不同的运价与全体需求者间对运输工具需求量的关系,只要在每一运价条件下,求出各需求者需求量的总和即是物流运输总需求量。现列出物流运输需求(表1-4),并给出需求函数。

表1-4 物流运输需求

运价(P)	甲需求量($q_甲$)	乙需求量(q_Z)	丙需求量($q_丙$)	总需求量(q_d)
50	2	1	3	6
40	4	2	5	11
30	6	3	7	16
20	8	6	10	24
10	10	10	12	32

需求函数用公式表示如下:

$$P = \Phi(q_d)$$

式中:P——运价;

q_d——需求量。

在其他条件不变的情况下,若运输价格下跌,则需求者对运输服务的需求量将会增加,反之则减少。这就是运输需求规律。

需求的变动是指运价以外其他条件发生变动而导致整条需求曲线的位移,即由非价格因素发生变化而引起的运输需求曲线的位移,如图1.1所示。

物流运输需求量的变动是指需求者对于某种运输的需要量,因运价涨落而发生的变化,其变动是沿一条既定的需求曲线从一点移至另一点,如图1.2所示。

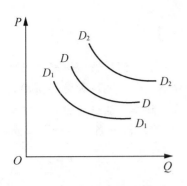
图1.1 物流运输需求的变动

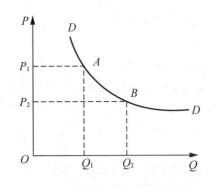
图1.2 物流运输需求量的变动

5. 物流运输需求的价格弹性

物流运输需求受多种因素影响,而且不同影响因素的变化对运输需求的影响程度不同。一般采用运输需求的价格弹性系数可以较好地反映因运价变动而引起需求量变化的程度,用公式表示如下:

$$E_d = \frac{\Delta Q/Q}{\Delta P/P}$$

式中：E_d——运输需求的价格弹性系数;

Q——运输需求量;

P——影响运输需求的价格因素;

ΔQ——运输需求量的变化值;

ΔP——价格因素的变化值。

由于运价变化同需求量变化呈现相反方向,因此弹性系数符号为负号。为了正确确定提高企业经济效益的价格策略,应根据弹性系数E_d的绝对值是大于1、小于1或等于1来采取不同的价格策略。若$|E_d|>1$,则采取降价策略来提高企业营业收入;若$|E_d|<1$,则采取提价策略来提高企业营业收入和经济效益;若$|E_d|=1$,则采取提价与降价的方法都不会影响企业营业收入。

货运需求的价格弹性往往取决于货物的价值。价值小的货物,价格弹性较大;价值大的货物,因运价所占比例很小,故价格弹性较小。价格弹性的大小还同货物的季节性及市场供求状况有关。当某种货物急于上市推销,或某种货物不能久存时,货主情愿选择运价高但速度快的运输方式,尽快地把货物运往市场,而不去选择运价低、速度慢的运输方式,以免错失市场机会。

1.3.2 物流运输供给调研

1. 物流运输供给的概念

物流运输供给是指在一定时期和价格水平下,物流运输生产者愿意而且能够提供的物流运输服务的数量。物流运输供给必须具备两个条件,即物流运输生产者出售服务的愿望和生产运输服务的能力,缺少任一条件,都不能形成有效的物流运输供给。物流运输供给包含四个方面的内容：运输供给量、运输方式、运输布局和运输行业管理体制。

2. 物流运输供给的特征

1）物流运输服务的不可储存性

由于物流运输服务产品不能储存，物流运输企业一般以储存物流运输服务能力来适应市场变化。但物流运输服务能力的储存相当复杂，储存不当会造成巨大的经济浪费。而物流运输服务需求的波动性变化使这一问题更加复杂。运输有旺季、淡季之分，按淡季需求准备服务能力，就不能适应旺季的运输需求；反之，按旺季的需求准备，在淡季又会造成运力的浪费。

2）物流运输供给的不平衡性

物流运输供给的不平衡性主要表现在以下三个方面。

（1）受运价和竞争状况的影响，当物流运输需求旺盛时，刺激运力投入；当物流运输需求萧条时，迫使运力退出市场。在需求旺季时，运价呈上升趋势，物流运输企业大量购买运输工具和资源，使运力不断增加，市场可能达到饱和甚至超饱和状态。相反，当运力过剩和运价长期处于低水平状况时，必然使运输业处于不景气状态。因此，保持合理的运力规模是提高运输工具利用率和满足运输市场需求的必要条件。

（2）物流运输需求的季节不平衡性，导致运输供给出现高峰和低谷的悬殊变化。

（3）由于经济和贸易发展的不平衡性，导致物流运输供给在不同国家和地区之间的不平衡性。

3）物流运输供给的成本转移性

物流运输业可以在成本增加较少的情况下，在需求允许时，增加供给量，但伴随而来的是运输条件的恶化、运输服务质量的下降，使本该由物流运输企业承担的成本转移到客户身上。物流运输供给的成本转移性还体现在运输活动所带来的空气、水、噪声等环境污染，能源的过度消耗和交通堵塞等成本消耗也转移到社会外部的成本中。

4）物流运输供给的可替代性与不可替代性

公路、铁路、水路、航空、管道等不同运输方式中的运输服务商之间存在一定的可替代性。这种可替代性构成了运输业者之间竞争的基础。同时，由于物流运输需求具有时间、空间、方向、方便等的要求，使不同运输方式之间和同一运输方式中的可替代性受到了一定的限制，这种限制又使得不同运输方式和同一运输方式中具有差别的运输服务，都可能在某些领域内的运输供给中形成一定程度的垄断。运输供给的替代性和不可替代性导致了运输供给之间既存在竞争也存在垄断。

3. 影响运输能力供给的主要因素

1）**市场价格**

运输产品价格是影响运输供给的重要因素。在其他条件不变的情况下，运输供给量与运价有正相关的关系。生产要素价格和生产技术状况是导致运输成本变动的主要动因。生产要素价格上涨必然导致运输成本的增加，进而引起运输供给量的减少。生产技术的进步意味着运输能力的提高或运输成本的下降，其结果是能够在原运价水平下，增加运输供给量。

2）**国家（地区）经济发展状况**

一个国家（地区）的经济发展状况必然会影响对运输能力的要求。国家工农业发展迅速，经济建设的高速发展，运输的需求就会增加，相应的运输供给量也会增加。

3）**政策的倾斜方向**

国家以能源、交通为重点，则对运输业的发展有利。例如，目前我国对铁路、公路和航空运输设施建设的投资很大,运输能力迅速增加,已经基本能够适应国民经济发展的要求。

4)运输工具造价与科技发展

由于机车车辆制造业、造船业与汽车工业及航空工业的技术进步,使运输工具成本降低,技术更精,质量更好,必然会吸引大量订单,促进运输业的发展。如果成本高,则从经济利益考虑势必减少订购量。这是影响运输供给的主要因素之一。

5)军事需要

军事需要包括铁路车辆、商船和民航飞机在内的各种运输工具都是一个国家战时军事力量的补充。

4. 物流运输供给规律

在其他条件不变的情况下,若运价下跌,则物流运输服务的供给量将会减少,反之则增加。这就是物流运输供给规律,如图1.3所示。

物流运输供给的表示方法与运输需求相同,也可用供给表与供给曲线及供给函数来表示。

物流运输供给曲线(图1.3)是一条由左下方向右上方延伸的平滑曲线,在线上任何一点表示着一定运价与一定运力供给量的关系。在一般条件下,运价上涨,运力供给量增加;运价下跌,运力供给量减少。

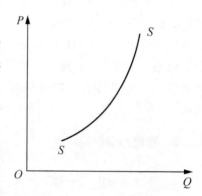

图1.3 物流运输供给规律

若因运价以外的其他条件发生变化,使整条供给曲线向右或向左移动,如图1.4所示,就表示供给发生变化。

物流运输供给量的变动是由于运价的变化所引起的供给量的增加或减少。这种增减是在同一供给曲线上某一点的移动。如图1.5所示,$S-S$为供给曲线,由A点移至B点,其供给量由Q_1增至Q_2,是因为价格由P_1提高到P_2。

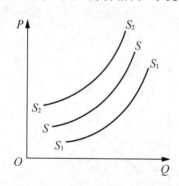

图1.4 物流运输供给变化

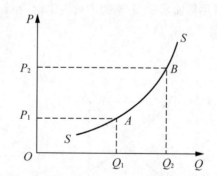

图1.5 物流运输供给量变动

5. 物流运输供给的价格弹性

物流运输供给的价格弹性是指在其他条件不变的情况下,运价变动所引起的供给量变动的灵敏程度。用公式表示如下:

$$E_s = \frac{\Delta Q/Q}{\Delta P/P}$$

式中：E_s——运输供给的价格弹性；
Q——运输供给量；
P——影响运输供给的价格因素；
ΔQ——运输供给量的变化值；
ΔP——价格因素的变化值。

由于运价与运输供给量同方向变动，所以供给弹性为正值。这样，供给量对运价变化的反应可以用供给弹性的大小来衡量。当 $E_s>1$ 时，供给量富有弹性；当 $E_s<1$ 时，供给量缺乏弹性；当 $E_s=1$ 时，供给量是单位弹性。

一般来说，如果运输生产要素适应运输需求的范围大，在运输市场上便于灵活配置，则供给的价格弹性就大；如果运输生产要素适应运输需求的范围小，专用性强，较难转移到其他货物运输市场，则供给的价格弹性就小。能够根据价格的变动灵活调整运力的运输产业，其供给的价格弹性大；反之，难以调整的，其价格弹性就小。如果一种运输服务增加供给的成本较高，那么其供给的价格弹性就小；反之，如果增加的成本不大，供给的价格弹性就大。

1.3.3 物流运输供需平衡

1. 物流运输供需平衡的形成

物流运输供需平衡是指物流运输需求与物流运输供给两种相反的力量在市场上达到均衡时的状态，这时，物流运输供需曲线的交点所对应的运量就是均衡运量，所对应的价格就是均衡价格。

当实际运价偏离了均衡运价，由于供求关系的作用就会推动实际价格向着均衡价格移动。当实际价格 $P_1>$ 均衡价格 P 时，则物流运输供给量 $Q_2>$ 物流运输需求量 Q_1，从而导致价格下降，使实际价格 P_1 向均衡价格 P 移动，如图 1.6 所示。当实际价格 $P_1<$ 均衡价格 P 时，则物流运输需求量 $Q_1>$ 物流运输供给量 Q_2，从而导致价格上升，使实际价格 P_1 向均衡价格 P 移动，如图 1.7 所示。

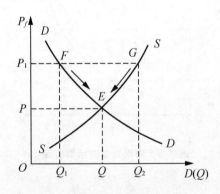

图 1.6 物流运输供需平衡示意(1)

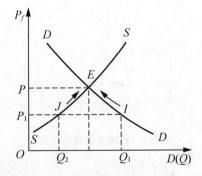

图 1.7 物流运输供需平衡示意(2)

物流运输供需平衡形成的前提是物流运输市场处于完全竞争状态下。在现实中，宏观上的全国范围内的物流运输市场达到平衡状态的可能性极小；而在区域市场，在局部范围内的均衡，则具有可能性，因此将此理论用于局部的平衡分析比较切合实际。

2. 物流运输供需平衡的变动

1）需求水平的变动对平衡的影响

当运输需求曲线 D_0 向右移动到 D_1 时，需求曲线与供给曲线的交点从 K_0 右移到 K_1，均衡价格从 P_0 上升到 P_1，均衡运量从 Q_0 上升到 Q_1。当运输需求曲线 D_0 向左移动到 D_2 时，需求曲线与供给曲线的交点从 K_0 移动到 K_2，均衡价格从 P_0 下降到 P_2，均衡运量从 Q_0 下降到 Q_2，如图 1.8 所示。

2）供给水平的变动对平衡的影响

当运输供给曲线 S_0 向右移动到 S_1 时，供给曲线与需求曲线的交点从 K_0 右移到 K_1，均衡价格从 P_0 下降到 P_1，均衡运量从 Q_0 上升到 Q_1。当运输供给曲线 S_0 向左移动到 S_2 时，供给曲线与需求曲线的交点从 K_0 左移到 K_2，均衡价格从 P_0 上升到 P_2，均衡运量从 Q_0 下降到 Q_2，如图 1.9 所示。

从以上可知，需求水平的变动会引起均衡运价与均衡运量以同方向变动；而供给水平的变动则会引起均衡运价以反方向变动，但均衡运量则以同方向变动。

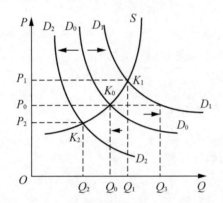 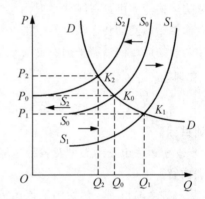

图 1.8　需求水平的变动对平衡的影响　　　图 1.9　供给水平的变动对平衡的影响

【做一做】

分组讨论并使用图示说明在需求和供给水平同时变动的情况下，均衡运价和均衡运量的变化情况。

【评一评】

相互交换所完成的讨论结果，查看组内其他成员完成情况，每组进行综合，得出小组讨论结果，在班级内交流。

项目小结

本项目主要介绍了物流运输系统调研：包括现代物流运输系统、现代物流运输系统的构成；物流运输市场调研：包括物流运输市场的分类、运输市场的特征、运输市场的竞争；物流运输供需调研：包括物流运输需求调研、物流运输供给调研、物流运输供需平衡。

职业能力训练

一、概念题

1. 承运人。
2. 运输市场。
3. 运输供给规律。
4. 物流运输供需平衡。

二、简答题

1. 运输需求的变动和运输需求量的变动有什么区别?
2. 按运输的范围不同,物流运输市场分为哪几种类型?
3. 运输系统包括哪些构成要素?
4. 影响运输能力供给有哪些主要因素?
5. 运输供给的变动和运输供给量的变动有什么区别?
6. 什么是物流运输供需平衡?物流运输供需平衡是如何形成的?

三、实训题

运输市场类型的识别

【实训目标】

进一步理解运输市场的类型及各种运输市场的特点和竞争策略。

【实训内容】

选择某一种运输市场,然后围绕该运输市场进行调研,收集市场资料,在指导教师的帮助下,分析该市场的特征,总结该市场竞争模式属于何种竞争类型及市场内相似企业间所用的竞争策略有哪些。

【实训要求】

全班分组,每组不超过8人,设组长1名,由组长安排小组的进度,并负责总体的协调工作;各小组所选的市场可以重复,但是至少保证整个班级所选市场不少于四个;必要的情况下,可以按照运输市场的类型进行市场的选择。即指导教师事先考察某些特定的运输市场,然后将考察的市场作为实训的对象。

【评价标准】

(1) 资料收集整理(20分)。
(2) 实训内容分析及结果(40分)。
(3) 实训总结报告(20分)。
(4) 实训过程表现(20分)。

项目 2
制定物流运输方案

任务1 选择物流运输方式

【学习目标】
- 了解各种运输方式的技术经济特征。
- 熟悉影响运输方式选择的因素。
- 能根据货物的特性结合相关影响因素选择适当的运输方式。
- 了解运输方式选择的定性分析法。
- 掌握运输方式选择的定量分析法。

【任务描述】

各种运输方式都有其技术经济特征。按照运输设备及运输工具不同,各种运输方式的技术经济特征在运输速度、运输成本、运输能力、经济里程、环境保护等方面都有不同表现。学生能根据五种运输工具的技术经济特点针对不同的运输对象,运用定性分析和定量分析相结合的方法选择适当的运输方式。

【想一想】

苏州吴绫丝绸精品有限公司向法国里昂市出口一批丝绸衣物,用哪些运输方式可以将货物送到目的地?

2.1.1 运输方式及其技术经济特征分析

1. 运输方式及其分类

1) 按运输设备及运输工具的不同分类

按照运输设备及运输工具的不同,运输方式主要可分为公路运输、铁路运输、水路运输、航空运输、管道运输五种。

(1) 公路运输。公路运输是主要使用汽车,也使用其他车辆(如人、畜力车)在公路上进行客货运输的一种方式。公路运输主要承担近距离、小批量的货运,也承担水运、铁路运输难以到达地区的长途大批量货运,以及铁路、水运优势难以发挥作用的短途运输。

(2) 铁路运输。铁路运输是使用铁路列车运送货物的一种运输方式。铁路运输主要承担长距离、大批量的货运。在没有水运条件的地区,几乎所有大批量货物都是依靠铁路运输的。所以,铁路运输是在干线运输中起主力运输作用的运输形式之一。

(3) 水路运输。水路运输是指利用船舶、排筏和其他浮运工具,在江、河、湖泊、人工水道及海洋上运送货物的一种运输方式。水运主要承担大数量、长距离的运输,是在干线运输中起主力作用的运输形式之一。在内河及沿海,水运也常作为小型运输工具使用,担任补充及衔接大批量干线运输的任务。

(4) 航空运输。航空运输是使用飞机或其他航空器进行运输的一种形式。航空运输主要承担长距离、小批量的紧急货物运输。

(5) 管道运输。管道运输是利用管道输送气体、液体和粉状固体的一种运输方式。其运输形式是靠物体在管道内顺着压力方向循序移动实现的，和其他运输方式的重要区别在于，管道设备是静止不动的。

2) 按运输线路的不同分类

按照运输线路的不同，货物运输方式可分为干线运输、支线运输、二次运输、厂内运输，见表2-1。

表2-1 运输方式按运输线路不同的分类

类别	描述	区别
干线运输	指利用铁路、公路的干线和大型船舶的固定航线进行的长距离、大批量的运输	干线运输比其他运输方式速度快，成本也较低
支线运输	指与干线相接的分支线路上的运输	支线运输是干线运输与收、发货地点之间的补充性运输形式，路程较短，运输量相对较小
二次运输	指干线、支线运输到站后，站与用户仓库或指定地点之间的运输，二次运输是一种补充性的运输形式	由于是单个单位的需要，所以运量较小
厂内运输	厂内运输是指在大型工业企业范围内，直接为生产过程服务的运输。小企业内的这种运输称为"搬运"	从工具上讲，厂内运输一般使用卡车，而搬运则使用叉车、输送机等

3) 按运输的作用不同分类

按照运输的作用不同，运输方式可分为集货运输和配送运输。

(1) 集货运输。集货运输是指由几个物流部门组成的共同配送联合体的运输车辆，采用"捎脚"的方式向各货主取货（共同集货）。

(2) 配送运输。配送运输是指将顾客所需的货物通过运输工具及一定的运输路线和其他基础设施送达顾客手中的活动过程。配送运输属于较小批量、较短距离、运送次数多的一种运输形式，它是运输中的末端运输、支线运输，可能是从生产厂家直接到客户或其间再经过批发商、零售商，也可能是由配送中心送至客户。

4) 按运输的协作程度不同分类

按照运输的协作程度不同，运输方式可分为一般运输、联合运输、国际多式联运。

(1) 一般运输。孤立地采用不同的运输工具或同类运输工具而没有形成有机协作关系的为一般运输，如汽车运输、火车运输等。

(2) 联合运输。联合运输简称联运，它是将两个及两个以上运输区段连起来而形成的接力式连续运输。它可以利用不同运输企业或各种运输方式的优势，充分发挥各自的效率，是一种综合性的运输形式。采用联合运输，可以缩短货物的在途运输时间，加快运输速度，节省运费，提高运输工具的利用率，同时可以简化托运手续，方便用户。

(3) 国际多式联运。国际多式联运是联合运输的一种现代形式。一般的联合运输规模较小，在国内大范围物流和国际物流领域，往往需要反复地使用多种运输方式或工具进行运输。在这种情况下，进行复杂的运输方式衔接，并具有联合运输优势的运输，称为国际多式联运。

5) 按运输中途是否换载分类

按照运输中途是否换载,运输方式可分为直达运输、中转运输。

(1) 直达运输。在组织货物运输时,利用一种运输工具从起运站、港一直到目的站、港,中途不经换载,中途不入库储存的运输形式为直达运输。直达运输可以避免中途换载所出现的运输速度减缓、货损增加、费用增加等一系列弊端,从而能缩短运输时间,加快车船周转,降低运输费用。

(2) 中转运输。在组织货物运输时,在货物运往目的地的过程中,在途中的车站、港口、仓库进行转运换载,称为中转运输。中转运输可以将干线、支线运输有效地衔接,可以化整为零或集零为整,从而方便用户,提高运输效率。

2. 各种运输方式的技术经济特征

按照运输设备及运输工具不同的运输方式,其技术经济特征主要包括运输速度、运输成本、运输能力、经济里程、环境保护。

1) 运输速度

运送速度是指旅客、货物在运输过程中平均每小时被运送的距离,其计算公式如下:

$$运送速度 = \frac{客、货运送距离}{客、货在途时间}$$

以什么样的速度实现货物的位移是物流运输的一个重要技术经济指标。影响运送速度的主要因素有运输工具的技术速度、营运速度、始发和终到作业(装卸作业)时间等。

(1) 技术速度是指在运输工具纯运行时间内平均每小时行驶的千米数。技术速度是决定运送速度的基本条件,但运送速度一般都低于技术速度。其计算公式如下:

$$技术速度 = \frac{计算期行驶千米数}{同期纯运行时间}$$

(2) 营运速度是指在运输工具执勤营运时间(汽车运输指出车时间)内平均每小时行驶的千米数。其计算公式如下:

$$营运速度 = \frac{计算期行驶千米数}{同期运输工具执勤营运时间}$$

(3) 始发和终到作业(装卸作业)时间主要指运输工具在始发和到达后进行装卸作业、列车船队编组解体所需时间等。这部分时间在整个运输时间中所占比例越大,运送速度越低。

2) 运输成本

运输成本是指为两个地理位置间的运输所支付的款项,以及与行政管理和维持运输中的存货有关的费用。物流运输成本主要由四项内容构成:基础设施成本、转运设备成本、营运成本和作业成本。以上四项成本在各种运输方式之间存在较大的差异。

3) 运输能力

由于技术及经济的原因,各种运输方式的运载工具都有其适当的容量范围,从而决定了运输线路的运输能力。公路运输由于道路的制约,其运载工具的容量最小,通常载重量是5~10t;我国一般铁路的载重量是 3 000t;水路运输的载重能力最大,从几千吨到几十万吨的船舶都有。

4) 经济里程

运输的经济性与运输距离有紧密的关系。不同的运输方式的运输距离与成本之间的关系有一定的差异。例如，铁路的运输距离增加的幅度要大于成本上升的幅度，而公路则相反。从国际惯例来看，300km 以内被称为短距离运输。一般认为，运输在 300km 内主要选择公路运输，300～500km 内主要选择铁路运输，500km 以上则选择水路运输。

5）环境保护

运输业是污染环境的主要产业部门之一，运输业产生环境污染的直接原因有以下几个方面。

（1）空间位置的移动。在空间位置移动的过程中，移动所必需的能源消耗及交通运输移动体的固定部分与空气发生接触，从而产生噪声振动、大气污染等。空间位置的移动本身不仅会造成环境破坏，更重要的是随交通污染源的空间位置移动，会不断地污染环境，并将破坏扩散到其他地区，造成环境的大面积污染破坏。

（2）交通设施的建设。交通设施的建设往往会破坏植被，改变自然环境条件，破坏生态环境的平衡。

（3）载运的客体。运输工具的动力装置排出来的废气是空气的主要污染源之一，在人口密集的地区尤其严重。例如，汽车运输排放的废气严重地影响空气的质量，油船溢油事故严重污染海洋，铁路建设大量占用土地，大量土地的占用对生态平衡产生影响，并使人类生存环境恶化。

各种运输方式的技术经济特征见表 2-2。

表 2-2　各种运输方式的技术经济特征

运输方式	技术经济特点	运输对象
铁路运输	初始投资大，运输容量大，成本低廉，占用的土地多，连续性强，可靠性好	适合于大宗货物、散件杂货等的中长途运输
公路运输	机动灵活，适应性强，短途运输速度快，能源消耗大，成本高，空气污染严重，占用的土地多	适合于短途、零担货物运输，"门到门"的运输
水路运输	运输能力大，成本低廉，速度慢，连续性差，能源消耗及土地占用都较少	适合于中长途大宗货物运输、海运、国际货物运输
航空运输	速度快，成本高，空气和噪声污染严重	适合于中长途及贵重货物运输、保鲜货物运输
管道运输	运输能力大，占用土地少，成本低廉，能连续输送	适合于长期稳定的流体、气体及浆化固体物运输

2.1.2　影响运输方式选择的因素

影响运输方式选择的因素包括货物的特性、可选择的运输工具、运输总成本、运输时间、运输的安全性等。对于货主或托运人来说，运输的安全性和准确性、运输成本的低廉性和运输速度的快捷等因素是关注的重点。而对于承运人来说，则倾向于较慢的运输速度和较长的运输时间，因为较长的运输时间可以把运输工具作为移动的仓库。因此，物流企业对运输方式的选择，可根据货主或托运人的要求，参考比较不同运输方式的不同运输特性进行最优选择。

1．货物的特性

货物的价值、形状、单件的重量、容积、危险性、变质性等都是影响运输方式选择的重要因素。一般来说，不可能空运量大价低的沙子、庞大笨重的塔吊车，也不可能海运价值昂贵的钻石和硅芯片，更不可能用管道运输冰箱、洗衣机。如要把一个装载笔记本式计算机的集装箱从广州市运送到乌鲁木齐市，再转运给各零售商，可以先根据集装箱的大小，考虑选择铁路运输或航空运输，然后选择汽车运输把货物分送到各零售商。这些例子说明了货物的自然属性直接影响着对运输方式的选择。

2. 可选择的运输工具

尽管现在交通发达，可供选择的运输工具一般有汽车、火车、飞机、轮船等，但对于具体时间、地点条件下的运输，不是所有承运人都能很容易地获得所需要的运输工具的。例如，大兴安岭到北京之间没有水路，因而，只能通过汽车将货物运输到火车站，然后通过铁路运输到北京。货物起点与终点运输，一般只能使用汽车运输，因为汽车运输几乎可以到达任何地方。当然，对于运量大的货物来说，汽车运输是昂贵的，因而汽车运输也只是在短距离上有效，所以更多货物是通过联合运输送达目的地的。

对于运输工具的选择，不仅要考虑运输费用，还要考虑仓储费用，因为运费低的运输工具，一般运量大，而运量大会使库存量增大，库存量增大会相应增加高额的仓储费用，最后使运输成本增加，因此要综合考虑进行选择。

另外，运输工具的选择还要考虑不同运输方式的营运特性，包括速度、可得性、可靠性、能力、频率等。相对来说，汽车运输虽费用低，但运量小，能力不如火车和轮船；而火车、轮船虽运量大，费用也比较低，但急需时却不如汽车那么容易获得。

3. 运输总成本

运输总成本是指为两个地理位置间的运输所支付的费用及与运输管理、维持运输中存货有关的总费用。如果单纯从运输方式的费用考虑，各种运输方式的关系如下。

航空运输＞公路运输＞铁路运输＞水路运输＞管道运输

但是，货物的运输总成本不仅仅包括运输工具的运输费用，还包括运输管理、维持运输中的包装、保管、库存、装卸费用及保险费用，而这些费用又和运输速度有直接的关系：运输速度快，运输时间短，这些费用会随之减少，反之就会增加。这就是说，最低的运输费用并不意味着最低的运输总成本。所以，货物的运输不能单纯地考虑运输方式的费用，还要考虑运输的速度，这样才能做到使运输总成本达到最小。

提高运输速度，缩短运输时间与降低运输总成本是一种此消彼长的关系。要利用快捷的运输方式，就有可能增加运输总成本；反之，运输总成本的下降有可能导致运输速度的减缓，运输时间的延长。所以，选择期望的运输方式，至关重要的问题就是有效地协调二者之间的关系，使其保持一种均衡状态，这样才是理想的选择。

4. 运输时间

运输时间是指从货源地发送货物到目的地接受货物之间的时间。运输时间的度量是货物如何快速地实现发货人和收货人之间"门到门"的时间，而不仅仅是运输工具如何快速移动、货物从运输起点到终点的时间。一般来说，在没有交汇转运点的情况下，火车运输比汽车运输快，但是在最后交货之前，货物在铁路货场上可能需要等待一周时间才能最后转运到收货人手中；而由于汽车运输能直接实现"门到门"的运输，所以比较起来，或许比火车运输花费的时间短。由此看来，不同的运输方式，提供的货物运输时间是不相同的；有的运输方式能提供货物起止点的直接运输，有的则不能；但是不管选择哪一种运输方式或多种联合运输方式，运输时间都应该用"门到门"的运送时间来进行衡量。

5. 运输的安全性

运输的安全性包括所运输货物的安全和运输人员的安全，以及公共安全。当货物在运动的运输工具中时，盗窃发生较少，损坏也很少发生。当然，有时运动本身可能导致货物的损坏，但更多的损坏是由于装卸和搬运或是劣质的包装造成的。所以从整个运输过程来说，同其他运输方式相比，载货卡车能够更好地保护货物的安全，因为只有卡车才能够实现"门到门"的运输，而不需要中途装卸和搬运，或者因为存储或停放而降低货物的安全性。

对运输人员和公共安全的考虑也会影响到货物的安全措施，进而影响到运输方式的选择。例如，对于危险品运输要采取更加安全的措施，而在地面运输中采取的安全措施又远没有在航空运输中那样严格，这是因为航空运输安全与否造成的后果远比其他运输方式严重，这也是航空运输的安全检查远比公路、铁路、水路运输严格得多的重要原因。对于某些货物，不健全的安全措施也会影响到公共安全，甚至影响到国家的安全。所以，不管是从货物的安全性考虑，还是从运输人员的安全或公共安全考虑，都会影响到托运人对运输方式的选择。

6. 其他影响因素

除上述列举的影响运输方式选择的因素外，经济环境或社会环境的变化也制约着托运人对运输方式的选择。例如，随着物流量的增大，噪声、振动、大气污染、海洋污染、事故等问题的社会化，政府为防止这些问题发生的法律、法规相继出台，并日益严格；又如，对公路运输超载货物、超速运行的限制，对航空、水路、铁路、公路运输中特种货物运输的不同规定等；还有防止交通公害的对策、税金、使用费等规定的限制，都会影响托运人对运输方式的选择。

综上所述，选择运输方式时，通常是在保证运输安全的前提下再衡量运输时间和运输费用，当到货时间得到满足时，再考虑费用低的运输方式。当然，计算运输费用不能单凭运输单价的高低，而应对运输过程中发生的各种费用及对其他环节费用的影响进行综合分析。

2.1.3 选择物流运输方式的方法

在各种物流运输方式中，如何选择适当的运输方式是物流合理化的重要问题。一般来讲，应根据物流系统要求的服务水平和可以接受的物流成本来决定，可以选择一种运输方式，也可以选择多式联运的方式。

物流运输方式的选择，需要根据运输环境、运输服务的目标要求，采取定性分析与定量分析的方法进行考虑。

1. 选择物流运输方式的定性分析法

定性分析法主要是依据完成运输任务可用的各种运输方式的运营特点，以及主要功能、货物的特性及货主的要求等因素对运输方式进行直观选择的方法。

1) 单一运输方式的选择

单一运输方式的选择，就是选择一种运输方式提供运输服务。公路、铁路、水路、航空和管道五种基本运输方式各有自身的优点与不足。一般来说，公路运输机动灵活，具有实现货物"门到门"运输的优势；铁路运输的最大缺点是不受气候的影响，可深入内陆和横贯内陆实现货物的长距离准时运输；水路运输则具有运量大、成本低的特殊优势；而航空运输的主要优点是可实现货物的快速运输；管道运输只适合运输流体、气体及浆化固体物。所以，可以根据五种基本运输方式的优势、特点，结合运输需求进行恰当的选择。

2）多式联运的选择

多式联运的选择，就是选择两种以上的运输方式联合起来提供运输服务。多式联运的主要特点是可以在不同运输方式间自由变换运输工具，以最合理、最有效的方式实现货物的运输。多式联运的组合方法很多，但在实际运输中，一般只有铁路与公路联运、公路或铁路与水路联运、航空与公路联运得到较为广泛的应用。

铁路与公路联运，即公铁联运，或称为驮背运输，是指在铁路平板车上载运卡车拖车进行的长距离运输。驮背运输综合了卡车运输灵活、方便，以及铁路运输长距离、经济、准时的优势，运费通常比单一的卡车运输要低。

公路或铁路与水路联运，也称为鱼背运输，是指将卡车拖车、火车车厢或集装箱转载到驳船上或大型船舶上进行的长距离运输。鱼背运输的最大优势是运量大、运费低，所以在国际多式联运中被广泛采用。

航空与公路联运也是被广泛采用的运输方式，这种将航空运输快捷、公路运输灵活方便的多种优势融合在一起提供的运输服务，能以最快的方式实现长距离"门到门"的货物运输。

2. 选择物流运输方式的定量分析法

常用的定量分析法有成本比较法和考虑竞争因素法，应用时可根据实际情况选择其中的一种进行定量分析。但由于运输问题影响因素复杂，很难用一种计算结果来决定一切，计算结果可以作为决策的重要参考依据。

1）成本比较法

如果不将运输服务作为竞争手段，那么能使该运输服务的成本与该运输服务水平导致的相关间接库存成本之间达到平衡的运输服务就是最佳的服务方案。也就是说，运输的速度和可靠性会影响托运人和买方的库存水平（周转库存和安全库存）及他们之间的在途库存水平。如果选择速度慢、可靠性差的运输服务，物流渠道中就需要有更多的库存。这样，就需要考虑库存持有成本可能升高，而抵消运输服务成本降低的情况。因此方案中最合理的应该是既能满足顾客需求，又能使总成本最低的服务。

🌐【算一算】

苏州苏虹公司欲将产品从坐落位置 A 的工厂运往坐落位置 B 的公司自有的仓库，年运量 D 为 700 000 件，每件产品的价格 C 为 30 元，每年的存货成本 I 为产品价格的 30%。公司希望选择使总成本最小的运输方式。据估计，运输时间每减少一天，平均库存水平可以减少 1%。各种运输服务的有关参数见表 2-3。

表 2-3 各运输服务的有关参数

运输方式	运输费率 R/(元/件)	运达时间 T/天	每年运输批次	平均存货量 $\dfrac{Q}{2}$/件
铁路	0.10	21	10	100 000
驮背运输	0.15	14	20	50 000×0.93
卡车	0.20	5	20	50 000×0.84
航空	1.40	2	40	25 000×0.81

在途运输的年存货成本为 $ICDT/365$，两端储存点的存货成本各为 $ICQ/2$，但其中的 C 值有差别，工厂

储存点的 C 为产品的价格,购买者储存点的 C 为产品价格与运费率之和。

运输服务方案比选见表 2-4。

表 2-4 运输服务方案比选　　　　　　　　　单位:元

成本类型	计算方法	运输服务方案			
		铁　路	驮背运输	卡　车	航　空
运输	RD	$0.10×700\,000$ $=70\,000$	$0.15×700\,000$ $=105\,000$	$0.20×700\,000$ $=140\,000$	$1.4×700\,000$ $=980\,000$
在途存货	$ICDT/365$	$(0.30×30×700\,000×21)/365=362\,465$	$(0.30×30×700\,000×14)/365=241\,644$	$(0.30×30×700\,000×5)/365=86\,301$	$(0.30×30×700\,000×2)/365=34\,521$
工厂存货	$ICQ/2$	$0.30×30×100\,000=900\,000$	$0.30×30×50\,000×0.93=418\,500$	$0.30×30×50\,000×0.84=378\,000$	$0.30×30×25\,000×0.81=182\,250$
仓库存货	$ICQ/2$	$0.30×30.1×100\,000=903\,000$	$0.30×30.15×50\,000×0.93=420\,593$	$0.30×30.2×50\,000×0.84=380\,520$	$0.30×31.4×25\,000×0.81=190\,755$
总成本		$2\,235\,465$	$1\,185\,737$	$984\,821$	$1\,387\,526$

由表 2-4 可知,运输服务方案选择卡车的总成本最低。

2)考虑竞争因素法

运输方式的选择如直接涉及竞争优势,则应采用考虑竞争因素的方法。当买方通过供应渠道从若干个供应商处购买商品时,物流服务和价格就会影响到买方对供应商的选择。反之,供应商也可以通过供应渠道运输方式的选择控制物流服务的这些要素,影响买方的选择。

对买方来说,良好的运输服务(较短的运达时间和较少的运达时间变动)意味着可保持较低的存货水平和较确定的运作时间表。为了能获得所期望的运输服务,从而降低成本,买方会对供应商提供其唯一能提供的鼓励——对该供应商更多的惠顾。买方的行为是将更大的购买份额转向能提供较好运输服务的供应商,供应商可以用从交易额扩大而得到的更多利润去支付由于特佳的运输服务而增加的成本,从而鼓励供应商寻求更适合于买方需要的运输服务方式,而不是单纯追求低成本。这样,运输服务方式的选择成了供应商和买方共同的决策。当然,当一个供应商为了争取买方而选择特佳的运输方式时,参与竞争的其他供应商也可能做出竞争反应,而他们会做出怎么样的竞争反应就很难估计了。因此下述的例子说明的是,在不考虑供应商的竞争对手反应的情况下,买方向能提供特佳运输服务的供应商转移更多交易份额的程度。

🌐【算一算】

瑞尔特(太仓)照明有限公司分别从两个供应商处购买了共 3 000 个配件,每个配件单价 100 元。目前这 3 000 个配件是由两个供应商平均提供的,如供应商缩短运达时间,则可以多得到交易份额,每缩短一天,可从总交易量中多得 5% 的份额,即 150 个配件。供应商从每个配件可赚得占配件价格(不包括运输费用)20% 的利润。

于是供应商 A 考虑,如将运输方式从铁路运输转到卡车运输或航空运输是否有利可图。各种运输方式的运费率和运达时间见表 2-5。

表 2-5 各种运输方式的运费率和运达时间

运输方式	运费率/(元/件)	运达时间/天
铁路	2.50	7
卡车	6.00	4
航空	10.35	2

显然,供应商 A 只是根据他可能获得的潜在利润来对运输方式进行选择决策。表 2-6 所示是供应商 A 使用不同的运输方式可能获得的预期利润。

表 2-6 供应商 A 使用不同运输方式的利润比较

运输方式	配件销售量/件	毛利/元	运输成本核算/元	净利润/元
铁路	1 500	30 000.00	3 750.00	26 250.00
卡车	1 950	39 000.00	11 700.00	27 300.00
航空	2 250	45 000.00	23 287.50	21 712.50

如果瑞尔特(太仓)照明有限公司对能提供更好运输服务的供应商给予更多份额的交易的承诺实现,则供应商 A 应当选择卡车运输。当然,与此同时,供应商 A 要密切注意供应商 B 可能做出的竞争反应行为,如果出现这种情况,则可能削弱供应商 A 可能获得的利益,甚至使利润化为泡影。

通过上述关于运输服务选择问题的讨论,应该认识到,在考虑运输服务的直接成本的同时,有必要考虑运输方式对库存成本和运输绩效对物流渠道成员购买选择的影响。除此之外,还有其他一些因素需要考虑,其中有些是决策者不能控制的。

(1) 如果供应商和买方对彼此的成本有一定了解将会促进双方的有效合作。但供应商和买方如果是相互独立的法律实体,二者之间若没有某种形式的信息交流,双方就很难获得完全的成本信息。在任何情况下,合作都应该朝着更密切关注对方对运输服务选择的反应或对方购买量的变化的方向发展。

(2) 如果分拨渠道中有相互竞争的供应商,买方和供应商都应该采取合理的行动来平衡运输成本和运输服务,以获得最佳收益。当然,无法保证各方都会理智行事。

(3) 对价格的影响。假如供应商提供的运输服务优于竞争对方,他很可能会提高产品的价格来补偿(至少是部分补偿)增加的成本。因此,买方在决定是否购买时,应同时考虑产品价格和运输绩效。

(4) 运输费率、产品种类、库存成本的变化和竞争对手可能采取的反击措施都增加了问题的动态因素,在此并没有直接涉及。

(5) 这里没有考虑运输方式的选择对供应商存货的间接作用。供应商也会和买方一样,由于运输方式变化改变了运输批量,进而导致库存水平的变化,供应商可以调整价格来反映这一变化,反过来又影响了运输服务的选择。

🌐【做一做】

越海(上海)贸易有限公司是一家综合性的商贸企业,公司在浦东开发区建有超过 2 000m² 的仓库。2013 年 10 月,公司有一批货物需要从上海仓库运往国内外多个城市。运输任务的情况见表 2-7。

表2-7 运输任务的情况

运输任务	运输货物	包装形式	运输数量	规格	目的地	运输时间
1	计算机配件	托盘	45托	标准托盘	广州	3天
2	洗涤液	纸箱	5 000箱	每箱重15kg 每箱40cm×30cm×30cm	西安	10天内
3	服装	集装箱	5个40ft集装箱 2个20ft集装箱	标准集装箱	纽约	20天内
4	计算机配件	纸箱	25箱	每箱重12kg 每箱20cm×15cm×15cm	法兰克福	3天
5	烟花爆竹	纸箱	120箱	每箱重15kg 每箱80cm×50cm×40cm	重庆	5天

注：$1\text{ft}=3.048\times 10^{-1}\text{m}$。

针对本次运输任务，请分别选择合适的运输方式。

【评一评】

根据小组完成的方案选择，推选一位代表到讲台前陈述自己的观点，其他小组对陈述小组的结果进行评判。

任务2 拟定运输路线

【学习目标】

- 掌握最短路线法的原理及计算方法。
- 掌握表上作业法的数学模型及求解方法。

【任务描述】

在制定运输方案时必须要考虑运输成本的最大节约，其中运输路线的选择对运输成本起着重要的作用，在实际工作中可运用最短路线法和表上作业法等方法，来选择运输成本较低的方案。

【想一想】

苏州吴绫丝绸精品有限公司向法国里昂市出口一批丝绸衣物，应采用哪条运输路线将货物送到目的地？

运输路线的选择影响到运输设备和人员的利用，正确确定合理的运输路线可以降低运输成本。下面介绍两种最常见的基本类型。

2.2.1 确定最短运输路线

对于分离的、单个始发点和终点的网络运输路线问题，可以用最短路线法，以求得最低的运输成本。

【算一算】

现有某运输企业需将货主货物用公路运输方式从A地运送到J地。其公路路线图如图2.1所示。图中圆点代表公路的连接处,两个圆点之间所标数字为两点之间的运输距离(也可以是时间、成本或时间和距离的加权值组合)。试计算货物从 A 地运送到 J 地的最短运输线路。

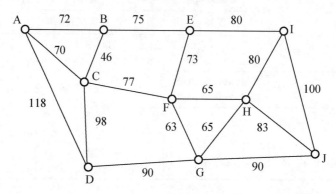

图 2.1 公路运输网示意图

【解】

(1) 从第一个已解的节点或起点 A 开始,计算与起点 A 相连接的未解节点 B、C、D 点。通过计算可知:A→B 需要 72min,A→C 需要 70min;A→D 需要 118min。由此可看到 C 点是距 A 点最近的节点,记为 AC。所以,C 点是唯一的选择,它成为已解的节点。

(2) 找出距 A 点和 C 点最近的未解的节点,B、F 节点是距已知节点 A、C 最近的连接点,有 A→B 和 A→C→F。注意从起点通过已知节点到某一节点所需的时间应该等于到达这个已解节点的最短时间加上已解节点与未解节点之间的时间。也就是说,从 A→B 的时间为 72min;从 A→C→F 的时间等于 AC 节点的时间加 CF 结点的时间,即

$$AC+CF=70+77=147(\min)$$

由此可知,B 点为已解节点。

(3) 现在需要找到与各已知节点直接连接的最近的未解节点。如图 2.1 所示,有三个候选点,分别是 D、E、F,从已知节点到这三个未解节点的最短时间分别为 118min、147min、147min,其中连接 AD 的时间最短,为 118min。由此得知,D 点为已知节点。

重复上述过程直到到达终点 J,即第八步。最小的路线时间是 295min,连接图 2.1 上的路线,可知,最短路线为 A—C—F—H—J。

在节点很多时,可利用计算机进行求解。通过把有关各节点和节点之间的数据资料输入数据库,选好运输路线的起点和终点后,计算机就可以计算出从起点到终点的最短路径。需要说明的是,计算机计算的绝对的最短路径并不一定是实际运输中的最短路径,因为该方法并没有考虑各条路线的运输质量。所以最短路径的选择需要先设定运行时间和距离的权数,通过权数来综合计算实际的最短路径。【算一算】中最短路径计算见表 2-8。

表 2-8 最短路径计算

计算程序	已知节点	与已知节点连接的未解结点	相关总成本计算过程/min	第 n 个最近节点	最小成本/min	最新连接
1	A	B C D	72 70 118	C	70	*AC
2	A C	B F	72 70+77=147	B	72	AB

续表

计算程序	已知节点	与已知节点连接的未解结点	相关总成本计算过程/min	第 n 个最近结点	最小成本/min	最新连接
3	A B C	D E F	118 72+75=147 70+77=147	D	118	AD
4	B C D	E F G	72+75=147 70+77=147 118+90=208	E F	147 147	BE *CF
5	D E F	G G G	118+90=208 72+75+80=227 70+77+63=210	G	208	DG
6	E F	I H	72+75+80=227 70+77+65=212	H	212	*FH
7	E H	I J	72+75+80=227 70+77+65+80=292	I	227	EI
8	I H G	J J J	72+75+80+100=327 70+77+65+83=295 118+90+90=298	J	295	*HJ

2.2.2 优化货物调运方案

如果某种物资有多个货源地可以服务于多个目的地时,那么我们面临的问题是,要指定为各目的地服务的供货地,同时要找到供货地和目的地之间的最佳路径。下面就此类问题如何优化其货物调运方案进行介绍。

1. 建立数学模型

现假设某种物资有 n 个产地,分别为 A_1,A_2,…,A_n,联合供应 m 个销地,B_1,B_2,…,B_m,各产地产量、各销地销量、各产地到各销地的运距(或运价)为已知,见表 2-9。表中 C_{ij}($i=1$,2,…,n;$j=1$,2,…,m)为产地 A_i 到销地 B_j 的运距(或运价)。

表 2-9 产地产量、销地销量运距(运价)

运距\销地 产地	B_1	B_2	…	B_m	产量
A_1	C_{11}	C_{12}	…	C_{1m}	a_1
A_2	C_{21}	C_{22}	…	C_{2m}	a_2
…	…	…	…	…	…
A_n	C_{n1}	C_{n2}	…	C_{nm}	a_n
销量	b_1	b_2	…	b_m	

如果以 x_{ij} 表示由产地 A_i 运往销地 B_j 的物资数量,则最佳运输路径问题的数学模型可表述为以下三种情况。

1) 产销平衡

如果 $\sum_{i=1}^{n}a_i = \sum_{j=1}^{m}b_j$,即总产量等于总销量,则称为平衡运输问题,否则称为不平衡运输问题。平衡运输问题的数学模型如下:

$$\min f(x) = \sum_{i=1}^{n}\sum_{j=1}^{m}c_{ij}x_{ij}$$

满足约束条件:

$$\begin{cases} \sum_{j=1}^{m}x_{ij} = a_i(i=1,2,\cdots,n) \\ \sum_{i=1}^{n}x_{ij} = b_j(j=1,2,\cdots,m) \\ x_{ij} \geqslant 0(i=1,2,\cdots,n;\ j=1,2,\cdots,m) \end{cases}$$

2) 产大于销

如果 $\sum_{i=1}^{n}a_i > \sum_{j=1}^{m}b_j$,即总产量大于总销量,其数学模型如下:

$$\min f(x) = \sum_{i=1}^{n}\sum_{j=1}^{m}c_{ij}x_{ij}$$

满足约束条件:

$$\begin{cases} \sum_{j=1}^{m}x_{ij} \leqslant a_i(i=1,2,\cdots,n) \\ \sum_{i=1}^{n}x_{ij} = b_j\ (j=1,\ 2,\ \cdots,\ m) \\ x_{ij} \geqslant 0(i=1,2,\cdots,n;\ j=1,2,\cdots,m) \end{cases}$$

3) 销大于产

如果 $\sum_{i=1}^{n}a_i < \sum_{j=1}^{m}b_j$,即总产量小于总销量,其数学模型如下:

$$\min f(x) = \sum_{i=1}^{n}\sum_{j=1}^{m}c_{ij}x_{ij}$$

满足约束条件:

$$\begin{cases} \sum_{j=1}^{m}x_{ij} = a_i\ (i=1,\ 2,\ \cdots,\ n) \\ \sum_{i=1}^{n}x_{ij} \leqslant b_j\ (j=1,\ 2,\ \cdots,\ m) \\ x_{ij} \geqslant 0(i=1,2,\cdots,n;\ j=1,2,\cdots,m) \end{cases}$$

对于不平衡运输问题可通过一定处理后,使之成为平衡运输问题。具体方法是,当产大于销时,增加一个"虚构目的地"B_{m+1},令其销量 $b_{m+1} = \sum_{i=1}^{n}a_i - \sum_{j=1}^{m}b_j$,并令各起运站到虚构目的地 B_{m+1} 的运距(运价)为零,最优解解出后,再将各站的产量减去其运往虚构目的地

B_{m+1} 的数值即可;当销大于产时,增加一个"虚构起运站" A_{n+1},令其产量 $a_{n+1} = \sum_{j=1}^{m} b_j - \sum_{i=1}^{n} a_i$,并令其运到各目的地的运距(运价)为零,最优解解出后,再将各目的地的销量减去虚构起运站到达的数值即可。

2. 用表上作业法求解

由上可知,无论是否是平衡运输问题,都可以转化为平衡运输问题。对于平衡运输问题,则可以用表上作业法求得最优解。

表上作业法是指把物资最优调运方案的确定过程,在物资调运平衡表上进行的一种求解方法。物资调运平衡见表 2-10。

表 2-10 物资调运平衡

运距 销地 产地	B_1	B_2	…	B_m	产量
A_1	X_{11}	X_{12}	…	X_{1m}	a_1
A_2	X_{21}	X_{22}	…	X_{2m}	a_2
…	…	…	…	…	…
A_n	X_{n1}	X_{n2}	…	X_{nm}	a_n
销量	b_1	b_2	…	b_m	$\sum_{i=1}^{n} a_i = \sum_{j=1}^{m} b_j$

物资调运的表上作业法求解步骤如下:①确定初始基本可行解;②求检验数,判定是否为最优解;③调整基变量,进行换基迭代,得到新的基本可行解;④重复①、②两步,直到求得最优解。

1)确定初始基本可行解

确定初始基本可行解通常有两种方法:一是左上角法,二是最小元素法。

(1) 左上角法。从表的左上角第一格开始,按集中供应的原则,依次安排运量。由于集中供应,所以未填数值的格子的 X_{ij} 均为零,从而得到一个可行方案。

🌐【算一算】

设某种产品,有 A_1、A_2、A_3 三个生产厂,联合供应 B_1、B_2、B_3 三个需要地,其供应量、需求量和运价见表 2-11。

表 2-11 物资调运平衡表实例

运价 需要地 工厂	B_1	B_2	B_3	供应量
A_1	4	8	8	56
A_2	16	24	16	82
A_3	8	16	24	77
需求量	72	102	41	215

按左上角法,制定初始运输方案见表2-12。

表2-12 初始运输方案(左上角法)

工厂\需要地\运量	B_1	B_2	B_3	供应量
A_1	56			56
A_2	16	66		82
A_3		36	41	77
需求量	72	102	41	215

由 $A_1 \to B_1$ 56 缺 16;$A_2 \to B_1$ 16 余 66;$A_2 \to B_2$ 66 缺 36;$A_3 \to B_2$ 36 余 41;$A_3 \to B_3$ 41 余 0。

此时总运输成本为

$$S = 56 \times 4 + 16 \times 16 + 66 \times 24 + 36 \times 16 + 41 \times 24 = 3\ 624(元)$$

(2) 最小元素法。首先针对具有最小运输成本的路径,并且最大限度予以满足;然后按"最低运输成本优先集中供应"的原则,依次安排其他路径的运输量。仍以【算一算】为例,用最小元素法,制定初始运输方案(最小元素法),见表2-13。表中每格的分子为运价,分母为调运量,无分母的调运量为零。

表2-13 初始运输方案(最小元素法)

工厂\需要地\运价/运量	B_1	B_2	B_3	供应量
A_1	4/56	8	8	56
A_2	16	24/41	16/41	82
A_3	8/16	16/61	24	77
需求量	72	102	41	215

由 $A_1 \to B_1$ 56 缺 16;$A_3 \to B_1$ 16 余 61;$A_3 \to B_2$ 61 缺 41;$A_2 \to B_2$ 41 余 41;$A_2 \to B_3$ 41 余 0。

此时总运输成本为

$$S = 56 \times 4 + 16 \times 8 + 41 \times 24 + 61 \times 16 + 41 \times 16 = 2\ 968(元)$$

2) 判定最优解

初始基本可行解确定后,就可以判定其是否为最优解。判定调运方案是否为最优解有两种方法:一种叫闭回路法,另一种是位势法。下面仅介绍闭回路法。

(1) 求调运表中每格的检验数 λ_{ij}。

如果有调运量,其检验数就等于其调运量。对于没有调运量的称其为空格,可以从这个空格出发,作一个闭回路,除这个空格外,闭回路的其他顶点都是由数字的格构成的。表2-12中,(A_1B_2)为一空格。如果从(A_1B_2)空格出发,沿(A_2B_2)、(A_2B_1)、(A_1B_1)三个有数字的格,又回到(A_1B_2)空格,从而形成$(A_1B_2) \to (A_2B_2) \to (A_2B_1) \to (A_1B_1) \to (A_1B_2)$回路。以此类推,可以做出所有空格的闭回路。对于空格的检验数求法,就是在闭回路上,从空格出发,沿闭回路,将各顶点的运输成本依次设置"+""-"交替的正负符号,然后求其代数和。如果这个代数和小于零，则这个代数和就是这个空格的检验数 λ_{ij}；如果这个代数和大于或等于零，则这个空格的检验数 λ_{ij} 记为零。例如，空格 (A_1B_2) 的检验数 $\lambda_{12}=8-24+16-4=-4$。用同样的方法可以求出其他空格的检验数，见表 2-14。表 2-14 中每格的分子为运价，分母为其检验数。

表 2-14 求检验数

运价/运量 工　厂	需要地 B_1	B_2	B_3	供应量
A_1	4/56	8/-4	8/-12	56
A_2	16/16	24/66	16/-16	82
A_3	8/0	16/36	24/41	77
需求量	72	102	41	215

（2）对调运方案进行判断。如果全部检验数 $\lambda_{ij} \geqslant 0$，则此方案为最优解；如果检验数中仍存在负数，则调运方案不是最优方案，需要继续优化调整。

3）闭回路调整

当初始基本可行解的检验数出现负数时，便需要更换。其具体步骤如下。

（1）选择最小检验数所对应的空格为调入变量。因为检验数越小，总成本改善越显著。

（2）在以调入变量对应的格为顶点的闭回路上，选择偶数顶点上调运量最小者为调出变量。因为闭回路上，自调入变量开始，奇数顶点增加一个单位，偶数顶点便要减少一个单位，才能达到新的平衡，为了保证可行性，必须取偶数顶点中的最小者，否则基本解不可行。

（3）使调出的变量值为零，进行闭回路调整。即偶数点都减去调出变量值，奇数点都增加同样大小的值。调整后，调出变量变成空格，其值转换到调入变量中。

（4）再求检验数，重新进行判断。如此反复，直到求出最优解。

在表 2-14 中，(A_2B_3) 所对应 $\lambda_{23}=-16$，是最小的，现将其作为调入变量。以 (A_2B_3) 为顶点的闭回路 (A_2B_3)→(A_3B_3)→(A_3B_2)→(A_2B_2)→(A_2B_3) 中，第二个顶点 (A_3B_3) 的调运量为最小，现将其作为调出变量。按上述方法对表 2-14 进行调整，见表 2-15。

表 2-15 对初始方案进行调整

运价/运量 工　厂	需要地 B_1	B_2	B_3	供应量
A_1	4/56	8/-4	8/0	56
A_2	16/16	24/25	16/41	82
A_3	8/0	16/77	24/0	77
需求量	72	102	41	215

用以上方法，经多次反复后可得到表 2-16 的最优解。

表 2-16 最优调运方案

运价/运量　　需要地 工　厂	B_1	B_2	B_3	供应量
A_1	4/0	8/56	8/0	56
A_2	16/41	24/0	16/41	82
A_3	8/31	16/46	24/0	77
需求量	72	102	41	215

在表 2-16 中，各检验均非负，所以其为最优解，即最优调运方案。所对应的最低运输成本如下：

$$S = 56 \times 8 + 41 \times 16 + 41 \times 16 + 31 \times 8 + 46 \times 16 = 2744(元)$$

【做一做】

现有某种物资有 A_1、A_2、A_3 三个产地，B_1、B_2、B_3、B_4、B_5 五个销地，产销地之间的运距见表 2-17。请问如何调运可使总的运输量为最低？

表 2-17 产销地运距

运价/运量　　需要地 工　厂	B_1	B_2	B_3	B_4	B_5	供应量
A_1	3	7	8	4	6	13
A_2	9	5	7	10	3	12
A_3	11	10	8	5	7	18
需求量	3	8	5	10	5	43

【评一评】

相互交换所完成的结果并互相进行批改。

任务3　运输方案合理化

【学习目标】

● 掌握运输合理化的概念、了解不合理运输的形式。
● 能正确判断运输的合理性，区分不合理运输，能提出减少不合理运输的具体措施。
● 能分析不合理运输的成因。

【任务描述】

以运输时间、费用为载体，判断运输方案是否合理。

【想一想】

苏州元和家具有限公司物流部刘凤飞准备为公司运送 32t 原木，从吉林市运到江苏省苏州市相城区元和镇苏州元和家具有限公司。刘凤飞应如何合理安排运输线路？如何采用合理的运输方式完成此次运输任务？

要解决刘凤飞的运输问题，我们必须首先了解什么是运输合理化，有哪些不合理运输及运输合理化的具体措施。

2.3.1 运输合理化的概念和影响因素

1. 运输合理化的概念

物流合理化是指在一定的条件下以最少的物流运作成本而获得最大的效率和效益。物流合理化是一个动态过程，其趋势是从合理到更加合理。由于运输是物流系统最重要的功能要素之一，因此，在现代物流的合理化中，物流运输合理化占据非常重要的地位。所谓物流运输合理化，是指按照商品流通规律、交通运输条件、货物合理流向、市场供需情况，走最少的路程、经过最少的环节、用最少的运力、花最少的费用，以最短的时间把货物从生产地运到消费地。也就是用最少的劳动消耗，运输更多的货物，取得最佳的经济效益。

2. 运输合理化的影响因素

运输合理化的影响因素很多，起决定性作用的有以下五个方面的因素，称作合理运输的"五要素"。

1）运输距离

在运输时，运输时间、运输货损、运费、车辆或船舶周转等运输的若干技术经济指标，都与运输距离有一定比例关系。运距长短是运输是否合理的一个最基本因素。缩短运输距离从宏观、微观上都会带来好处。

2）运输环节

每增加一次运输，不但会增加起运的运费和总运费，而且必然要增加运输的附属活动，如装卸、包装等，各项技术经济指标也会因此下降。所以，减少运输环节，尤其是同类运输工具的环节，对合理运输有促进作用。

3）运输工具

各种运输工具都有其使用的优势领域，对运输工具进行优化选择，按运输工具特点进行装卸运输作业，最大限度地发挥所用运输工具的作用，是运输合理化的重要手段。

4）运输时间

运输是物流过程中需要花费较多时间的环节，尤其是远程运输，在全部物流时间中，运输时间占绝大部分，所以，运输时间的缩短对整个流通时间的缩短有决定性作用。此外，缩短运输时间，有利于加速运输工具的周转，充分发挥运力的作用，有利于货主资金的周转，有利于运输线路通过能力的提高，对运输合理化有很大贡献。

5）运输费用

运费在全部物流费用中占很大比例，运费高低在很大程度上决定了整个物流系统的竞争能力。实际上，运输费用的降低，无论对货主企业来讲，还是对物流经营企业来讲，都是运输合理化的一个重要目标。运费的高低也是各种合理化措施是否行之有效的最终判断依据之一。

2.3.2 不合理运输

不合理运输是在现有条件下可以达到的运输水平而未达到,从而造成了运力浪费、运输时间增加、运费超支等问题的运输形式。目前我国存在的不合理运输形式主要有以下八个。

1. 返程或起程空驶

空车无货载行驶,是不合理运输中最为严重的形式。在实际运输组织中,有时候必须调运空车,从管理上不能将其看成不合理运输。但是,因调运不当、货源计划不周、不采用运输社会化而形成的空驶,是不合理运输的表现。造成空驶的不合理运输有以下几种原因。

第一,能利用社会化的运输体系而不利用,却依靠自备车送货、提货,这往往出现单程重车、单程空驶的不合理运输。

第二,由于工作失误或计划不周,造成货源不实,车辆空去空回,形成双程空驶。

第三,由于车辆过分专用,无法搭运回程货,只能单程实车、单程空回周转。

2. 对流运输

对流运输亦称"相向运输""交错运输",指同一种货物,或彼此间可以互相代用而又不影响管理、技术及效益的货物,在同一线路上或平行线路上做相对方向的运送,而与对方运程的全部或一部分发生重叠交错的运输。已经制定了合理流向图的产品,一般必须按合理流向的方向运输,如果与合理流向图指定的方向相反,也属于对流运输。

 特别提示

在判断对流运输时需注意,有的对流运输是不很明显的隐蔽对流。例如,不同时间的相向运输,从发生运输的那个时间看,并未出现对流,可能做出错误的判断,所以要注意隐蔽的对流运输。

3. 迂回运输

迂回运输是舍近求远的一种运输,是可以选取短距离进行运输而不选择,却选择路程较长路线进行运输的一种不合理形式。迂回运输有一定复杂性,不能简单处理。只有当计划不周、地理不熟、组织不当而发生的迂回,才属于不合理运输。如果最短距离有交通阻塞、道路情况不好,或有对噪声、排气等特殊限制而不能使用时发生的迂回,不是不合理运输。

4. 重复运输

本来可以直接将货物运到目的地,但是在未达目的地之处或目的地之外的其他场所将货卸下,再重复装运送达目的地,这是重复运输的一种形式。另一种形式是,同品种货物在同一地点一边运进,同时又向外运出。重复运输的最大弊端是增加了非必要的中间环节,这就延缓了流通速度,增加了费用,增大了货损。

5. 倒流运输

倒流运输是指货物从销地或中转地向产地或起运地回流的一种运输现象。倒流运输的不合理程度要甚于对流运输,其原因在于,往返两程的运输都是不必要的,形成了双程的浪费。倒流运输也可以看成是一种隐蔽的对流运输。

6. 过远运输

过远运输是指调运物资舍近求远,近处有资源不调而从远处调,这就造成可采取近程运输而未采取,拉长了货物运距的浪费现象。过远运输占用运力时间长,运输工具周转慢,物资占压资金时间长,远距离自然条件相差大。此外,又易出现货损,增加了费用支出。

7. 运力选择不当

运力选择不当是不正确地利用运输工具造成的不合理现象,常见的有以下几种形式。

(1) 弃水走陆,是指在同时可以利用水运及陆运时,不利用成本较低的水运或水陆联运,而选择成本较高的铁路运输或汽车运输,使水运优势不能发挥。

(2) 铁路、大型船舶的过近运输,是指不在铁路及大型船舶的经济运行里程范围内,却利用这些运力进行运输。其主要不合理之处在于,火车及大型船舶起运及到达目的地的准备、装卸时间长,且机动灵活性不足,在过近距离中利用,发挥不了运速快的优势;相反,由于装卸时间长,反而会延长运输时间。另外,和小型运输设备比较,火车及大型船舶装卸难度大,费用也较高。

(3) 运输工具承载能力选择不当,是指不根据承运货物数量及重量选择,而盲目决定运输工具,造成过分超载、损坏车辆或货物不满载、浪费运力的现象。尤其是"大马拉小车"现象发生较多。由于装货量小,单位货物运输成本必然增加。

8. 托运方式选择不当

对于货主而言,托运方式选择不当是指可以选择最好托运方式而未选择,造成运力浪费及费用支出加大的现象。例如,应选择整车而未选择,反而采取零担托运,应当直达而选择了中转运输,应当中转运输而选择了直达运输等,都属于这一类型的不合理运输。

 特别提示

以上对不合理运输的描述,就形式本身而言,主要是从微观观察得出的结论。在实践中,必须将其放在物流系统中做综合判断。在不做系统分析和综合判断时,很可能出现"效益背反"现象。单从一种情况来看,避免了不合理,做到了合理,但它的合理却使其他部分出现不合理。只有从系统角度综合进行判断,才能有效避免"效益背反"现象,从而优化全系统。

2.3.3 运输合理化的有效措施

长期以来,人们在生产实践中探索了不少运输合理化的途径,积累了不少经验。这些经验在一定时期内和一定条件下取得了显著实效。

1. 提高运输工具实载率

实载率有两层含义:一是单车实际载重与运距的乘积和标定载重与行驶里程的乘积的比率,这在安排单车、单船运输时,是作为判断装载合理与否的重要指标;二是车船的统计指标,即一定时期内车船实际完成的货物周转量(以 t/km 为单位)占车船标定载重吨位与行驶千米数的乘积的百分比。在计算时车船行驶的千米数,不但包括载货行驶千米数,也包括空驶千米数。

 特别提示

提高实载率的意义在于:充分利用运输工具的额定能力,减少车船空驶和不满载行驶的时间,减少浪费,从而求得运输的合理化。

我国曾在铁路运输上提倡"满载超轴",其中,"满载"的含义就是充分利用货车的容积和载重量,多载货,不空驶,从而达到合理化的目的。这个做法对推动当时运输事业发展起到了积极作用。当前,国内外开展的"配送"形式,优势之一就是将多家需要的货和一家需要的多种货实行配装,以达到容积和载重的充分合理运用,比以往自家提货或一家送货车辆大部分空驶的状况,这是运输合理化的一个进展。在铁路运输中,采用整车运输、合装整车、整车分卸及整车零卸等具体措施,都是提高实载率的有效措施。

2. 采取减少动力投入、增加运输能力的有效措施,求得合理化

这种合理化就是要少投入、多产出,走高效益之路。运输的投入主要是能耗和基础设施的建设,在设施建设已定型和完成的情况下,尽量减少能源投入,是少投入的核心。做到了这一点,就能大大节约运费,降低单位货物的运输成本,达到合理化的目的。国内外在这方面的有效措施有以下四个。

(1)"满载超轴"。其中,"超轴"的含义就是在机车能力允许情况下,多加挂车皮。我国在客运紧张时,也采取加长列车、多挂车皮的办法,在不增加机车的情况下增加运输量。

(2)水运拖排和拖带法。竹、木等物资的运输,利用竹、木本身浮力,而不用运输工具载运,采取拖带法运输,可省去运输工具本身的动力消耗,从而求得合理化;将无动力驳船编成一定队形,一般是"纵列",用拖轮拖带行驶,有比船舶载乘运输运量大的优点,求得合理化。

(3)顶推法。顶推法是我国内河货运采取的一种有效方法,是将内河驳船编成一定队形,由机动船顶推前进的航行方法。其优点是航行阻力小,顶推量大,速度较快,运输成本很低。

(4)汽车挂车。汽车挂车的原理和船舶拖带、火车加挂基本相同,都是在充分利用动力能力的基础上,增加运输能力。

3. 发展社会化的运输体系

运输社会化的含义是发展运输的大生产优势,实行专业分工,打破一家一户自成运输体系的状况。

当前铁路运输的社会化运输体系已经较完善,而在公路运输中,小生产的生产方式非常普遍,是建立社会化运输体系的重点。

社会化运输体系中,各种联运体系是其中水平较高的方式。联运方式充分利用面向社会的各种运输系统,通过协议进行一票到底的运输,有效打破了一家一户的小生产,受到了欢迎。

4. 开展中短距离铁路公路分流、"以公代铁"的运输

在公路运输经济里程范围内,或者经过论证,超出通常平均经济里程范围,也尽量利用公路。这种运输合理化的表现主要有两点:一是对于比较紧张的铁路运输,用公路分流后,可以得到一定程度的缓解,从而加大这一区段的运输通过能力;二是充分利用公路"门到门"和在中途运输中速度快且灵活机动的优势,实现铁路运输服务难以达到的水平。

5. 尽量发展直达运输

直达运输是追求运输合理化的重要形式,其对合理化的追求要点是通过减少中转过载换

载,从而提高运输速度,省去装卸费用,降低中转货损。直达的优势,尤其是在一次运输批量和用户一次需求量达到了一整车时表现最为突出。此外,在生产资料、生活资料运输中,通过直达,建立稳定的产销关系和运输系统,也有利于提高运输的计划水平。考虑用最有效的技术来实现这种稳定运输,以提高运输效率。

6. 配载运输

配载运输是充分利用运输工具载重量和容积,合理安排装载的货物及载运方法以求得合理化的一种运输方式。配载运输也是提高运输工具实载率的一种有效形式。

配载运输往往是轻重商品的混合配载,在以重质货物运输为主的情况下,同时搭载一些轻泡货物。例如,海运矿石、黄沙等重质货物,在舱面捎运木材、毛竹等,铁路运矿石、钢材等重物上面搭运轻泡农副产品等,在基本不增加运力投入、基本不减少重质货物运输的情况下,解决了轻泡货的搭运,因而效果显著。

7. "四就"直拨运输

"四就"直拨运输是减少中转运输环节,力求以最少的中转次数完成运输任务的一种形式。一般批量到站或到港的货物,首先要进分配部门或批发部门的仓库,然后再按程序分拨或销售给用户。这样一来,往往出现不合理运输。

"四就"直拨运输首先是由管理机构预先筹划,其次就厂或就站(码头)、就库、就车(船)将货物分送给用户,而不需再入库了。

8. 发展特殊运输技术和运输工具

依靠科技进步是运输合理化的重要途径。例如,专用散装及罐车解决了粉状、液状物运输损耗大、安全性差等问题;袋鼠式车皮、大型半挂车解决了大型设备整体运输问题;"滚装船"解决了车载货的运输问题,集装箱船比一般船只能容纳更多的箱体,集装箱高速直达车船加快了运输速度等,都是通过运用先进的科学技术来实现合理化的。

9. 通过流通加工,使运输合理化

有不少产品,由于产品本身形态及特性问题,很难实现运输的合理化,如果进行适当加工,就能够有效解决合理运输问题。例如,将造纸材料在产地预先加工成干纸浆,然后压缩体积运输,就能解决造纸材料运输不满载的问题;轻泡产品预先捆紧包装成规定尺寸,再装车就容易提高装载量;水产品及肉类预先冷冻就可提高车辆装载率,并降低运输损耗。

【做一做】

站在苏州元和家具有限公司物流部刘凤飞的立场上,合理安排运输线路及方式,并指出有哪些不合理运输及运输合理化的具体措施。

【评一评】

相互交换所完成的安排结果和总结归纳情况,查看组内其他成员情况,每组进行综合,得出小组结论,在班级内交流。

项目小结

本项目主要介绍了选择物流运输方式：包括运输方式及其技术经济特征分析、影响运输方式选择的因素、选择物流运输方式的方法；优化运输路线：包括用最短路线法选择运输路线、用表上作业法优化货物调运方案；运输方案合理化：运输合理化的概念和影响因素、不合理运输、运输合理化的有效措施。

职业能力训练

一、概念题

1. 配送运输。
2. 多式联运。
3. 不合理运输。
4. 对流运输。

二、简答题

1. 影响运输方式选择的因素包括哪些？
2. 实现运输合理化有哪些有效措施？
3. 按运输设备及运输工具不同，运输分为哪几种方式？
4. 如何将产销不平衡的运输问题转化为平衡运输问题？

三、计算题

1. 苏州市南环桥丁记蔬菜配送有限公司欲将一批易坏蔬菜从苏州运往上海，距离为 100km，共有汽车、火车、直升机三种运输工具可供选择，三种运输工具的主要参考数据见表 2-18。

表 2-18　三种运输工具的数据

运输工具	途中速度/(km/h)	途中费用/(元/km)	装卸时间/h	装卸费用/元
汽车	50	8	2	1 000
火车	100	4	4	2 000
飞机	200	16	2	1 000

若这批蔬菜在运输过程中的损耗为 300 元/h，采用哪种运输方式比较好，即运输过程中的费用与损耗之和最小。

2. 现有某运输企业需将货主货物用公路运输方式从 A 地运送到 I 地。其公路路线如图 2.2 所示。图中圆点代表公路的连接处，两个圆点之间所标数字为两点之间的运输距离

（也可以是时间、成本或时间和距离的加权值组合）。试计算货物从 A 地运送到 I 地的最短运输线路。

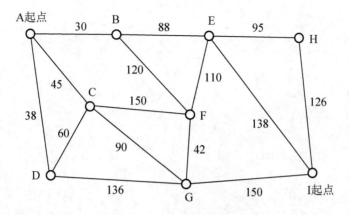

图 2.2　公路运输路线示意

3. 现有某种物资有 A_1、A_2、A_3、A_4 四个产地，B_1、B_2、B_3、B_4、B_5 五个销地，产销地之间的运距见表 2-19。请问如何调运可使总的运输量为最低？

表 2-19　产销地运距

运距　　需要地　　工　厂	B_1	B_2	B_3	B_4	B_5	供应量
A_1	13	7	6	2	12	30
A_2	5	1	10	5	11	20
A_3	10	5	3	7	15	40
A_4	6	3	2	11	10	60
需求量	30	20	25	35	40	150

项目 3

选择物流运输企业和签订运输合同

任务1　选择物流运输企业

【学习目标】

- 了解运输服务的过程质量。
- 了解运输服务的功能质量。
- 熟悉运输价格比较决策方法。
- 熟悉运输综合决策方法。

【任务描述】

托运人或货主通过对运输服务企业提供的服务水平和运输条件进行选择，确定物流运输企业。

【想一想】

某冰箱公司要在位于安徽省合肥市的工厂直接装运500台电冰箱送上海市的一个批发中心。这票货物价值为150万元。上海市的批发中心确定这批货物的标准运输时间为2.5天，如果超出标准时间，每台电冰箱的每天的机会成本是30元。有三家运输企业针对此项运输任务做出如下方案。

(1) 安徽A物流有限公司是一家长途货物运输企业，可以按照优惠费率每千米0.05元/台运送这批电冰箱，装卸费为0.10元/台。已知合肥市到上海市的公路运输里程为1 100km，估计需3天的时间才可以运到。

(2) 安徽B公司是一家水运企业，可以提供水陆联运服务，即先用汽车从该冰箱公司的仓库将货物运至芜湖市的码头(20km)，再用船运至上海市的码头(1 200km)，然后再用汽车从码头运至批发中心(17km)。由于中转的过程中需要多次装卸，因此整个运输时间大约为5天。陆运运费为每千米0.06元/台，装卸费为0.10元/台，水运运费为0.006元/台。

(3) 安徽C有限公司是一家物流企业，可以提供全方位的物流服务，报价为22 800元。并承诺在标准时间内运到，但是准点的概率为80%。

请综合考虑各种因素选择最合适的运输企业。

托运人或货主在确定运输方式后，就需要对选择哪个具体的运输企业做出决策，实质上对运输企业的选择是对其所提供的服务水平和条件的选择。当然，不同客户对运输企业和运输企业提供的服务的要求是不同的，但总体而言，可以从以下几个角度来考虑。

3.1.1　物流运输服务质量比较决策

客户在付出同等运费的情况下，总希望得到更为满意的服务，因此，服务质量往往成为客户选择不同运输企业的首要标准。

1. 运输服务的过程质量

运输所体现的价值是把货物从一个地方运送到另一个地方，完成地理上的位移，而无须对货物本身进行任何加工。但如果运输或保管不当，就会对货物的质量产生影响。因此，客户在选择运输企业时，会将其运输质量作为一个重要的因素来考虑。客户通常从以下几个方面来考虑。

（1）运输企业所使用的运输工具的数量、性能完备和先进程度、技术状态、现代化水平。

（2）运输企业所提供的装卸服务的质量。因为货物在装卸过程中容易造成货损、货差，所以装卸工人的服务质量会直接影响到货物的运输质量。

（3）运输企业员工的工作责任心、知识技能水平、工作经验。

（4）运输企业货物运输控制流程的科学性和合理性。良好的运输控制流程将保证货物及时准确地发运、转运和卸载，减少货物的灭失、错卸、短卸和溢卸及错误交付等。

（5）运输企业的管理制度和服务理念。

（6）运输风险防范机制和措施。

（7）运输企业的资本和资金实力。

（8）运输企业的服务网络的规模和完善程度。

2. 运输服务的功能质量

随着各企业运输质量的提高，客户对服务的要求也越来越高，于是客户在选择不同的运输企业时，还会考虑其他方面的服务水平。

（1）运输企业的业务历史和客户口碑。

（2）运输完成的准时率（准班率）。较高的准时率可以方便客户对货物的库存和发运进行控制，当然也为安排其接运等提供了便利。

（3）运输的时间间隔、发班密度。合理的间隔同样也将方便客户选择托运的时间及发货的密度等。

（4）运输服务的可靠性。通过查阅其历史业绩，了解运输企业完成运输合同的稳定性和可靠性。

（5）单证处理的准确率，包括品种、规格、数量、价格、起止时间、地址等的填写和打印的准确性。

（6）信息查询的方便程度。不同的企业除了提供运输以外，还在附加服务上进行投入，如价格查询、班次查询及货物跟踪等服务，这是现代货主选择运输企业时首要考虑的因素。

（7）货运纠纷的处理，无论企业如何提高运输质量，改进服务水平，货运纠纷都难免会发生，发生纠纷后如何及时圆满地处理是客户所关心的。

由于运输技术及运输工具的发展，目前各运输企业之间的运输质量差异正在缩小，而为了吸引客户，企业不断更新服务理念，以求与其他企业有服务差异，为客户提供高附加值的服务，从而稳定自己的市场份额，增强竞争力。这也就为客户选择不同的企业提供了更多空间，客户可以根据自己的需求确定选择目标。现代服务理念的基本准则已不再是一味地提高服务质量，而是通过差异化服务来实现客户的满意。

3.1.2 物流运输价格比较决策

各物流运输企业为了稳定自己已经占有的市场份额或希望进一步提高自己的市场占有率，都会努力提高服务质量，尽最大努力满足客户的要求。但是，随着运输市场竞争的日趋激烈，对于某些货物来说，不同类型的物流运输企业所能提供的服务质量已近乎相同，甚至接近完美,此时,运输价格很容易成为各企业的最后竞争手段。于是客户在选择物流运输企业时,面对几乎相同的服务质量和其他相关条件,或有些客户对服务质量要求不高时,运输价格成为选择物流运输企业的一个重要决策准则。

3.1.3 物流运输综合决策

客户在选择运输企业时会同时考虑多个因素。在其所付运输费用和取得运输服务质量之间取得均衡(Trade-off)是其选择决策的核心点。综合决策方法同时考虑服务质量和运输价格及企业的品牌、企业的经济实力、企业的服务网点数量等。以公式表示为

$$S = \frac{K_1 Q}{K_2 P} + K_3 B + K_4 C + K_5 N + \cdots + K_n O$$

式中:S——综合因素;

K_n——不同因素的权数(其中,$n=1,2,3,\cdots$);

Q——服务质量;

P——运输价格;

B——运输企业的品牌;

C——运输企业的总资产状况;

N——运输企业的网点数;

O——其他因素。

客户可以根据自己的需要和专家经验,调整不同考虑因素的权重,为最终决策提供参考依据。

任务2 签订运输合同

【学习目标】

- 了解运输合同的概念、分类和特征。
- 掌握订立运输合同的原则、程序。
- 能灵活运用本项目所学签订运输合同。

【任务描述】

在对运输合同、合同内容分析认知的基础上拟订运输合同。

【想一想】

上海市 A 天然矿泉水有限公司与上海市 B 运输公司签订长期运输合同(合同有效期为3年),约定每月5日、15日、25日,上海市 B 运输公司到上海市 A 天然矿泉水有限公司运输桶装矿泉水 50t 到苏州市区 5 个配送中心,运输费用采取季结方式。请根据上述条件拟订运输合同。

3.2.1 运输合同的概念、特征和分类

1. 运输合同的概念

《中华人民共和国合同法》(以下简称《合同法》)中所称合同是指平等主体的自然人、法

人与其他组织之间设立、变更、终止民事权利义务关系的协议。

运输合同是承运人将货物从起运地点运输到约定地点,托运人或者收货人支付票款或者运输费用的合同。

2. 运输合同的特征

1) 运输合同是有偿合同

在运输合同中,托运人或收货人是以支付票款或者运输服务费用为代价,获得承运人提供的运输服务。因此,运输合同是有偿合同。一些运输合同的单证,如运单、提单等就是有价单据。

2) 运输合同是双务合同

在运输合同中,双方当事人都享有权利和负有义务,承运人在拥有收取运输费用权利的同时,负有将货物按约定送到目的地的义务;托运人、收货人在享有运输服务的权利的同时,负有支付相应的运输费用的义务。

3) 运输合同是诺成合同

诺成合同可以在双方当事人对合同必要条款协商一致时成立,有些诺成合同又是要式合同,承诺生效时合同并非一定成立。运输合同的成立无须交付标的物(完成运输行为)。在货物运输合同中,一般在托运人与承运人就货物运输事项达成一致意见,并按诺成合同规定的订立方式时合同就成立了,不必等到货物实际交付承运人时合同才成立。

4) 运输合同一般为格式合同

运输合同中的主要内容和条款都是由国家授权交通、铁路、民航等主管部门以法规的形式统一规定的,双方当事人均无权变更。双方当事人在订立合同时,无须协商,只要按照规定的式样中预留的空项填写具体内容或约定,双方确认后,合同即告成立。包裹单、货运单、提单等均按标准格式制定。

3. 运输合同的分类

1) 按承运方式分类

按承运方式的不同,运输合同可分为道路运输合同、铁路运输合同、水路运输合同、航空运输合同、管道运输合同及多式联运合同。

2) 按运输的对象分类

按运输的对象不同,运输合同可分为客运合同和货运合同。

4. 货物运输合同的分类

货物运输合同是指由承托双方签订的,明确双方权利与义务关系,确保货物有效位移的,具有法律约束力的合同文件。

(1) 按合同期限划分,货物运输合同可分为长期合同和短期合同。长期合同是指合同期限在一年以上的合同;短期合同是指合同期限在一年以下的合同,如年度、季度、月度合同。

(2) 按货物数量划分,货物运输合同可分为批量合同和运次合同。批量合同一般是一次托运货物数量较多的大宗货物运输合同;运次合同是指托运货物较少,一个运次即可完成的运输合同。

 **特别提示**

运次是指包括准备、装载、运输、卸载四个主要工作环节在内的一次运输过程。

（3）按合同形式划分，货物运输合同可分为书面合同和契约合同。书面合同是指签订正式书面协议形式的合同；契约合同是指托运人按规定填写货物运输托运单或货单，这些单证具有契约性质，承运人要按托运单或货单要求承担义务，履行责任。

3.2.2 确定运输合同内容

货物运输合同一般有以下主要内容。

1）货物的基本情况

合同中要对运输的货物做出明确的规定，包括货物的名称、性质、体积、数量及包装标准。这是货物运输合同的重要条款。一般来说，这些内容都是由托运人填写、经承运人确认后成立。货物名称要按规范的要求填写，不能用通俗名称；货物的性质也要如实申明，避免因对货物性质的不同理解而导致在运输途中发生损失；包装标准应当注明采用何种包装、包装适用的标准名称等内容。

2）运输的基本要求

运输的基本要求包括货物起运和到达地点、运距、收发货人名称及详细地址。这是保证货物能够安全、完整、及时运到并交付给收货人的重要前提。在实践中，有的托运人不注意填写收货人准确的名称、地址和联系电话，导致货物运到后难以交付；有的则笔迹潦草，难以辨认，导致运错到站。因此，对这个条款，双方当事人一定要核对清楚，不能马虎。

3）运输质量

运输质量要求包括安全、及时将货物运到目的地并交付给指定的收货人。在运输途中货物不能损坏、不能丢失，要保证运输中的安全。在公路货物运输有关规章中对此问题也有明确的要求。

4）货物装卸

对货物装卸有特殊要求的，应在本条款中明确。装卸方法应当详细具体，便于操作。为保证安全装卸，应当对货物的装卸条件和装卸说明书之类的文件由谁提供做出规定。

5）货物的交接手续

货物的交接手续直接关系到责任。因此，托运人在托运货物时一定要与承运人清点清楚，必要时，可以对货物的具体情况进行说明。承运人在到站交付货物时，也要向收货人清点。

6）批量货物运输起止日期

批量货物运输起止日期是指年、季、月度合同的运输计划（文书、表格、电报）提送期限和运输计划的最大限量。

7）运杂费计算标准及结算方式

一般来说，运杂费标准由国家有关部门规定。但随着市场的变化，公路货物运输费用由当事人协商的成分要多一些。不少合同当事人在签订合同时对运费直接进行协商，一口价到底，负责"门到门"运输。结算方式主要是银行结算，对于小额运费也可以用现金支付。

8）变更、解除合同的规定

当事人可以约定变更和解除合同的条件。如果没有约定的，则依照法律的规定办理运输变更和解除合同的手续。

9) 违约责任

违约责任有法定责任和约定责任两种。法定责任是指即使当事人没有约定，一旦法定的情况出现，当事人也要承担法律责任。约定责任则由双方当事人在签订合同时明确。当约定的情况出现时，责任人要承担法律责任。对免责条款要在合同中明确。如果免责条款显失公平，则该类条款是无效条款。

10) 双方商定的其他条款

其他条款包括当事人认为必须在合同中明确的内容，也应当在合同中详细列明。

3.2.3 订立和履行运输合同

1. 订立运输合同的原则

运输合同的签订是指承托双方经过协商后用书面形式签订的有效合同。其签订的基本原则如下。

1) 合法规范的原则

合法规范是指签订运输合同的内容和程序必须符合法律的要求。只有合法规范的运输合同才能得到国家的承认，才具有法律效力，当事人的权益才能得到保护，达到签订运输合同的目的。

2) 平等互利的原则

不论企业的大小，所有制性质是否相同，在签订运输合同中，承托双方当事人的法律地位一律平等；在合同内容上，双方的权利与义务必须对等。

3) 协商一致的原则

合同是双方的法律行为，双方的意愿经过协商达到一致，彼此均不得把自己的意志强加于对方。任何其他单位和个人不得非法干预。

4) 等价有偿原则

合同当事人都享有同等的权利和义务，每一方从对方处得到利益时，都要付给对方相应的回报，不能只享受权利而不承担义务。

2. 运输合同的订立程序

货运合同的订立程序比较复杂。不同的运输方式，不同种类的货物和特殊的运输要求，乃至运输组织形式，都会对合同的订立产生影响。对货物运输合同的订立还涉及国家对商品、产品的一些具体规定的，要有管理部门的批准。必须要考虑是否是禁运品或不允许进出口的商品。还要考虑承运人是否具有承运资格。

 特别提示

运送危险品的承运人要到公安部门进行审批，取得承运资格，在批准的时间内、线路上运输，并采取必要的防护措施。有必要时还需公安部门全程监控。

煤炭、石油、粮食、矿石等大宗货物，是国家重要物资。大宗物资的运输具有长期性、连续性和多批次性。大宗货物的运输可按月、半年、年度或更长期的合作协议来订立货运合同。承运人也可与托运人和收货人协商一个附加运输计划的合同，长期运输合同以双方当事人签字后即告成立，但并不一定要立刻交付货物。

对一批次或零担货物运输一般适用格式合同，直接填写货运单或包裹托运单，并当场交验货物，加盖承运人公章、日期，合同即告成立。

对集装箱的运输，整箱货的运输合同，承运人一般只负责对箱子的运输，托运人提交货运单为运输合同，盖承运人公章、填写日期后成立。交付箱子时一般只以检查集装箱的铅封是否完整为标准，只要铅封完好，承运人对箱内货物短少、质量差异不负任何责任。

运输合同的订立程序主要包括要约和承诺两个环节。

1）要约

要约是希望和他人订立合同的意思表示，即合同当事人的一方提出签订合同的提议，提议的内容包括订立合同愿望、合同的内容和主要条款。要约一般由托运人提出。

2）承诺

承诺是受要约人同意要约的意思表示，即承运人接受或受理托运人的提议，对托运人提出的全部内容和条款表示同意。受理的过程包括双方协商一致的过程。

3. 运输合同的履行

货运合同签订之后，就具有法律的约束力，合同当事人必须按照合同规定的条款认真履行各自的义务。

（1）托运人应按合同规定的时间准备好货物，及时发货、收货，装卸地点和货场应具备正常通车条件，按规定做好货物包装和储运标志。

（2）承运人应按合同规定的运输期限、货物数量和起止地点，组织运输，完成任务，实行责任运输，保证运输质量。在货物装卸和运输过程中，承托双方应办理货物交接手续，做到责任分明，并分别在发货单和运费结算凭证上签字。

任务3 运输合同管理

【学习目标】

- 掌握运输合同的内容、运输合同变更和解除的条件。
- 掌握运输责任的划分、货运事故和违约的处理。
- 掌握货运合同当事人的权利和义务。

【任务描述】

通过了解货运合同当事人在合同签署及履行过程中的权利和义务，能够进行运输合同的变更和解除、能够对货运事故和违约进行处理。

【想一想】

王先生在购物网站上购买了一套高级瓷器茶具，卖家通过某快递公司邮寄给王先生。几天后快递员打电话联系王先生收货。快递员因为还有其他几单货物要送，于是催促王先生不用看货先签字，于是王先生在没有进行验收货物的情况下就签了字。快递员走后，王先生发现包裹箱的一角有被挤压的痕迹，开箱后发现有一个杯子碎了。王先生立即与快递公司联系要求予以赔偿，但是快递公司称因快递物品已经签收，并且在快递单据中明确载明，一旦签字，快递义务就已经履行完毕，快递公司不再负任何责任。

快递公司需要对王先生的损失进行赔偿吗？

3.3.1 运输合同的变更和解除

1. 运输合同的变更和解除的含义

运输合同的变更和解除是指在合同尚未履行或者没有完全履行的情况下，遇到特殊情况而使合同不能履行，或者需要变更时，经双方协商同意，并在合同规定的变更、解除期限内办理变更或解除。任何一方不得单方擅自变更、解除双方签订的运输合同。

（1）变更合同是指合同部分内容和条款的修改、补充。

（2）解除合同是指解除由合同规定的双方的法律关系，提前终止合同的履行。

2. 运输合同变更和解除的条件

凡发生下列情况之一者，允许变更和解除合同。

（1）由于不可抗力使运输合同无法履行。

（2）由于合同当事人一方的原因，在合同约定的期限内确实无法履行运输合同。

（3）合同当事人违约，使合同的履行成为不可能或不必要。

（4）经合同当事人双方协商同意解除或变更，但承运人提出解除运输合同的，应退还已收的运费。

3. 因不可抗力造成运输阻滞的处理

货物运输过程中，因不可抗力造成道路阻塞导致运输阻滞，承运人应及时与托运人联系，协商处理，对已发生货物装卸、接运和保管费用按以下规定处理。

（1）接运时，货物装卸、接运费用由托运人负担，承运人收取已完成运输里程的运费，退回未完成运输里程的运费。

（2）回运时，收取已完成运输里程的运费，回程运费免收。

（3）托运人要求绕道行驶或改变到达地点时，承运人收取实际运输里程的运费。

（4）货物在受阻处存放，保管费用由托运人负担。

3.3.2 货运事故和违约处理

货运事故是指在货物运输过程中发生货物毁损或灭失。货运事故和违约行为发生后，承托双方及有关方应编制货运事故记录。

货物运输途中，发生交通肇事造成货物损坏或灭失的，承运人应先行向托运人赔偿，再向肇事的责任方追偿。

1. 货运事故处理具体规定

货运事故处理过程中，收货人不得扣留车辆，承运人不得扣留货物。由于扣留车、货而造成的损失，由扣留方负责赔偿。货运事故赔偿数额按以下规定办理。

（1）货运事故赔偿分限额赔偿和实际损失赔偿两种。法律、行政法规对赔偿责任限额有规定的，依照其规定赔偿；尚未规定赔偿责任限额的按货物的实际损失赔偿。

（2）在保价运输中，货物全部灭失，按货物保价声明价格赔偿；货物部分毁损或灭失，按实际损失赔偿；货物实际损失高于声明价格的，按声明价格赔偿；货物能修复的，按修理费加维修取送费赔偿。

（3）未办理保价或保险运输，且在货物运输合同中未约定赔偿责任的，按本条第一项的规定赔偿。

（4）货物损失赔偿费包括货物价格、运费和其他杂费。货物价格中未包括运杂费、包装费及已付的税费时，应按承运货物的全部或短少部分的比例加算各项费用。

（5）对货物毁损或灭失的赔偿额，当事人有约定的，按照其约定赔偿，没有约定或约定不明确的，可以补充协议，不能达成补充协议的，按照交付或应当交付时货物到达地的市场价格计算。

（6）由于承运人的责任造成货物灭失或损失，以实物赔偿的，运费和杂费照收；按价赔偿的，退还已收的运费和杂费；被损货物尚能使用的，运费照收。

（7）丢失的货物赔偿后又被查回的，应将货物送还原主，收回赔偿金或实物；原主不愿接受失物或无法找到原主的，货物由承运人自行处理。

（8）承托双方对货物逾期到达、车辆延滞、装货落空都负有责任时，按各自责任所造成的损失相互赔偿。

2. 货运事故处理程序

（1）货运事故发生后，承运人应及时通知收货人或托运人。收货人、托运人知道发生货运事故后，应在约定的时间内，与承运人签注货运事故记录。收货人、托运人在约定的时间内不与承运人签注货运事故记录的，或者无法找到收货人、托运人的，承运人可邀请两名以上无利害关系的人签注货运事故记录。

货物赔偿时效从收货人、托运人得知货运事故信息或签注货运事故记录的次日起开始计算。在约定运达时间的30日后未收到货物的，视为货物灭失，自第31日起开始计算货物赔偿时效。未按约定的或规定的运输期限内运达交付的货物，为迟延交付。

（2）当事人要求另一方当事人赔偿时，须提出赔偿要求书，并附运单、货运事故记录和货物价格证明等文件。要求退还运费的，还应附运杂费收据。另一方当事人应在收到赔偿要求书的次日起，60日内做出答复。

（3）承运人或托运人发生违约行为的，应向对方支付违约金。违约金的数额由承托双方协商约定。

（4）对承运人非故意行为造成货物迟延交付的赔偿金额，不得超过所迟延交付的货物全程运费数额。

3.3.3 货运合同当事人的权利、义务和责任

货运合同当事人是合同的主体，即托运人和承运人。

在货物运输合同中，将货物托付给承运人按照合同约定的时间运送到指定地点，并向承运人支付相应报酬的一方当事人，称为托运人。在货物运输合同中，将承运的货物按合同要求运送到目的地，并向托运人收取相应报酬的一方当事人，称为承运人。

托运人和承运人要执行货物运输合同的权利、义务和责任。

1. 托运人的权利、义务和责任

1）托运人的权利

托运人的权利是指要求承运人按照合同规定的时间把货物运送到目的地。货物托运后，托运人需要变更到货地点或收货人，或者取消托运时，有权向承运人提出变更合同的内容或

解除合同的要求，但这必须是在货物未运到目的地之前通知承运人，并按有关规定付给承运人所需的费用。

2）托运人的义务

（1）托运人有如实申报的义务。托运人办理货物运输手续时，应当清楚表明收货人，表明货物的名称、性质、重量、数量、收货地点等必要信息。因托运人申报不实或遗漏重要信息造成承运人损失的，托运人应当承担损害赔偿责任，承运人则不负有对货物损害赔偿的责任。

（2）对需要办理审批、检验手续的货物负有提交批准文件的义务。我国对某些物品运输有一些法律、法规方面的限制规定，确需运输的要到有关部门通过审批、检验等手续，取得批准文件(准运证之类)。批准文件成为办理运输的前置程序。各类批准文件分散在其他法律、法规中，托运人应当熟悉有关的法律和规定，办理完有关手续之后提交承运人。托运人负有保证其真实性和合法性的责任，承运人没有检查批准文件真实性的义务。托运人提交的批准文件不全或不符合规定，造成承运人损害的，托运人应负赔偿责任。

（3）按照运输包装要求或约定方式包装货物的义务。货物应当按通常的方式包装或按运输部门要求捆扎好货物。必要的包装是保护货物安全、内在品质、加快装卸、方便保管和清点的重要保障。运输过程中经常会发生因包装造成货损货差等质量问题，引起不必要的质量纠纷。《合同法》对运输包装作了原则规定：托运人交付的货物不符合运输包装要求的，承运人可以拒绝运输。

（4）对危险货物妥善包装、标识和标签及提供防范措施的书面材料义务。托运人托运易燃、易爆、有毒、有腐蚀性、有放射性等危险物品时，应当按照国家有关危险品运输的规定对货物妥善包装，制作醒目的标志和标签。特别要求提交说明文件。

（5）有赔偿因变更、中止运输造成承运人损失的义务。《合同法》第三百零八条规定："在承运人将货物交付收货人之前，托运人可以要求承运人中止运输、返还货物、变更到达地或者将货物交给其他收货人，但应当赔偿承运人因此受到的损失。"托运人因经济活动的变化使履行完成运输合同已无必要，托运人此时可以依法请求对运输合同解除或变更，承运人一般无权拒绝。因此产生的费用由托运人承担，原运输费用按违约条款中的约定处理。对于已交付收货人货物、未结清运费的视同已履行完毕运输行为，托运人不得再提出变更合同，并不得以此来拒付运输费用。国家或主管部门的法律、法规还有一些规定托运人无权变更、中止运输合同的限制性条款。例如，铁路运输合同对于货物变更就不允许"变更同一批货物中的一部分"。

3）托运人的责任

托运人的责任是指托运人未按合同规定的时间和要求，备好货物和提供装卸条件，以及货物运达后无人收货或拒绝收货，而造成承运人车辆放空、延迟及其他损失的，托运人应负赔偿责任。

因托运人下列过错，造成承运人、站场经营人、搬运装卸经营人的车辆、机具、设备等损坏、污染或人身伤亡，以及因此引起的第三方损失，由托运人负责赔偿。

（1）在托运的货物中有故意夹带危险货物和其他易腐蚀、易污染货物及禁限运货物等行为。

（2）错报、匿报货物的重量、规格、性质。

（3）货物包装不符合标准，包装容器不良，而从外部无法发现。

（4）错用包装、储运图示标志。

(5) 托运人不如实填写运单，错报、误填货物名称或装卸地点，造成承运人错送、装货落空及由此引起的其他损失，托运人应负赔偿责任。

2. 承运人的权利、义务和责任

1) 承运人的权利

承运人有权向托运人、收货人收取运杂费用。如果收货人不交或不按时交纳规定的各种运杂费用的，承运人对其货物有扣压权；查不到收货人或收货人拒绝提取货物的，承运人应及时与托运人联系，在规定期限内负责保管并有权收取保管费用；对于超过规定期限仍无法交付的货物，承运人有权按有关规定予以处理。

2) 承运人的义务

在合同规定的期限内，将货物运到指定地点，按时向收货人发出货物到达的通知。对托运的货物要负责安全，保证货物无短缺、无损坏、无人为的变质，如有上述问题，承运人应承担赔偿义务。在货物到达以后，应在规定的期限内负责保管货物。

3) 承运人的责任

承运人的责任是指承运人未按约定的期限将货物运达，应负违约责任；因承运人责任将货物错送或错交的，应将货物无偿运到指定的地点，交给指定的收货人。

(1) 责任类别。由于承运人的过错使运输合同不能履行或不能完全履行所承担的违约责任，主要有以下几种类别。

① 逾期送达责任。即不按合同规定的时间和要求配车发运，造成货物逾期送达的，按合同规定付给对方违约金。

② 货损、货差责任。从货物装运时起到货物运达交付完毕止，在这个运输责任期间，发生货物的灭失、短少、变质、污染、损坏的，应按货物实际损失赔偿对方。

③ 错运、错交责任。货物错运到达地点或错交收货人，由此造成延误时间，按货物逾期送达处理。

④ 故意行为责任。经核实属故意行为所造成的事故，除按合同规定赔偿直接损失外，交通主管部门或合同管理机关应对承运人处以罚款，并追究肇事者个人责任。

(2) 责任免除条件。货物在承运责任期间和站、场存放期间内，发生毁损或灭失的，承运人、站场经营人应负赔偿责任。但有下列情况之一者，承运人、站场经营人举证后可不负赔偿责任。

① 不可抗力。
② 货物本身的自然性质变化或者合理损耗。
③ 包装存在内在缺陷，造成货物受损。
④ 包装体外表面完好而内装货物毁损或灭失。
⑤ 托运人违反国家有关法令，致使货物被有关部门查扣、弃置或做其他处理。
⑥ 押运人员责任造成的货物毁损或灭失。
⑦ 托运人或收货人过错造成的货物毁损或灭失。

知识链接

货物运输合同范例

订立合同双方：

托运方：_____ 承运方：_____

托运方详细地址：_____ 收货方详细地址：_____

根据国家有关运输规定，经过双方充分协商，特订立本合同，以便双方共同遵守。

第一条 货物名称、规格、数量、价款。

货物编号	品名	规格	单位	单价	数量	金额/元

第二条 包装要求：托运方必须按照国家主管机关规定的标准包装；没有统一规定包装标准的，应根据保证货物运输安全的原则进行包装，否则承运方有权拒绝承运。

第三条 货物起运地点_____
　　　　货物到达地点_____

第四条 货物承运日期_____
　　　　货物运到期限_____

第五条 运输质量及安全要求_____

第六条 货物装卸责任和方法_____

第七条 收货人领取货物及验收办法_____

第八条 运输费用、结算方式_____

第九条 各方的权利和义务

一、托运方的权利和义务

1. 托运方的权利：要求承运方按照合同规定的时间、地点，把货物运输到目的地。货物托运后，托运方需要变更到货地点或收货人，或者取消托运时，有权向承运人提出变更合同的内容或解除合同的要求。但必须在货物未运到目的地之前通知承运方，并应按有关规定付给承运方所需费用。

2. 托运方的义务：按约定向承运方交付运杂费。否则，承运方有权停止运输，并要求对方支付违约金。托运方对托运的货物，应按照规定的标准进行包装，遵守有关危险品运输的规定，按照合同中规定的时间和数量交付托运货物。

二、承运方的权利和义务

1. 承运方的权利：向托运方、收货方收取运杂费用，如果收货方不交或不按时交纳规定的各种运杂费用，承运方对其货物有扣押权，查不到收货人或收货人拒绝提取货物，承运方应及时与托运方联系，在规定期限内负责保管并有权收取保管费用，对于超过规定期限仍无法交付的货物，承运方有权按有关规定予以处理。

2. 承运方的义务：在合同规定的期限内，将货物运到指定的地点，按时向收货人发出货物到达的通知，对托运的货物要负责安全，保证货物无短缺、无损坏、无人为的变质，如有上述问题，应承担赔偿义务。在货物到达以后，按规定的期限进行保管。

三、收货人的权利和义务

1. 收货人的权利：在货物运到指定地点后有以凭证取货物的权利。必要时，收货人有权向到站或中途货物所在站提出变更到站或变更收货人的要求，签订变更协议。

2. 收货人的义务：在接到提货通知后，按时提取货物，缴清应付费用。超过规定提货时，应向承运人交付保管费。

第十条 违约责任

一、托运方责任

1. 未按合同规定的时间和要求提供托运的货物，托运方应按其价值的_____%偿付给承运方违约金。

2. 由于在普通货物中夹带、匿报危险货物，错报笨重货物重量等而招致吊具断裂、货物摔损、吊机倾翻、爆炸、腐蚀等事故，托运方应承担赔偿责任。

3. 由于货物包装缺陷产生破损，致使其他货物或运输工具、机械设备被污染腐蚀、损坏，造成人身伤亡的，托运方应承担赔偿责任。

4. 在托运方专用线或在港站公用线、专用铁道自装的货物，在到站卸货时，发现货物损坏、缺少，在车辆施封完好或无异状的情况下，托运方应赔偿收货人的损失。

5. 罐车发运货物，因未随车附带规格质量证明或化验报告，造成收货方无法卸货时，托运方应偿付承运方卸车等费用及违约金。

二、承运方责任

1. 不按合同规定的时间和要求配车(船)发运的，承运方应偿付托运方违约金_____元。

2. 承运方如将货物错运到货地点或接货人，应无偿运至合同规定的到货地点或接货人。如果货物逾期到达，承运方应偿付逾期交货的违约金。

3. 运输过程中货物灭失、短少、变质、污染、损坏，承运方应按货物的实际损失(包括包装费、运杂费)赔偿托运方。

4. 联运的货物发生灭失、短少、变质、污染、损坏，应由承运方承担赔偿责任的，由终点阶段的承运方向负有责任的其他承运方追偿。

5. 在符合法律和合同规定条件下的运输，由于下列原因造成货物灭失、短少、污染、损坏的，承运方不承担违约责任。

(1) 不可抗力。

(2) 货物本身的自然属性。

(3) 货物的合理损耗。

(4) 托运方或收货方本身的过错。

本合同正本一式两份，合同双方各执一份；合同副本一式_____份，送_____等单位各留一份。

托运方：_____　　　承运方：_____
代表人：_____　　　代表人：_____
地　址：_____　　　地　址：_____
电　话：_____　　　电　话：_____
开户银行：_____　　　开户银行：_____
账　号：_____　　　账　号：_____

_____年___月___日

3.3.4 合同运输的推行

在物流运输组织中推行合同运输，一般要抓好以下几方面的工作。

（1）建立健全货运合同管理制度，实现货运合同管理制度化。有关合同管理制度的内容主要包括合同审核制度、归档保管制度、履行检查制度、总结报告制度等。

（2）加强合同运输的推广工作。对于适宜签订合同进行运输的货物，原则上均应采用合同运输。运输市场开放后，许多货源单位与车源单位之间建立了承托关系，但是往往只是口头协议，没有纳入合同运输范畴，由此而引起的经济纠纷也很多。这些也影响到整个货运业的形象和货运市场秩序。管理部门应加强合同运输实施工作，把货运行为引向法制的轨道。

（3）加强合同运输的监督检查工作，防止各类危害社会经济运行的违法行为发生。运政管理部门要依据国家有关经济法规，对合同运输进行监督检查，防止假运输合同等现象发生。

（4）核实货运合同履行情况，针对存在的问题，及时做好调解工作。运政管理部门要把合同履行情况的检查作为建立和完善运输市场机制的重要工作来抓，形成定期检查货运合同的工作体系，针对有关问题，及时做好协调工作，使货运业管理逐步走向法制化轨道。

【做一做】

2014年1月，北京逸达玩具有限公司委托北京万安运输有限公司运输玩具共50箱，从北京逸达玩具有限公司到上海豫园商城，货物总价值为5万元。经双方协商运费1 500元。

具体任务：甲方小组和乙方小组进行任务分析，确定货物运输过程中当事人的责任、权利、义务等内容，签订货物运输合同。

【评一评】

小组之间相互交换签署完成的合同，查看其他小组成员签订的合同，在班级内进行交流。

项目小结

本项目主要介绍了选择物流运输企业：物流运输服务质量比较决策、物流运输价格比较决策和物流运输综合决策；签订运输合同：运输合同的概念、特征和分类，确定运输合同内容，订立和履行运输合同；运输合同管理：运输合同的变更和解除，货运事故和违约处理，货运合同当事人的权利、义务和责任，合同运输的推行。

职业能力训练

一、概念题

1. 运输合同。
2. 运次合同。
3. 货运事故。
4. 要约。

二、简答题

1. 货物运输合同的特征是什么？
2. 货运合同有哪几种？
3. 运输合同变更和解除的条件是什么？
4. 运输服务的功能质量包括哪几个方面？
5. 运输合同的订立原则有哪些？
6. 在什么情况下，承运人可免除赔偿责任？

三、计算题

某公司从甲地向乙地某配送中心运输150台计算机监视器，其价值为292 500元，其转运确定的标准中转时间为2.5天，如果超出标准时间，每台监视器每天的机会成本为48元。现有两个运输方案，请试评估一下每个运输方案的成本并确定运输企业。

(1) A公司是一家长途卡车货运公司,可以按照合同费率12元/km装运这批监视器。从甲地到乙地为1 940km。A公司估计能够在3天内把这票货送到目的地。一辆卡车能装载192台监视器。

(2) B公司是一家铁路公司,能够在工厂的站台提取该票货物,然后直接送到指定地点。B公司可以按每辆铁路车收取12 000元,但是该公司在换铁路车时有延误,预计要花5天时间。

四、实训题

对两个不同运输方式的比较

对两个不同运输方式的企业的运输成本、运输收益、运输效益进行比较。

【实训目标】

(1) 通过实际调查使学生对运输企业的运作有一个全面的认知,了解不同运输方式的运输决策与管理流程。

(2) 培养学生调查、搜集、整理相关信息的能力。

【实训要求】

(1) 以5~10人为一个小组,利用节假日到两种不同运输方式的企业进行运输成本、运输收益、运输效益等方面的调查,注意做好调查记录。

(2) 重点了解相关企业的运输决策与管理流程。

【成果与检测】

(1) 以小组为单位写出调查分析报告。

(2) 在全班组织召开一次交流讨论会。

(3) 根据分析报告和个人在交流中的表现进行成绩评估。

项目 4

托运和承运货物

任务1 托运和承运公路运输货物

【学习目标】

- 了解托运和承运公路运输货物的基本概念、类型和工作流程。
- 熟悉公路货物运输费用的计算方法。
- 掌握公路运输单证的作用。
- 能正确办理托运和承运公路货物运输的手续,填写相关运输单证。
- 能组织公路货物的接收与检验。
- 能设计与填写公路货物运输的运输标志。

【任务描述】

本任务重点阐述托运和承运公路运输货物的基本概念与作用、工作流程、计费方式、托运承运相关运输单证及填写方法、货物接收与检验等知识内容,并模拟公路货物托运的实际工作,加以相应的知识应用和技能训练。培养学生能依据所托运货物种类、数量等因素,核算运输费用、正确办理托运手续、准确进行货物验收及填制相关公路运输单证和运输标志等方面的工作能力。

【想一想】

苏州A公司储运部吴某准备为公司运送100箱计算机显示器(从深圳市到北京市B贸易公司,每箱货物重量为30kg,要求3天内到达。吴某应选择什么运输方式来完成此次运输任务,原因是什么?他应该具备什么样的知识以尽快完成此次运输任务,并如何开展工作?

要解决吴某的运输问题,就必须了解公路货物运输的一般工作流程,掌握托运、承运的基本原则与操作技能。

4.1.1 选择公路货物运输的类型

公路货物运输按照不同的划分标准,可分为不同的类型。见表4-1。

表4-1 公路货物运输的类型

标准	类别	描 述
按托运批量大小划分	整车运输	凡托运方一次托运货物在3t及3t以上的,或虽不足3t但其性质、体积、形状需要一辆载重为3t以上汽车运输的业务为整车运输。整车运输的货物通常有煤炭、粮食、木材、钢材、矿石、建筑材料等。这些一般都是大宗货物,货源的构成、流量、流向、装卸地点都比较稳定。整车运输一般多是单程运输,故应大力组织空程货源,充分利用全车行程,提高经济效益
	零担运输	凡托运方一次托运货物不足3t的业务为零担运输。零担运输非常适合商品流通中品种繁杂、量小批多、价高贵重、时间紧迫、到达站点分散等特殊情况下的运输,可弥补整车运输和其他运输方式在运输零星货物方面的不足,并便利了乘客旅行
	集装箱运输	将适箱货物集中装入标准化集装箱,采用现代化手段进行的货物运输
	包车运输	应托运人的要求,经双方协议,把车辆包给托运人安排使用,并按时间或里程计算运费的业务

续表

标准	类别	描述
按运送距离划分	长途运输	运距在25km以上的运输。在各种类型和不同等级的公路上进行的长距离运输。长途运输具有迅速、简便、直达的特点；与短途运输相比，长途运输具有运输距离长、周转时间长、行驶线路较固定等特点
	短途运输	运距在25km及25km以下短途运输具有运输距离短，装卸次数多，车辆利用效率低；点多面广，时间要求紧迫；货物零星，种类复杂，数量忽多忽少等特点
按货物的性质及对运输条件的要求划分	普通货物运输	被运输货物的本身性质为普通，在装卸、运送、保管过程中没有特殊要求的货物运输。普通货物运输分为一等、二等、三等三个等级
	特种货物运输	被运输货物的本身性质为特殊，在装卸、运送、保管过程中，需要特定条件、特殊设备来保证其完整无损的货物运输。特种货物运输又可分为长、大、笨重货物运输，危险货物运输，贵重货物运输和鲜活易腐货物运输。各类特种货物运输都有不同的要求和不同的运输方法
按托运的货物是否保险或保价划分	不保险运输	又称不保价运输。托运人在托运货物时，不用向承运人声明货物价值，也不需要缴纳保价费的运输方式
	保险运输	须由托运人向保险公司投保和委托承运人代办，保险和保价运输均采用托运人自愿的办法，凡保险或保价的，须按规定缴纳保险金或保价费
	保价运输	托运人必须在货物运单的价格栏内向承运人声明货物的价格
按货物运送速度划分	一般货物运输	普通速度运输，又称慢运
	快件货物运输	快件货物运送的速度从货物受理当日15时起算，运距在300km内的24h运达，运距在1 000km内的48h运达，运距在2 000km内的72h运达
	特快专运	指按托运人要求在约定时间内运达
按运输的组织特征划分	集装化运输	也称成组运输或规格化运输。它是以集装单元作为运输的单位，能保证货物在整个运输过程中不致损失，而且便于使用机械装卸、搬运的一种货运形式。集装化运输最主要的形式是托盘运输和集装箱运输。集装化运输是一种有效的、快速的运送形式
	联合运输	就是两个或两个以上的运输企业，根据同一运输计划，遵守共同的联运规章或签订的协议，使用共同的运输票据或通过代办业务，或者由两种或两种以上的运输工具，相互接力，联合实现货物的全程运输。联合运输是按照社会化大生产的客观要求组织运输的一种方法，用以谋求最佳经济效益

4.1.2 托运和承运公路运输货物的工作流程

公路货物的托运指货主委托公路运输企业为其运送货物，并为此办理相关手续的统称。具体包括托运、承运及验货等项工作环节。

承运是运输方对货物进行审核、检查、登记等受理运输业务的工作过程。

公路整车运输托运、承运的工作流程：签订运输契约—接收货物—按客户指定的运输线路、运输货物重量或体积计费—收取运输费用。公路零担货物运输托运、承运的工作流程较为复杂，一般工作流程如图4.1所示。

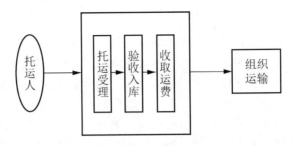

图 4.1 公路零担货物运输的工作流程

接收货物一般有以下 5 个工作流程。

1. 托运受理

托运受理是公路货物运输的首要环节。它是指货物承运人根据经营范围内的线路、站点、运距、中转车站、各车站的装卸能力、货物的性质及运输限制等业务规则和有关规定，接受货物委托运输、办理托运手续。

 特别提示

受理托运时，必须由托运人认真填写托运单证或运输契约，承运人审核无误后方可接受承运。

在受理托运时，可以根据货物的数量、运距、运输时间及车站最大能力采用不同的受理制度，选择不同的托运受理方式。

（1）整车货物运输的托运受理。

对于整车货物运输，承运人应根据其运输能力和托运货物的重量、运输距离和运输时间的要求，综合考虑运输能力而接受委托，签订运输合同。合理安排运输设备，确定运输线路，做好运输准备。

（2）零担货物运输的托运受理方式。

① 随时受理制。随时受理制对托运日期无具体规定，在营业时间内，发货人均可将货物送到托运站办理托运，为货主提供了方便。但随时受理制不能事先组织货源，缺乏计划性，因此，货物在库时间长，设备利用率低。在实际工作中，随时受理制主要是被作业量较小的货运站、急运货物货运站及始发量小而中转量大的中转货运站采用。

② 预先审批制。预先审批制要求发货人事先向货运站提出申请，车站再根据各个发货方向及站别的运量，并结合站内设备和作业能力加以平衡，分别在指定日期进行进货集结，组成零担班车。

③ 日历承运制。日历承运制是指货运站根据货物流量和流向规律编写承运日期表，事先公布，发货人则按规定日期来站办理托运手续。

 特别提示

采用日历承运制即实施目视管理，发货人将相关信息公布于黑板或告示纸上，使工作任务一目了然，可以有计划、有组织地进行货物的运输，便于将去向和到站比较分散的货物合理集中，可以均衡安排起运站每日承担货物的数量，合理使用货运设备，便于物资部门安排生产和物资调拨计划，提前做好货物托运的准备工作。

2. 填写托运单

托运单简称运单，是发货人托运货物的原始凭证，也是承运人承运货物的原始证明，是托运人与承运人之间为运输货物而签订的一种运输合同或运输合同的组成部分。它明确规定了托运人、承运人、收货人在运输中过程中的权利、义务和责任。货物托运单载明了托运货物的名称、规格、件数、包装、质量、体积，货物保险价值和保价价值，发收货人姓名和地址，货物装卸地点，以及承托双方有关货运事项。承运人接到发货人提出的货物托运单并进行认真审查，确认无误后办理受理登记。货物运单是托运人向承运人托运货物的申请书，也是承运人承运货物和核收运费、填制货票及编制记录和备查的依据。货物运单由货物运单和领货凭证两部分组成。

运单的传递过程如下。

货物运单：托运人→发站→到站→收货人。

领货凭证：托运人→发站→托运人→收货人→到站。

运单一般式五份，第一份背面标注相关合同内容，是托运、承运双方货物运输的法律凭证。作为格式合同，托运单由承运方提供，托运人要仔细阅读条款内容，认真填写相关事项，以免产生纠纷，常见的公路运输运单格式见表4-2。

表4-2 公路货物运输托运单

托运单位：_____ 承运单位：_____
电话：_____ 地址：_____

货物名称	包装方式	件数	每件体积/m³ 长×宽×高	重量/kg		托运总吨位	
				每件	最重件	实重/t	车辆/t

需要车辆数： 需要车种： 起运地：　　　路　　号 到达地：　　　路　　号 发货单位： 收货单位： 运到日期： 委托注意事项： 1. 2. 3. 4. 5. 运输距离：　　　　　千米 运输人民币（大写）：	经济责任：不按运输托运单规定的时间和要求配货发车的，由承运单位酌情赔偿损失；运输过程中货物灭失、短少、损坏，按货物的实际损失赔偿。托运方未按照托运单规定的时间和要求提供托运的货物，应偿付承运方实际损失的违约金。由于货物包装缺陷产生破损，造成人身伤亡，托运方应承担赔偿责任。 附：结算单据等 托运方：　　　　　　（盖章） 　　　　　　　　年　月　日 承运方： 营业员（盖章） 　　　　　　　　年　月　日

3. 填制货票

货票是一种财务性质的票据，是根据货物托运单演变而来的。发货人办理货物托运时，应按规定向车站交纳运杂费，并领取承运凭证，即货票。

公路货物运输货票上明确了货物的装卸地点，发收货人姓名和地址，货物名称、包装、件数和质量，计费里程与计费质量，运费与杂费等。在发站，它是向托运人核收运费的依据；在到站，它是与收货人办理货物交付的凭证之一。此外，货票也是企业统计完成货运量，核算营运收入及计算有关货运工作指标的原始凭证。

4. 提交并验收货物

货主将运单上所列的货物提交给承运人，货主在提交货物前需填制货物标志并拴挂或粘贴在货物外包装的相应位置。在提交货物时，承运人应对货物进行验收。货物验收入库后，承运人即承担对货物的保管责任。

5. 支付运费

托运人按照约定向承运人支付运费。

【做一做】

根据A公司吴某的货运需求，结合表4-2所提供的运单格式，两人一组分别扮演托运人和承运人，模拟托运工作情境，办理托运手续。

（1）询问托运货物的属性，包括品种、规格、数量、重量和包装等内容，根据货物的数量、重量或体积决定所采用的货物运输方式。

（2）询问运送地和运输要求，根据运输距离和货物重量，测算运输费用。

（3）了解托运人的地址和货物接运方式。

（4）询问货物运输保险事宜，明确运输责任。

（5）表4-2所提供的运单样本能否满足要求，如不能满足，如何修改？修改后填写运单。

【评一评】

相互交换所完成的结果，查看其他成员运单修改和填写情况，提出修正意见，每组重新修改和填写运单。

4.1.3 计算公路货物运输的运费

1. 公路计费依据

公路货物运输价格按不同的运输条件分别计费，其计算规则按照2009年实施的《汽车运价规则》（交运发［2009］275号）办理。

2. 公路货物运输运价单位、计费重量及其计算办法

1）运价单位

（1）整车运输：元/吨·千米。

（2）零担运输：元/千克·千米。

（3）包车运输：元/吨位·小时。

2）重量计费

（1）计重单位分为整车货物运输和零担货物运输两种。

① 整车货物运输以吨为单位。

② 零担货物运输以千克为单位。

（2）确定重量按以下方法进行。

① 一般货物。无论整车还是零担货物，计费重量均按毛重计算。整车货物吨以下计至

100kg，尾数不足100kg的，四舍五入。零担货物起码计费重量为1kg，重量在1kg以上，尾数不足1kg的，四舍五入。

② 轻泡货物。指每立方米重量不足333kg的货物。

装运整车轻泡货物的高度、长度、宽度，以不超过有关道路交通安全规定为限度，按车辆核定装载重量计算重量。

零担运输轻泡货物以货物包装最长、最宽、最高部位尺寸计算体积，按每立方米折合333kg计算重量。

 **特别提示**

轻泡货物也可按照立方米作为计量单位收取运费。

③ 包车运输按车辆的核定载货质量或者车辆容积计算。

④ 货物重量一般以起运地过磅为准。

⑤ 散装货物，如砖、瓦、砂、石、土、矿石、木材等，按重量计算或者按体积折算。

3) 计算托运货物重量

(1) 按重量托运的货物一律按实际重量(包括货物包装、衬垫及运输需要的附属物品)计算，以过磅为准。

(2) 由托运人自理装车的，应尽量装足车辆额定吨位；未装足的，按车辆额定吨位收费。

(3) 统一规格的成包、成件的货物，以一标准件重量乘以总数量计算全部货物重量。

(4) 散装货物无过磅条件的，按体积或各省、自治区、直辖市统一规定的重量折算标准计算。

(5) 接运其他运输方式的货物，无过磅条件的，按前程运输方式运单上记载的重量计算。拼装分卸的货物按照最重装载量计算。

3. 公路货物运输计费里程

1) 里程单位

货物运输计费里程以km为单位，尾数不足1km的四舍五入。

2) 里程确定

道路货物运输计费里程按下列规定确定。

(1) 货物运输的营运公路里程按交通运输部核定颁发的《中国公路营运里程图集》确定。《中国公路营运里程图集》未核定的里程，由承、托运双方共同测定或者经协商按车辆实际运行里程计算。

(2) 货物运输的计费里程按装货地至卸货地的营运里程计算。

(3) 城市市区里程按照实际里程计算，或者按照当地人民政府交通运输主管部门确定的市区平均营运里程计算。

(4) 同一运输区间有两条或两条以上营运路线可供行驶时，应按最短的路线计算计费里程，或按承托双方商定的路线计算计费里程。拼装、分卸从第一装货地点起至最后一个卸货地点止的载重里程计算计费里程。

4. 计价类别

公路货物运输的计价类别按照车辆类型、货物性质、运输方式和计算里程道路级别等因素确定。具体方法可按各省、自治区、直辖市统一规定办理，也可由承、托运双方共同协商的运输合同办理。

5. 运费计算

1) 运价

计算货物运价时，应考虑车辆类型、货物种类、道路等级和营运形式等因素。
(1) 整车货物运价：指整车普通货物在等级公路上运输的每吨千米运价。
(2) 零担货物运价：指零担普通货物在等级公路上运输的每千克千米运价。

2) 运费计算方法

运费以元为单位，运费尾数不足1元的，四舍五入。

整车货物运费＝整车货物运价×计费重量×计费里程＋车辆通行费＋其他法定收费
零担货物运费＝零担货物运价×计费重量×计费里程＋车辆通行费＋其他法定收费
　包车运费＝包车运价×包车车辆吨位×计费时间＋车辆通行费＋其他法定收费

4.1.4 验收与保管货物

1. 验收起票

货物受理人员在收到货物运单后，应及时验货过磅，并认真点件、交接，做好记录。货物过磅后填写磅码单，将磅码单连同运单交仓库保管员，仓库保管员按运单编号填写标签及有关标志，并根据托运单和磅码单填写运输货票，照票收清运杂费。

1) 验收

运输货物验收包括数量和外观质量检验。货物数量检验包括确定毛重、净重，检查件数、丈量体积等。外观质量检验则是对货物表面或外包装质量进行判定。一般情况下，运输业务仅对货物的品种、规格、数量、外包装状况等进行判定，无须开箱和拆捆，凭直观对可见、可辨的质量情况进行检验。

2) 验收方法

货物验收方法根据合同的约定；合同没有约定的，按照货物的特性和运输的习惯确定。货物接运时要求货主告知货物的品名、规格、型号、数量、重量等必要的信息，有无夹带物或瑕疵等，否则因货物本身原因造成的货物损失可免责，如造成其他财产损失的甚至可索赔。必要时可要求货主提供验收方法和标准，或者要求收货人共同参与验收。

3) 货物单重、尺寸查验

货物单重是指每一件运输包装的货物的重量。单重确定了包装内货物的含量，分为净重和毛重。对于需要拆除包装的需要核定净重。货物单重一般通过称重的方式核定，按照数量检验方法确定称重程度。

对于以长度或者体积进行交易的物品，接运时必须对货物的尺寸进行丈量，丈量的项目（长、宽、高等）根据约定或者货物的特性确定，通过使用合法的标准量器，如卡尺、直尺、卷尺等进行丈量。同时，货物丈量还是区分大多数货物规格的方法，如管材、木材的直径，钢材的厚度等。

2. 仓库保管

根据运输能力,对货主运输时间要求比较宽松的货物,可暂存仓库。货物仓库要有良好的通风、防潮、防火和灯光设备,露天堆放货物要有安全防护措施。把好仓库保管关,可以有效地杜绝货损、货差。

货物仓库的货位一般可以分为进仓待运货位、急运货位、到达待交付货位和以线路划分的货位,以便分别堆放。货物进出仓库要履行交接手续,坚持照单验收入库和出库,以票对货,票货不漏,做到票货相符。

3. 货物标志

货物标志又称为运输包装标志,是指货物外包装上的包装标志,在货物发运前,由托运人标注的标志。货物标志可以在外包装上印制或者挂签,或者用不干胶纸印贴。货物标志由识别标志(图4.2)、运输标志、操作标志和图形标志构成。

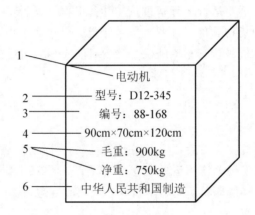

图4.2 货物识别标志

1—货名;2—货物型号;3—货物编号;4—货物包装尺寸(体积);
5—货物重量(毛重、净重);6—产地名称

货物标志是用来指明被包装商品的性质和物流活动安全,以及理货、识别需要的文字和图像的说明。货物标志便于工作人员辨认识别货物,以利交接、装卸、分票、清点、查核、避免错发、错卸、错收。也可指示工作人员正确操作,以保证货物完整。

1) 识别标志

识别标志又称主标志,通常由一个简单几何图形和一些字母、数字及简单文字组成。它不仅是运输过程中辨认货物的依据,而且是一般贸易合同、发货单据和运输、保险文件中,记载有关标志的基本部分,是收货人收取货物的标准。

(1) 收货人。即由客户指定的,以收货人公司名称的字母缩编而成,外面再以某一几何图形(三角、圆、菱形等)包围构成。

(2) 目的地。目的地指货物最终交付地,标在收货人名称下方。如果卸货地不是最终地,则用"经由"卸货地,如北京经由郑州。

(3) 箱号。标明总件数和顺序号。例如,有200件货物,第一件则写成1~200或1/200。

(4) 货号。即运输合同、运单号码。

（5）重量、体积。即标注毛重、净重、皮重，或按长×宽×高、直径×高等标注体积。

（6）货物名称。除非买方要求，大多数商品在运输包装上都不标注商品名称。但为了区别可以对商品进行标号或用代号标明。

2) 运输标志

运输标志习惯上称为唛头。其形式和内容可由买卖双方在贸易合同或信用证中规定。运输标志包括以下四要素。

（1）收货人或者买方的名称字首或者简称，但在铁路和公路运输中要使用全称。

（2）参照号码，采用贸易合同、运单、提单、订货单发票或者许可证号码。

（3）目的地，即货物运输的最终目的地，如需转运，还要标明转运地。

（4）件数号码，由顺序号和总件数构成，如 1/200。如货物规格相同可以标注成 1～200。如最后有一箱零数，则要单独标注，如 No.201。

3) 操作标志

操作标志也称为注意标志，是为了指明货物在操作、堆积中的注意事项和特殊要求。操作标志由图形和文字构成。为了使操作标志的图形明确和不会产生其他解释，世界各国与一些国际组织都作了这方面的规定，使操作标志的图形尽力趋于一致。

4) 图形标志

图形标志可以用印刷、粘贴、拴挂、钉附及喷涂等方式打印标注标志，如图 4.2 所示。

一个包装件上应使用相同标志的数目，根据包装件的尺寸和形状确定，大件要适当增加。

图形标志在各种包装件上的位置如下。

（1）箱类包装：位于包装端面或侧面。

（2）袋类包装：位于包装明显处。

（3）桶类包装：位于桶身或桶盖位置。

（4）集装单元货物：位于四个侧面。

【特别提示】

"易碎物品""向上"应标在包装箱所有四个侧面的左上角处。

"重心"应尽可能标注在包装箱所有六个面的重心位置，否则至少应标在包装件四个侧面、端面的重心位置上。

"由此夹起""由此吊起"应标注在包装件的两个相对面上。

【做一做】

根据运输标志的内容要求，设计一个运输标志，并按照本项目"想一想"中吴某托运货物内容填写运输标志样本。

【评一评】

相互交换所完成的结果，查看其他成员运输标志的设计和填写的情况，提出修正意见，每组重新设计和填写运输标志，在班级内进行交流。

任务 2 托运和承运铁路运输货物

【学习目标】

- 了解托运和承运铁路运输货物的类型和工作流程。
- 熟悉铁路货物运输的计费方式和内容。
- 掌握铁路零担货物运费的计算方法。
- 掌握铁路运输单证的作用和具体内容。
- 能根据铁路零担货物运输费用的计算方法,确定货物运输费用。
- 能正确办理托运和承运铁路运输货物的手续,填写相关运输单证。

【任务描述】

本任务重点阐述托运和承运铁路运输货物的计费方式与计费方法、相关运输单证及填写方法等知识内容,并模拟铁路货物托运的工作实际,加以相应的知识应用和技能训练。目的是培养学生合理计算运输费用、正确办理托运手续、填制相关运输单证等方面的工作能力。

【想一想】

黑龙江松花江种子站于 2015 年 4 月 8 日和哈尔滨车站签订了一份运输合同,将 60t 玉米种子交给哈尔滨火车站运往南京站,收货人为江苏省镇江市种子公司。哈尔滨车站 2014 年 4 月 9 日承运,调拨车号为 P6055698、重量是 60t、编织袋包装计 600 件、每件 50kg,货物价格为 3 万元。装车后发站施封两枚,封号分别为 00888、00889,松花江种子站当即支付全部运杂费用。

请计算运费,并填制铁路货物运单。

4.2.1 选择铁路货物运输的类型

铁路货物运输按照一批货物的重量、体积、性质或形状等因素,可以分为整车运输、零担运输和集装化运输三种类型。

1. 铁路整车货物运输

1) 整车运输的托运条件

(1) 整车货物每车为一批。

(2) 货物的重量与体积。我国现有的货车以棚车、敞车、平车和罐车为主。标记载重量(简称标重)大多 60t 和 70t,棚车容积在 100m³ 以上。达到这个重量或容积条件的货物,即应按整车运输。

(3) 货物的性质与形状。有些货物,虽然其重量、体积不足一车,但按性质与形状需要单独使用一辆货车时,应按整车运输。

2) 整车货物的托运重量

整车货物的重量由托运人确定。货车装载重量应使用计量衡器确定,暂不具备条件的,可按装载高度、货物密度确定。

由托运人确定重量的整车货物,承运人应进行抽查,抽查后承运人确定重量时超过托人确定重量(扣除国家规定的衡器公差)时,应向托运人或收货人核收过秤费。

3) 整车货物的承运

整车货物装车完毕,从发站在货物运单上加盖车站日期戳时起,为承运。承运就是指货物运输合同的成立生效后,从承运时起铁路运输部门对货物的运送承担义务和责任。

车站在承运货物时,要在货物运单和领货凭证连接处、接缝处加盖发站承运日期戳。接缝戳记要清晰,并与原批货物运单和领货凭证上的承运日期相同。货物运单与领货凭证撕开时,断线要整齐,并应在领货凭证上记明整批货物的货票号码。

车站在承运货物时,应将领货凭证和货票丙联交托运人。货票丙联是托运人缴纳铁路运输费用的报销凭据。

4) 限按整车运输的货物

有些货物由于性质特殊或在运输途中需要特殊照料或受铁路设备条件限制,尽管数量不足整车运输,也不能按零担托运(特准者除外)的,限按整车运输。

(1) 需要冷藏、保温或加温运输的货物。

(2) 规定限按整车办理的危险货物,主要指起爆器材、炸药、爆炸性药品(装入爆炸品保险箱的除外),气体放射性货物和重量超过1t的放射性包装件等。

(3) 易污染其他货物的污秽品(例如,未经过消毒处理或未使用密封不漏包装的牲骨、湿毛皮、粪便、炭黑等)。

(4) 蜜蜂。

(5) 不易计算件数的货物。

(6) 未装容器的活动物(铁路局规定在管内可按零担运输的除外)。

(7) 一件货物重量超过2t,体积超过$3m^3$或长度超过9m的货物(经发站确认不致影响中转站和到站装卸车作业的除外)。

5) 整车分卸运输

整车分卸运输是铁路为了使托运人能经济地运输其数量不足一车,而又不能按零担办理的货物的一种特殊的运输方式。

(1) 限按整车办理的货物,第一分卸站的货物数量不足一车。装在同一车内作为一批运输。

(2) 分卸站必须在同一经路上,且最多不超过三个到站。

(3) 应在站内公共装卸场所卸车,不能在专用线、专用铁路卸车。

(4) 蜜蜂、使用冷藏车装运需要制冷或保温的货物和不易计算件数的货物,不得按整车分卸办理。

6) 货车施封的规定

施封的目的是为了贯彻责任制,划分铁路与托运人或铁路内部各部门对货物运输的完整应负的责任。

凡使用棚车、冷藏车、罐车运输的货物,应由组织装车的单位负责施封。但派有押运人,需要通风运输的货物及组织装车单位认为不需要施封的货物,可以不施封。

施封的货车应使用粗铁丝将两侧车门上部门扣和门鼻拧固并剪断燕尾,在每一车门下部门扣处设置施封锁(图4.3)一枚。施封后须对施封锁的锁闭状态进行检查,确认落锁有效,车门不能拉开。在货物运单或者货车装载清单和货运票据封套上记明F及施封号码(如F146355、F146356)。

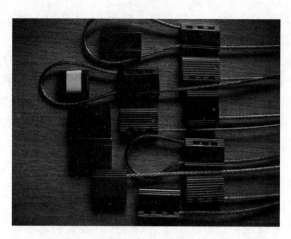

图 4.3 施封锁

发现施封锁有下列情形之一,即按失效处理。

(1) 钢丝绳的任何一端可以自由拔出,锁芯可以从锁套中自由拔出。

(2) 钢丝绳断开后再接,重新使用。

(3) 锁套上无站名、号码和站名或号码不清楚、被破坏。

卸车单位在拆封前,应根据货物运单、货车装载清单或货运票据封套上记载的施封号码与施封锁号码核对,并检查施封是否有效。拆封时,从钢丝绳处剪断,不得损坏站名、号码。拆下的施封锁,对编有记录涉及货运事故的,自卸车之日起,须保留180天备查。

2. 铁路零担货物运输

铁路货物运输中,不足整车运输条件的按零担托运。

1) 铁路零担货物的种类

(1) 普通零担货物,简称普零货物,即以零担办理的普通货物,使用棚车装运。

(2) 危险零担货物,简称危零货物,即以零担办理的危险货物,使用棚车装运。

(3) 笨重零担货物,简称笨零货物,是指一件重量在 1t 以上,体积在 $2m^3$ 或长度在 5m 以上,需要以敞车装运的货物或者货物的性质适宜敞车装运和吊装、吊卸的货物。

2) 零担车种类

装运零担货物的车辆称为零担货物车,简称零担车。零担车的到站必须是两个(普零货物)或三个(危零货物或笨零货物)以内的零担车,称为整装零担车,简称整零车。整零车按车内所装货物是否需要中转,分为直达整零车和中转整零车两种;按其到站个数,分为一站整零车、两站整零车和三站整零车三种。

3) 零担货物的承运方式

(1) 随到随承运。为方便承运人,车站可采取随到随承运的方式,因为托运人发送货物是随机的,事先无法计划,只能是承运以后,在车站仓库内进行集结。

(2) 计划受理(预先审批运单)。计划受理是由托运人提前向车站提出运单,车站对所提运单实行集中审批。当发送某一到站或去向的货物能够配装一辆整零车时,则通知托运人按指定日期送货,使货流集中。

(3) 承运日期表。车站在掌握货物流量、流向基本规律的前提下,按主要到站或方向分别安排承运日期,事先公布,托运人按规定的日期办理托运。

3. 铁路集装化货物运输

1) 集装化货物运输的基本条件

(1) 集装化运输的货物,以集装后组成的集装单元(盘、架、笼、袋、网、捆等)为一件,每件集装货件的体积应不小于 $0.5m^3$,或重量不小于 500kg。

(2) 棚车装运的集装化货物,每件重量不得超过 1t,长度不得超过 1.5m,体积不得超过 $2m^3$,到站限制为叉车配属站。

(3) 敞车装运的集装化货物,每件重量不得超过到站最大起重能力。

(4) 集装化货件应捆绑牢固,表面平整,适合多层码放;码放要整齐、严密,并按规定贴有包装储运的标志。

(5) 集装化货物与非集装化货物不能同一批运输,一批运输的多件集装化货物,按零担运输时,应采用同一集装方式。

2) 铁路集装箱运输的基本条件

(1) 集装箱要在规定的集装箱办理站之间运输。

(2) 每批必须是同一吨位的集装箱;每批至少一箱,最多不超过一辆货车所能装运的箱数;铁路集装箱与自备集装箱一般不能按一批办理。

(3) 适箱货物应采用集装箱装运。目前禁止使用铁路通用集装箱装运的货物包括易于污染和腐蚀箱体的货物、易于损坏箱体的货物、鲜活货物、危险货物。

(4) 集装箱装箱货物重量由托运人确定。

(5) 集装箱的施封和拆封由托运人和收货人负责。

3) 集装化运输组织

(1) 托运。托运人要求铁路运输整车集装化货物时,应在月度要车计划表、旬要车计划表中注明"集装化"字样。托运人托运集装化货物,在铁路货物运单(表 4-3)"托运人记载事项"栏内注明"集装化",运单"件数"一栏应填写集装后的件数,"包装"栏填写集装方式名称。发站受理集装化货物时,应在运单右上角加盖"××站集装化运输"戳记。

(2) 承运和交付。车站对集装化货物按集装化后的件数承运。承运时只检查集装化的件数和货件外部状态。到站交付时,也按集装化后的件数和货件外部状态交付。如收货人提出内部货物发生损坏、丢失,除能证明属于铁路责任外,均由托运人负责。集装箱运输在办理发、到作业,承运人与托运人、收货人间的交接时按以下规定办理。

在车站货场交接时,重箱凭箱号、封印和箱体外状,空箱凭箱号和箱体外状。箱号、施封号码与货物运单记载一致,施封有效,箱体没有发生危及货物安全的变形或损坏时,箱内货物由托运人负责。

(3) 集装化用具的回送。集装化货物运抵到站后,对企业自备的集装化用具,应一并交给收货人。需要回送的集装用具,到站根据运单记载的集装化运输戳记和有关规定签发特价运输证明书。收货人凭特价运输证明书办理回送。车站对回送的集装用具要优先运输。

4.2.2 托运和承运铁路运输货物的工作流程

1. 托运

托运人在托运货物时,应该做好以下几项工作。

表4-3 铁路货物运单

×× 铁 路 局

货 物 运 单

承运人托运人装车	货物指定于 月 日搬入		
承运人施封	货位：		

计划号码或运输号码：　　　　　　　货票第　号

运到期限： 月 日　　托运人 → 发站 → 到站 → 收货人

托运人填写

到站		到站(局)		车种车号			
到站所属省、自治区				施封号码			
托运人	名称		邮政编码	经由			
	住址		电话	运价里程			
收货人	名称		邮政编码	集装箱号码			
	住址		电话				
货物名称	件数	包装	货物价格	托运人确定重量			
合计							
托运人记载事项			保险	托运人盖章或签字　年 月 日			

承运人填写

		车种车号		货车标重	
		施封号码			
		经由			
		运价里程			
		集装箱号码			
铁路货车棚车号码					
		承运人确定重量	计费重量	运价号	运费
				运价率	
承运人记载事项		到站交付日期　年 月 日		发站承运日期　年 月 日	

注：本单不作为收款凭证。托运人签约须知见背面

领货凭证：

车种及车号				
货票第	号			
运到期限	月	日		
发站				
到站				
托运人				
收货人				
货物名称			包装	价格
托运人盖章或签字				
发站承运日期			年 月 日	

注：收货人领货须知见背面

1) 对货物进行符合运输需求的包装

对货物正确妥善的包装是托运人应尽的责任,托运人托运的货物如有国家包装标准或行业包装标准的,应按国家标准或行业标准进行包装;对于没有统一包装标准的,承运人应会同托运人按照保证货物安全运输的原则,参照相似货物的国家包装标准或行业包装标准,制定货物运输包装暂行标准;对于不符合运输包装标准的货物,承运人应请托运人改善后,方可承运。若货物的包装或状态有缺陷,但不致影响货物运输安全,可以由托运人在货物运单内具体注明后予以承运。

2) 在货件上标明清晰明显的标记

货物标记,也称为货签,记载发站、到站、托运人、收货人、货物品名、件数和运输号码等内容。货物标记内容必须与货物运单记载的内容相符。

货物运输包装上应有符合国家标准的包装储运图示标志,其目的是引起与货物运输作业有关人员的充分注意,保证货物在保管、装卸中的安全。

3) 备齐必要的证明文件

托运人托运需凭证明文件运输的货物时,托运人在托运货物时应将证明文件与货物运单同时提出,并在货物运单"托运人记载事项"栏注明文件名称和号码。车站应在证明文件背面注明托运数量,并加盖车站日期戳,然后退还托运人或按规定留发站存查。对于需凭证明文件运输的货物,若托运人未按规定提出证明文件,承运人应拒绝受理。

2. 填制并提交货物运单

铁路货物运单是托运人向承运人提出货物托运的申请,是承运人承运货物、接受运费、填制货票的依据,也是货运全过程的一种运送单证,还是编制记录、备查或处理事故赔偿的凭据。它既是收货人领货的凭证,也是托运人、承运人、收货人及铁路内部进行货物交接的凭证。发货人应如实填写运单中规定由发货人填写的有关内容。

车站接到发货人提出的货物运单后,应予认真审查,对整车货物应有批准的运输计划,如确认可以承运,车站应在运单上签证货物交接日期或装车日期。对零担货物应按承运制度签证货物交接日期。

车站核对运单内容无误并接收货物后,开始承担保管和运送的责任。

对整车货物,在装车后车站货运员应在运单上填记车种、车号,货物实际装车件数、重量和其他应填记的内容,签字后送交货运室,运单作为核算运费和填制货票的原始依据;发货人则应向车站货运室办理交付运杂费、换取领货凭证及承运凭证(货票丙联)。

铁路的整车货物运输必须纳入铁路货物运输计划中。铁路货物运输计划是铁路承运人对托运人的第一承诺,托运人向铁路运输部门提出的货物运输服务订单(简称订单)经铁路部门承诺后即成为铁路货物运输合同的组成部分。

铁路货物运输计划的编制过程可分为四个阶段,如图4.4所示。

图 4.4　铁路货物运输计划的编制过程

(1) 提出订单。凡经铁路运输的整车货物,托运人必须提出订单,零担、集装箱货物由车站提出订单。托运人可根据自己的运输需要,以订单的形式,随时向铁路计算机联网点(现阶段为装车站或装车局)提出任何时间段的要车要求。大宗稳定货源,托运人可通过计算机网络向装车局提出。

实行物资归口管理的货物，订单要由归口管理部门签认。

（2）受理订单。货运计划人员应随时受理订单，认真核对发站、到站、货物名称、品类、车数、吨数、车种等是否填写正确，托运人、收货人名称是否清楚，托运人代码是否正确，是否符合政令限制、运输限制、发到站营业限制，核对无误后即输入计算机传到分局数据库，并在订单上加注受理号码后将其中一联返回托运人。

（3）管理订单运量。各联网站货运计划人员对托运人提出的订单运量要随时受理、随时核实，要在24h内输入计算机并及时上报。

铁路局对本级管理权限的订单运量要及时核定，核定后及时并入计划数据库。对上级管理范围的订单运量，经上级审定返回后，并入路局计划数据库。路局计划数据库的内容要及时返回到联网站或装车站，并通知托运人。

订单运量及相关内容经承、托双方确定后不得改变。

订单运量在双方规定的时限内有效，如未兑现且双方商定需要延期执行时，按新订单办理。

（4）签订运输合同。装车站根据网上反馈的信息核定要车内容，根据车站各项作业能力，与托运人签订运输服务合同并明确承运人、托运人之间的权利、责任和义务，并确定装车方案组织安排发车。

3. 受理

托运人提出货物运单后，经承运人审查，若符合运输条件，则在货物运单上签证货物搬入日期或装车日期的作业，称为受理。

4. 进货和验收

在铁路货场内装车的货物，托运人按承运人受理时签证的货物搬入日期，将货物全部搬入车站，并整齐码放在指定的货位，完好地交给承运人的作业，称为进货。车站在指定进货货位时，要考虑便于车辆取送和货物装卸、搬运作业，并保证人身和货物安全。

车站在接受托运人搬入车站的货物时，按运单记载对货物品名、件数、运输包装、重量等进行检查，确认符合运输要求并同意货物进入场、库指定货位的作业，称为验收。从托运人将全批货物搬入车站并经验收完毕时起，负责承运前的保管。

5. 装车

装车是货物发送作业中十分重要的一个环节，货物运输的质量在很大程度上取决于装车作业组织的好坏。铁路必须按照发站从严、装车从严的原则，认真做好装车作业，为途中作业和到达作业打下良好的基础。一些货车在装车后还要施封。

6. 制票和承运

整车货物在装车完毕后，零担和集装箱货物在验收完毕以后，托运人应向车站货运室交付运输费用，并办理制票和承运作业。

（1）制票作业是指根据货物运单填制货票。货票是铁路运输的凭证，也是一种财务性质的货运票据。

铁路货票是一种具有财务性质的货运票据。车站货运室根据装车后送来的货物运单，经核算运费后填制货票，如图4.5所示。

货票共有四联：甲联留在发站存查；乙联由发站寄往路局，作为确定货运收入、统计完成货运量、计算运营指标和进行内部财务清算的依据；丙联作为收据交给发货人；丁联作为

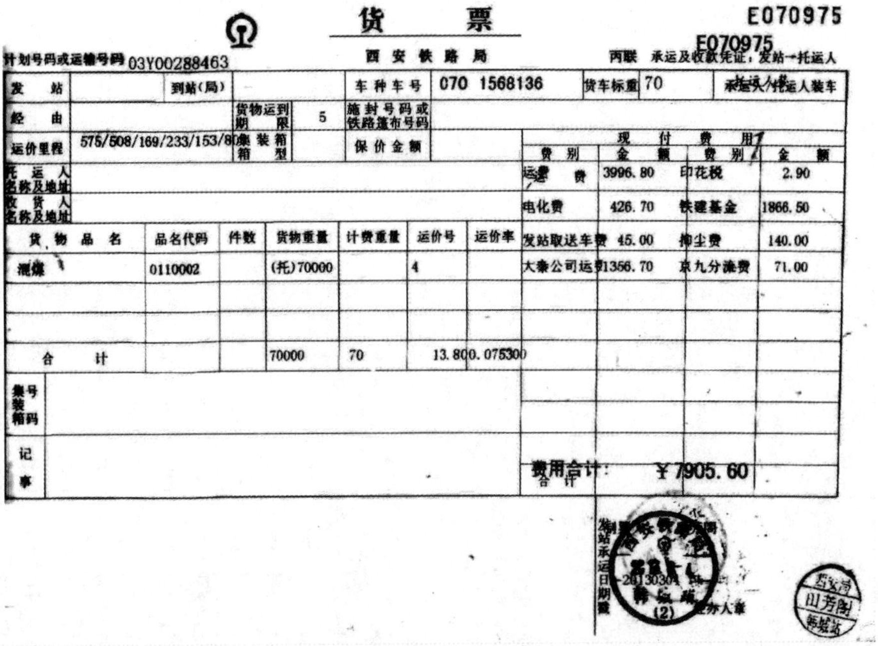

货票　　E070975

西安铁路局

计划号码或运输号码 03Y00288463　　　丙联 承运及收款凭证，发站→托运人

发站		到站(局)		车种车号	070 1568136	货车标重 70	承运人/托运人装车
经由		货物运到期限	5	施封号码或铁路篷布号码			
运价里程	575/508/169/233/153/80	集装箱箱型		保价金额			
托运人名称及地址							
收货人名称及地址							

货物品名	品名代码	件数	货物重量	计费重量	运价号	运价率
混煤	0110002		(托)70000		4	
合计			70000	70	13.80	0.075300

现付费用			
费别	金额	费别	金额
运费	3996.80	印花税	2.90
电化费	426.70	铁建基金	1866.50
发站取送车费	45.00	抑尘费	140.00
大秦公司运费	1356.70	京九分流费	71.00
费用合计	￥7905.60		

集装箱号码

记事

发站承运日期戳　　经办人章

图 4.5 铁路货票

运输凭证，连同运单由发站随车送至到站，由到站留作存查。

目前，铁路车站已普遍应用计算机进行货运的计费和制票工作。

(2) 零担和集装箱货物在发站验收完毕，整车货物在装车完毕，并核收运输费用后，发站在货物运单上加盖承运日期戳记的作业，称为承运。货物承运意味着托运人和承运人的运输合同签订完毕，合同开始生效。

4.2.3 计算铁路货物运输的运费

运输费用直接涉及运输的经济性。掌握运输费用的计算方法，是降低物流成本、选择运输方式、进行物流费用核算和物流绩效分析的基本依据。

1. 铁路货物运输费用的计算程序

铁路货物运输费用的计算程序如下。

(1) 根据“铁路货物运单”上填写的发站和到站，按“货物运价里程”表（表 4-4）计算出发站至到站的运价里程。

(2) 根据“铁路货物运单”上填写的货物名称查找“铁路货物运输品名分类与代码表”（以下简称“运价号表”表 4-5）、“铁路货物运输品名检查表”，确定适用的运价号。

(3) 整车、零担货物按货物适用的运价号，集装箱货物根据箱型、冷藏车货物根据车种分别在“铁路货物运价率表”（表 4-6）中查出适用的运价率（即基价 1 和基价 2，以下同）。

(4) 货物适用的发到基价（基价 1）加上运行基价（基价 2）与货物的运价里程相乘之积后，再与按本规则确定的计费重量（集装箱为箱数）相乘，计算出运费。

(5) 杂费按《铁路货物运价规则》（铁运［2005］46 号）的规定计算。如装卸费、取送车费等。铁路货运营运杂费费率见表 4-7。

表4-4 全国部分铁路主要站间货物运价里程

单位: 千米

	北京	天津	沈阳	长春	哈尔滨	济南	合肥	南京	上海	杭州	南昌	福州	石家庄	郑州	武昌	长沙	广州	南宁	西安	兰州	西宁	乌鲁木齐	成都	贵阳	昆明	太原	呼和浩特	银川
天津	137																											
沈阳	741	707																										
长春	1046	1012	305																									
哈尔滨	1288	1354	547	242																								
济南	497	360	1067	1372	1614																							
合肥	1074	973	1680	1985	2227	613																						
南京	1160	1023	1730	2035	2277	663	312																					
上海	1463	1326	2033	2335	2577	966	615	303																				
杭州	1589	1452	2159	2464	2706	1092	451	429	201																			
南昌	1449	1444	2151	2456	2689	1137	478	838	837	636																		
福州	2334	2197	2904	3209	3451	1837	1196	1174	1173	972	622																	
石家庄	277	419	1126	1431	1673	301	914	964	1267	1393	1293	1915																
郑州	689	831	1538	1843	2085	666	645	695	998	1124	927	1549	412															
武昌	1225	1367	1972	2277	2519	1202	1181	1231	1230	1029	391	1013	948	536														
长沙	1583	1725	2330	2635	2877	1560	1222	1200	1199	998	418	984	1306	894	358													
广州	2289	2431	3036	3341	3583	2151	1826	1804	1803	1602	1022	1588	2012	1600	1064	706												
南宁	2561	2703	3411	3713	3955	2538	2098	2076	2075	1874	1294	1860	2282	1870	1336	978	1334											
西安	1159	1301	1906	2211	2453	1177	1156	1206	1509	1635	1412	2311	1047	511	923	1405	2111	2383										
兰州	1811	1948	2552	2962	3099	1853	1832	2099	2185	2311	2088	2304	1723	1815	1939	1403	2787	3059	676									
西宁	2092	2235	2839	3144	3386	2069	2048	2098	2401	2527	3281	3065	2081	1599	1815	2297	3003	3275	892	216								
乌鲁木齐	3768	3911	4515	4820	5062	3745	3724	3774	4077	4065	4957	4391	3973	3491	3079	4679	4951	2568	1892									
成都	2042	2185	2789	3094	3336	2019	1998	2048	2351	2552	2239	2805	1923	1765	1353	1737	2527	1832	842	1172	1388	3026						
贵阳	2539	2681	3286	3591	3833	2516	2076	2054	2053	1852	1272	1838	2262	1850	1314	956	865	1560	1809	2139	2355	3993	967					
昆明	3178	3320	3925	4230	4472	3119	2693	2693	3069	2868	1911	2477	2901	2489	1953	1595	1504	2199	2488	2272	2272	4126	1100	639				
太原	514	650	1255	1560	1802	532	1145	1195	1498	1624	1944	2521	231	577	1179	1537	2243	2515	651	1327	1543	3219	1493	2460	2593			
呼和浩特	667	804	1408	1713	1955	1164	1777	1827	2130	2256	2674	3303	871	1362	1898	2256	2962	3224	1291	1144	1360	3036	2133	3100	3233	640		
银川	1343	1480	2084	2389	2631	1840	2002	2052	2355	2481	2258	3235	1547	1357	1893	2251	2957	3229	846	468	684	2008	1342	2309	2442	1316	676	

说明: 本里程表系根据铁路货物运价里程表规定的结算站计算的。但两站之间有两条以上径路的, 选择最短的径路或直通快车运行的径路计算。

表 4-5 铁路货物运输品名分类与代码表(简称运价号表)

货物品名	运价号 整车	运价号 零担
磷矿石、磷精矿、磷矿粉、磷矿砂	1	21
铝矾土、砂、石料、砖、水渣、石棉、石膏、石灰石、耐火黏土、食用盐、非食用盐	2	21
麻袋片、化学农药	2	22
粮食、稻谷、大米、大豆、粮食种子、小麦粉、生铁	4	21
棉胎、絮棉、旧棉、籽棉、木棉、活(禽、猪、羊、狗、牛、马)、蜜蜂、氧化铝、氢氧化铝、树苗、电极糊、放射性矿石	4	22
焦炭、钢锭、钢坯、钢材、钢轨、有色金属、水泥、水泥制品、金属结构及其构件	5	21
鲜冻肉、鲜冻水产品、鲜蔬菜、烟叶、干蔬菜、酱腌菜、金属工具、塑料薄膜、洗衣粉、牙膏、肥皂、化妆品	5	22
洗衣机	6	21
电冰箱、电子计算机及其外部设备、摩托车、电瓶车	6	22
原油、汽油、煤油、柴油	7	22
挂运与自行的铁道机车、车辆及轨道机械	7	—

表 4-6 铁路货物运价率表

办理类别	运价号	基价1 单位	基价1 标准	基价2 单位	基价2 标准
整车	1	元/吨	7.40	元/吨·千米	0.056 5
	2	元/吨	7.90	元/吨·千米	0.065 1
	3	元/吨	10.50	元/吨·千米	0.070 0
	4	元/吨	13.80	元/吨·千米	0.075 3
	5	元/吨	15.40	元/吨·千米	0.084 9
	6	元/吨	22.20	元/吨·千米	0.114 6
	7			元/轴·千米	0.402 5
	机械冷藏车	元/吨	16.70	元/吨·千米	0.113 4
零担	21	元/10 千克	0.168	元/10 千克·千米	0.000 86
	22	元/10 千克	0.235	元/10 千克·千米	0.001 20
集装箱	20 英尺箱	元/箱	387.50	元/箱·千米	1.732 5
	40 英尺箱	元/箱	527.00	元/箱·千米	2.356 2

注：表中数据为《国家发展改革委、铁道部关于调整铁路货物运输价格的通知》(发改价格〔2013〕261号)文件公布的自 2013 年 2 月 20 日起适用的铁路货运价格。

表 4-7 铁路货运营运杂费费率表

序号	项	目		单位	费率
1	表格材料费	运单	普通货物	元/张	0.10
			国际联运货物	元/张	0.20
		货签	纸制	元/个	0.10
			其他材料制	元/个	0.20
		危险货物包装标志		元/个	0.20
		物品清单		元/张	0.10
		施封锁材料费（承运人装车、箱的除外）		元/个	1.50
2	冷却费			元/吨	20.00
3	D型长大货物车使用费	标重不足180吨	不超重	元/吨·千米	0.25
			一级超重	元/吨·千米	0.30
			二级超重	元/吨·千米	0.35
		标重180吨以上	不超重	元/吨·千米	0.30
			一级超重	元/吨·千米	0.35
			二级超重	元/吨·千米	0.40
			超级超重	元/吨·千米	0.60
4	D型长大货物车空车回送费			元/轴	300.00
5	整车取送车费			元/车·千米	9.00
	集装箱取送车费	40英尺		元/箱·千米	9.00
		20英尺		元/箱·千米	4.50
6	机车作业费			元/半小时	90.00
7	押运人乘车费			元/人·百千米	3.00
8	货车篷布使用费	D型篷布	500千米以内	元/张	120.00
			501千米以上	元/张	168.00
		其他篷布	500千米以内	元/张	60.00
			501千米以上	元/张	84.00
9	集装箱使用费	1吨箱	500千米以内	元/箱	6.50
			501~2 000千米每增加100千米加收	元/箱	0.52
			2 001~3 000千米每增加100千米加收	元/箱	0.26
			3 001千米以上计收	元/箱	16.90
		20英尺箱	500千米以内	元/箱	130.00
			501~2 000千米每增加100千米加收	元/箱	13.00
			2 001~3 000千米每增加100千米加收	元/箱	6.50
			3 001千米以上计收	元/箱	390.00

续表

序号	项目		单位	费率
9	集装箱使用费	40英尺箱 500千米以内	元/箱	260.00
		501～2 000千米每增加100千米加收	元/箱	26.00
		2 001～3 000千米每增加100千米加收	元/箱	13.00
		3 001千米以上计收	元/箱	780.00
		铁路拼箱（一箱多批）	元/10千克	0.20
10	货物装卸作业费	按铁道部《铁路货物装卸作业计费办法》的规定核收		
11	货物保价费	按铁道部《关于修订货物保价费率的通知》的规定核收		

2. 铁路货物运输费用的计算方法

1) 整车货物运费计算

整车货物运费计算有以下两种方式。

(1) 按重量计费，其公式为

$$整车货物运费＝每吨运价×计量总重量$$

式中，每吨运价＝基价1＋基价2×运价里程。

(2) 按轴数计费，其公式为

$$整车货物运费＝每轴运价×轴数$$

式中，每轴运价＝基价2×运价里程。

 特别提示

整车货物除下列情况外，均按货车标记载重量（简称标重。标重尾数不足1t时四舍五入）计费。货物重量超过标重时，按货物重量计费。

(1) 使用矿石车、平车、砂石车，经铁路局批准装运"运价号表"中的"01""0310""04""06""081"和"14"类货物按40t计费，超过时按货物重量计费。

(2) 表4-8所列货车装运货物时，计费重量按表中规定计算，货物重量超过规定计费重量的，按货物重量计费。

(3) 使用自备冷板冷藏车装运货物时按50t计费；使用自备机械冷藏车装运货物时按60t计费；使用标重不足30t的家畜车，计费重量按30t计算；使用标重低于50t、车辆换长小于1.5的自备罐车装运货物时按50t计费(表4-8中明定的车种车型按第2项办理)。

(4) 始发、中途均不加冰运输的加冰冷藏车和代替其他货车装运非易腐货物的铁路冷藏车，均按冷藏车标重计费。

(5) 车辆换长超过1.5的货车(D型长大货物车除外)本条未明定计费重量的，按其超过部分以每米(不足1米的部分不计)折合5t与60t相加之和计费。

(6) 米、准轨间换装运输的货物，均按发站的原计费重量计费。

表 4-8 整车货物规定计费重量表

车 种 车 型	计费重量/t
B_6　B_{6N}　B_{6A}　B_7（加冰冷藏车）	38
BSY（冷板冷藏车）	40
B_{18}（机械冷藏车）	32
B_{19}（机械冷藏车）	38
B_{20}　B_{21}（机械冷藏车）	42
B_{10}　B_{10A}　B_{10B}（机械冷藏车）	44
B_{22}　B_{23}（机械冷藏车）	48
B_{15E}（冷藏车改造车）	56
SQ_1（小汽车专用平车）	85
QD_3（凹底平车）	70
GY_{95S}　GY_{95}　GH_{40}　GY_{40}　$GY_{95/22}$　$GY_{95/22}$（石油液化气罐车）	65
GY_{100S}　GY_{100}　GY_{100-I}　GY_{100-II}（石油液化气罐车）	70

【算一算】

南京站发上海站一台设备，重30t，用50t货车装运，试计算其运费。

解：

（1）查货物运价里程表为303km。

（2）查运价号表，设备的运价号为6号。

（3）查铁路货物运价率表，运价号为6号，发到基价为22.2元/吨，运行基价为0.114 6元/吨·千米。

（4）计算运费：运费＝(22.2＋0.114 6×303)×50＝2 846.19(元)。

2）零担货物运费计算

零担货物运费计算公式为

$$零担货物运费＝(发到基价＋运行基价×运价里程)×计费重量/10$$

（1）计费重量。零担货物按货物重量或货物体积折合重量择大计费，即每立方米重量不足 500 千克的轻浮货物，按每 1 立方米体积折合重量 500 千克计算，但下列货物除外。

① 本规则有规定计费重量的货物（指裸装货物）按规定计费重量计费。

②"运价号表"中"童车""室内健身车""209 其他鲜活货物""9914 搬家货物、行李""9960 特定集装化运输用具"等裸装运输时按货物重量计费。见表 4-9。

表 4-9 零担货物规定计费重量表

序号	货物名称	计费单位	规定计费重量/kg
1	组成的摩托车： 双轮； 三轮（包括正、侧带斗的，不包括三轮汽车）	每辆 每辆	750 1 500
2	组成的机动车辆、拖斗车（单轴的拖斗车除外）： 车身长度不满 3 米； 车身长度 3 米以上，不满 5 米； 车身长度 5 米以上，不满 7 米； 车身长度 7 米以上	每辆 每辆 每辆 每辆	4 500 15 000 20 000 25 000

续表

序号	货物名称	计费单位	规定计费重量/kg
3	组成的自行车	每辆	100
4	轮椅、折叠式疗养车	每(辆)件	60
5	牛、马、骡、驴、骆驼	每头	500
6	未装容器的猪、羊、狗	每头	100
7	灵柩、尸体	每具(个)	1 000

$$折合重量 = 300 \times 体积 (kg)$$

货物长、宽、高的计算单位为 m，小数点后取两位小数。体积的计算单位为 m^3，保留两位小数，第三位小数四舍五入。

【算一算】

苏州站发送一批零担货物，重 32.5kg，体积为 $0.98m^3$，试确定其计费重量。

解：

其折合重量为 $500 \times 0.98 = 490(kg)$，因此，其计费重量应为 490kg。

（2）运输费用计算。零担货物每批的起码运费：发到运费为 1.60 元，运行费用为 0.40 元。

运价率不同的零担货物在一个包装内或按总重量托运时，按该批或该项货物中运价率高的计费。

【算一算】

李清从北京始发到南京站托运摩托车及电瓶车各两辆，每辆车重分别为 216kg 和 168kg，按一批托运，分项填记重量，试计算其运费。

解：

（1）计算货物的计费重量：按一批托运，分项填记重量，应分项计算，但该批货物中两种货物的运价率相同，可以先合并重量。摩托车为按规定计费重量计费的货物，电瓶车计费重量为 750kg，摩托车为 1 500kg。则该货物的计费重量为

$$2 \times (750 + 1\ 500) = 4\ 500(kg)$$

（2）查运价里程：北京—南京为 1 160km；发到基价为 0.235 元/10kg，运行基价为 0.001 2 元/(10kg·km)。

（3）计算运费：

$$(0.235 + 0.001\ 2 \times 1\ 160) \times 4\ 500/10 = 732.15(元)$$

3）加价程运费计算

依据原铁道部货物运输费用核算规定，部分铁路线路，如京九线黄村至龙川、横麻线等需加收运费，具体运费由以下两部分组成。

（1）按《铁路货物运价规则》（铁运［2005］46 号）规定的运价率核收的运费。

（2）加收运费有运价率。

计算时，先将这两部分的运价率相加以后，再乘以货物的计费重量，即

$$发到运费 = 发到基价 \times 计费重量（或箱数）$$

$$运行运费 = (运价基价 + 加收运价率) \times 运价里程 \times 计费重量$$

【做一做】

根据任务4.2【想一想】中所提供的内容要求和铁路运费的计算方法，参照铁路货物运单样本，两人一组模拟办理铁路托运手续工作情境，计算运输费用和填写铁路运单。

【评一评】

相互交换所完成的结果，查看其他成员铁路运单的填写情况，提出修正意见，并在班级内进行交流。

任务3 托运和承运水路运输货物

【学习目标】

- 熟悉水路货物运输班轮运费的计费方法。
- 掌握装货港编制使用的单证。
- 掌握港口装货时常用的理货单证。
- 能根据水路运输计算班轮运费。
- 能正确办理托运和承运水路运输货物的手续，填写相关运输单证。

【任务描述】

本任务重点阐述水路货物运输的计费方式与计费方法，托运和承运过程中的相关运输单证及填写方法等知识内容，并模拟托运水路运输货物的实际工作，加以相应的知识应用和技能训练。目的是培养学生能依据所运输货物的种类、数量、运输距离等因素，合理计算运输费用、正确办理托运手续、设计与填制相关运输单证等方面的工作能力。

【想一想】

北京华泰贸易公司与广州吉顺金属材料公司洽谈一笔贸易合同，合同号为20130809068，所开发票号为30302708070056。具体货物清单见表4-10。

表4-10 货物清单

品名	单重/t	数量	总重量/t
螺纹钢	5	100 卷	500
钢板	6	30 箱	180
铝板	2	60 箱	120
铝型材	0.6	50 捆	30

北京华泰贸易公司委托运输部张强为公司运输该批货物到广州。发货人地址：北京复兴门外大街108号，电话：010-66×××38。收货人地址：广州市北京路98号，收货人为赵阳，电话：13902×××38。张强应选择什么运输方式来完成此次运输任务，原因是什么？他应该具备什么样的知识帮助他尽快完成此次运输任务，并如何开展工作？

张强要解决运输问题，必须了解水路货物运输的一般组织流程和沿海港口的分布情况，掌握托运、承运的基本原则与操作技能。

4.3.1 选择水路货物运输的类型

水路货物运输按照不同的划分标准,可分为不同的类型。

水路货物运输按船舶航行区域的不同,可划分为内河货物运输和海上货物运输。

1) 内河货物运输

内河货物运输是指利用船舶、排筏和其他浮运工具,在江、河、湖泊、水库及人工水道上从事的水路货物运输。航行于内河的货运船舶,除货轮、推(拖)轮、驳船以外,还有一定数量的木帆船、水泥船、机帆船。内河货物运输通常多利用天然河流,因此建设投资少,运输成本低。

2) 海上货物运输

海上货物运输是指使用船舶通过海上航道运送货物的一种水路货物运输方式。海上货物运输又可分为沿海运输和远洋运输。

(1) 沿海运输。是指利用船舶在我国沿海区域各港口之间的运输。其范围包括自辽宁的鸭绿江口起,至广西壮族自治区的北仑河口止的大陆沿海,以及我国所属的沿海诸岛屿及其与大陆间的全部水域内的运输。

(2) 远洋运输。通常是指除沿海运输以外的所有海上运输,属于国际货物运输。在实际工作中,远洋运输又有"远洋"与"近洋"之分。前者是指我国与其他国家之间,经过一个或一个以上大洋的海上货物运输,如我国至非洲、欧洲、美洲等地区的运输;后者是指我国与其他国家或地区间,只经过沿海或大洋的部分水域的海上货物运输,如我国与朝鲜半岛、日本及东南亚各国间所进行的运输。这种区分主要以船舶航程的长短和周转的快慢为依据。

其他运输方式见表 4-11。

表 4-11 其他水路货物运输类别

标准	类	别	具 体 内 容
按货物的不同划分	普通货物运输	普通散货运输	运送无包装大宗货物的运输,如石油、煤炭、矿砂等
		普通杂货运输	运送批量小、件数多或较零星的货物运输
	特种货物运输		运送诸如活植物、活动物、危险品货物、笨重、长大货物、易腐货物等特种货物的运输
按经营的方式不同划分	班轮运输		又称定期船运输,是指在特定的航线上按照预定的船期和挂靠港从事有规律的水上货物运输。目前,班轮的主要形式是集装箱班轮,同时也有少量杂货班轮在运行,而大宗的原油、矿物、粮食等多采用航次船舶等运输方式
	租船运输	航次租船	又称程租船是由船舶所有人向租船人提供特定的船舶,在特定的两港或数港之间从事一个特定的航次或几个航次承运特定货物
		定期租船	又称期租船,是指由船舶所有人按照租船合同的约定,将一艘特定的船舶在约定的期间,交给承租人使用的租船
		包运租船	又称运量合同,是指船舶所有人以一定的运力,在确定的港口之间,按事先约定的时间、航次周期,每航次以均等的运量,完成全部货物运输的租船方式
		光船租船	又称船壳租船,是指在租期内船舶所有人只提供一艘空船给承租人使用,而配备船员、供应给养、船舶的营运管理及一切固定或变动的营运费用都由承租人负担

4.3.2 托运和承运班轮运输货物的工作流程

1. 订舱

订舱是托运人(Shippers)或其代理人向承运人(Carrier),即班轮公司或它的营业所或代理机构等申请货物运输,承运人对这种申请给予承诺的行为。与租船运输不同,班轮运输中,承运人与托运人之间通常是以口头或订舱函电(Booking Memo)进行预约的。只要船公司对这种预约给予承诺,并在舱位登记簿(Space Book)上登记,即表明承、托双方已建立了有关货物运输的关系,并着手开始货物装船承运的一系列准备工作。

1) 订舱作业

订舱作业有接受货主询价和接受货主委托两个环节。

(1) 接受货主询价。

① 海运询价。海运询价包括以下内容:需掌握发货港至各大洲、各大航线常用的及货主常需服务的港口、价格;主要船公司船期信息;需要时应向询价货主问明一些类别信息,如货名、危险级别等。

② 陆运询价。陆运询价包括以下内容:需掌握各大主要城市千米数和拖箱价格;各港区装箱价格;报关费、商检、动植检收费标准。

不能及时提供以上询价内容的,需请顾客留下电话、姓氏等联系方式,以便在尽可能短的时间内回复货主。

(2) 接受货主委托。接受货主委托后(一般为传真件)需明确以下重点信息。

① 船期、件数。

② 箱型、箱量。

③ 毛重。

④ 体积。

⑤ 付费条款、货主联系方法。

⑥ 做箱情况,"门到门"还是内装。

2) 订舱方式

订舱方式主要有以下三种。

(1) 离线订舱。离线订舱主要是通过传真、电话或者电子邮件、EDI(Electronic Data Interchange,电子数据交换)等途径实现的。网上离线订舱可以使用离线订舱软件进行离线订舱,然后发电子邮件给承运人完成订舱。

(2) 在线订舱。在线订舱也称电子订舱(E-booking),它可以给客户提供一个交易平台,通过互联网把客户要价和服务供应商的报价在网上进行"对碰"使双方达成交易。

(3) 卸货地订舱。通常的订舱都是装货地订舱,即由出口商订舱,而卸货地订舱(Home Booking)也即由进口商(Importer)订舱,国外的买方(Buyer)即进口商负责签订运输合同,但他们一般自己不订舱,而是委托某国际货代公司代为订舱,通常还指定要订某承运人的运输工具。受委托的国际货代称为指定货代,该承运人称为指定承运人,这两者不一定同时出现。

2. 填写托运单

水路运输托运单是指由托运人根据买卖合同的有关内容向承运人或其代理人办理货物运

输的书面凭证。有时使用"委托申请书",见表4-12。经承运人或其代理人对该单的签认,即表示已接受这一托运,承运人与托运人之间对货物运输的相互关系即告成立。

表4-12 天津江海运输公司托运单

年　月　日　　　　　　　　　　　　　　　编号:

发货人姓名		发货人地址				联系方式	
收货人姓名		收货人地址				联系方式	
通知人姓名		通知人地址				通知方式	
前程承运人		收货地址					
船名		航次				装运港	
目的地		卸货港				交货地点	
货物标记或号码		货名	规格	单位	数量	毛重/kg	尺码/m³
件数合计				重量合计		尺码合计	
运费及附加费		运费吨		运费率	运费单价	运费预付	运费到付
可否转船	可否分批	是否保险	保险单号	装船日期	合同号	发票号	特别说明
特约事项			托运人签字盖章		代理人签字盖章	承运人签字盖章	

在班轮运输的情况下,托运人只要口头或订舱函电向船公司或其代理人预订舱位,船公司对这种预约表示承诺,运输关系即告成立,并不需要任何特定的形式。船公司或其代理人接受承运后,需在托运单上编号并指定装运的船名,将托运单留下,副本退还托运人备查。

托运单的主要内容包括托运人名称,收货人名称,货物的名称、重量、尺码、件数、包装式样、标志及号码,目的港,装船期限,能否分批装运,对运输的要求及对签发提单的要求等。

填写托运单时应遵守以下注意事项。

(1) 托运单的填写要求。

① 一份运单填写一个托运人、收货人、起运港、到达港。

② 货物名称应填写具体品名,名称过繁的可以填写概括名称。

③ 规定按重量或体积择大计费的货物应当填写货物的重量和体积(长、宽、高)。

④ 填写的各项内容应当准确、完整、清晰。

⑤ 危险货物应填制专门的危险货物运单(红色运单)。国家禁止利用内河及其他封闭水域等航运渠道运输剧毒化学品,以及交通部门禁止运输的其他危险化学品。除上述以外的危险化学品,只能委托有危险化学品运输资质的运输企业承运。因此,托运人在托运危险货物时,必须确认水运企业的资质。

(2) 货物的名称、件数、重量、体积、包装方式、识别标志等应当与运输合同的约定相符。

(3) 对整船散装的货物,如果托运人在确定重量时有困难,则可要求承运人提供船舶水尺计量数作为其确定重量的依据。

(4) 对单件货物重量或者长度(沿海为5t、12m,长江、珠江、黑龙江干线为3t、10m)超过标准的,应当按照笨重、长大货物运输办理,在运单内载明总件数、重量和体积。

(5) 托运人应当及时办理港口、检验、检疫、公安和其他货物运输所需的各项手续的单证送交承运人。

(6) 已装船的货物,可由船长代表承运人签发运单。

(7) 水路货物运单一般为六联。第一联为起运港存查;第二联为解缴联,起运港航运公司留存;第三联为货运收据联,起运港交托运人留存;第四联为船舶存查联,承运船舶留存;第五联为收货人存查联;第六联为货物运单联,提货凭证,收货人交款、提货、签收后交到达港留存。

3. 提交托运的货物

托运人按双方约定的时间、地点将托运货物运抵指定港口暂存或直接装船。

1) 提交托运货物的注意事项

(1) 需包装的货物应根据货物的性质、运输距离及中转等条件做好货物的包装工作。

(2) 在货物外包装上粘贴或拴挂货运标志、指示标志和危险货物标志。

(3) 散装货物按重量或船舶水尺计量数交接,其他货物按件数。

(4) 散装液体货物由托运人装船前验舱认可,装船完毕由托运人会同承运人对每处油舱和管道阀进行施封。

(5) 运输活动物时,应用绳索拴好牲畜,备好途中饲料,派人随船押运照料。

(6) 使用冷藏船运输易腐、保鲜货物,应在运单内载明冷藏温度。

(7) 运输木(竹)排货物应按约定编排,将木(竹)排的实际规格,托运的船舶或者其他水上浮物的吨位、吃水及长、宽、高及抗风能力等技术资料在运单内载明。

(8) 托运危险货物,托运人应当按照有关危险货物运输的规定办理,并将其正式名称和危险性质及必要时应当采取的预防措施书面通知承运人。

2) 提交托运货物时有关单证的填制

(1) 水路运输装货单的填制。装货单由托运人按照托运单的内容进行填制,然后交船公司或其代理人审核并签章,作为要求船长将货物装船的凭证,见表4-13。

但是托运人凭船公司或其代理人签章后的装货单要求船长将货物装船,货物装船时,托运人(或货运代理人)必须向船长或大副提交此单证。同时船方还要详细核对实际装船货物的情况是否与装货单上记载的内容相一致。

表 4-13 天津江海运输公司装货单

收货人(姓名、地址、电话):_____   发票号:_____
运输工具(船号):_____ 装货单编号:_____   合同号:_____
出发港:_____ 经由:_____ 到达港:_____   日期:_____

包装标志	品 名	单 重	数 量	总 重
合 计				

大副: 装货人:

装货单多数是由五联组成的,称为"装货联单"。第一联是留底单,用于缮制其他货运单证;第二联是装货单,作用如下所述;第三联是收货单,是船方接受货物装船后由大副签发给托运人的收据;另两联副本供计算运费和向付款人收取运费的通知之用。

装货单上除应记载托运人名称、编号、船名、目的港及货物的详细情况(应与托运单相同)等内容外,还有货物在装船后由理货人员填写的货物装船日期、装舱位置、实装货物数量及理货人员的签名等项内容。

装货单的流转程序如图 4.6 所示。船公司或其代理人接受货物托运后,将确定的载运船舶的船名及编号填入运单,然后将装货联单发给托运人填写,填妥后交回船公司的代理人,经代理人审核无误后签章留下留底联,将装货单和收货单(第二、第三联)交给托运人办理相关手续后,要求船长将货物装船运输。

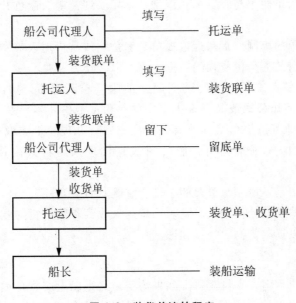

图 4.6 装货单流转程序

装货单一经承运人签章后,船、货双方都应受其约束,如果发生货物通关造成损失时,应由责任方承担责任。如果需要修改装货单上所记载的内容,应及时编制更正单分送有关单位做相应的更正,并收回原装货单注销。

承运人签发装货单后,船、货、港各方均需要有一定的时间用来编制装货清单、积载计划,办理货物报关、查验放行、货物集中等装船的准备工作。因此,对某一具体船舶来说,在装货开始之前的一定时间内应截止为该船本航次签发装货单,具体的截止时间视各港具体情况而定。若在截止签发装货单日之后,再为该船本航次签发装货单,则称为"加载"。"加载"通常是为了满足紧急任务、特殊情况或信用证到期等原因的需要。一般只要还没有最后编制积载计划,或积载计划虽已编制,但船舶的舱位尚有剩余,并且不影响原积载计划的执行时,应设法安排这种"加载"。

当货物全部装上船后,现场理货人员即核对理货计数单的数字,在装货单上签注实装数量、装舱位置、装船日期并签名,再由理货长审查和签名,证明该票货物如数装船无误,然后连同收货单一起送交船舶大副。大副审核属实后在收货单上签字,留下装货单,将收货单退给理货长转交给托运人或货运代理人。

【做一做】

根据表4-13提供的装货单式样及【想一想】的相关资料,填写装货单。

【评一评】

相互交换所完成的结果,查看其他成员装货单填写情况,提出修正意见,每组重新修改和填写装货单。

(2) 水路运输收货单的填制。水路运输收货单是指某票货物装上船舶后,由船上大副签署给托运人的,作为证明船方已收到该票货物并已装上船舶的凭证。所以,收货单又称为"大副收据"。

收货单是装货联单的第三联,它除了增加"大副签署"一栏外,其所记载的内容和格式与装货单完全一样。为了便于与装货单相识别,常用淡红色或淡蓝色并在左侧纵向增加一个较宽的线条。

(3) 水路运输提单的填制。水路运输提单是船公司或其代理人签发给托运人,证明货物已装上船舶并保证在目的港交付货物的单据,是可以转让的证券。

托运人凭大副签字确认货物已经装上船舶的收货单,到船公司或其代理人处付清运费,(预付运费)换取经船公司或其代理人签字的一份或数份正本已装船提单。托运人取得正本已装船提单后,即可持提单及其他有关单证到银行办理结汇,取得货款。如果收货单上附有关于货物状况的大副批注时,船公司或其代理人需将大副批注如实地转批在提单上。

提单在班轮运输中是一份非常重要的单证。它既具有规定船公司作为承运人的权利、义务、责任和免责的运输合同的作用,又是表明承运人收到货物的货物收据,也是提单持有人转让货物所有权或据以提取货物的物权凭证。

4. 支付费用

托运人按照约定向承运人支付运费。如果约定装运港船上交货,运费由收货人支付,则应当在运输本证中载明,并在货物交付时向收货人收取。如果收货人约定指定目的地交货,托运人应交纳货物运输保险费、装运港口作业费等项费用。

4.3.3 计算水路货物运输的运费

1. 计算班轮货物运输的运费

1) 班轮运费构成

班轮运费是由基本运费和附加费两部分构成的，其公式为

$$班轮运费 = 基本运费 + 附加费 = 基本运价 \times 计费吨 + 附加费$$

（1）基本运费。基本运费是指每一计费单位普通货物在正常运输条件下，从某个基本港运至另一个基本港，船方按规定收取的货物运费。基本运价是运价表中对货物规定的、必须收取的基本运费单价，是其他一些百分比收取附加费的计算基础。

（2）附加费。基本运费是构成班轮运输应收运费的主要部分，但由于基本运费是根据某一水平制定的，且相对保持稳定，而实际上在运输中由于船舶、货物、港口及其他种种原因，会使承运人在运输中增加一定的营运支出或损失，因此，只能采取另外收取追加费用的方法来弥补，这部分不同类型的费用就是附加费。

为了保持在一定时期内基本费率的稳定，又能正确反映出各港口的各种货物的运输成本，班轮公司在基本费率之外，又规定了各种费用，就是常见的附加费。

2) 班轮运费计算

（1）运费计算标准。通常班轮运费计算方式有按货物重量、按货物尺码或体积、按货物重量或尺码计算，选择其中收取运费较高者计算；按每件为一单位计收；由船货双方临时议定价格收取运费，称为议价。

（2）班轮运价表。虽然各船公司的运价表形式由于航线数量及其他特殊情况而不尽相同，但内容上大同小异，一般由以下三部分构成。

① 说明和有关规定。说明和有关规定是由说明与规则及港口规定组成的。

说明与规则规定了运价表的适用范围，运费计算办法与支付方法，计价币值及单位，船货双方的责任、权利和义务，各种货物运输的特殊规定和各种运输形式，如直航、转船、选择或变更卸货港口等办法和规则。

船公司在综合运价表中会特别规定杂货、托盘、集装箱运输承运条款和有关基本运费和附加费的计算办法。

港口规定是由有关港口当局或政府规定的。船舶不论行驶到哪个港口装卸货物，船货双方都必须遵守当地港口的规定和习惯做法。为避免争议和引起麻烦，船公司将这些常去港口的有关规定和习惯做法印在运价表内用来约束有关当事人。

特别提示

说明和有关规定是提单条款的组成部分，也是船货双方共同遵守的规则。对运价及运输过程中发生的异议、分歧和纠纷时，说明和有关规定同样被视为处理问题的依据。

② 商品分级表及附录。商品分级表标列了各种货物的名称及其运费计算等级和计费标准，每一商品的名称是按英文字母的顺序排列的。商品运价表中无此项分级表，商品运价表在各种货物列名后直接标示其计费标准和费率，等级运价表则在此部分先对成千上万种商品进行归类分级。

由于商品种类繁多，加之新产品的不断出现，任何一个运价表均不可能将所有商品开列无遗，为此运价表内都有一项"未列名货物"。一般"未列名货物"的运价偏高，至少是接近于平均运价水平。大多数船公司在总共20个等级中只定了12级左右。另外对某大类货物往往也有一个未列名货物品种，如"未列名粮谷"等。

③ 航线费率表。航线费率表规定了各航线的基本运价及各类附加费。如果是综合运价，则一般分为杂货与集装箱运输两大部分。

(3) 运费计算步骤如下。

① 选择相关的运价表。

② 根据货物名称，在商品分级表中查到运费计算标准和等级。

③ 在等级费率表的基本费率部分，找到相应的航线、启运港、目的港，按等级查到基本运价。

④ 从附加费部分查出所有应收(付)的附加费项目和数额(或百分比)及货币种类。

⑤ 根据基本运价和附加费算出实际运价。

⑥ 计算运费：

$$运费 = 实际运价 \times 计费吨$$

3) 运费计算公式

班轮运输费用的计算公式为

$$班轮运输费用 = 基本运费 + \sum 附加费 = 基本费率 \times 货运量 + \sum 附加费$$

🌐 【算一算】

一批由天津出口运往温州的衬衣共 $100m^3$，经上海转船运往其目的港温州，计算其全部运费。

解：

(1) 查表 4-14：该货物运价等级为 10 级，计费标准为 M。

表 4-14 水路货物运价简表

货物类别	运价等级	费率 $M/(元/m^3)$		费率 $T/(元/t)$		中转费率
		一程	二程	一程	二程	
磷矿石类	1	—	—	16.0	12.0	6.0
煤炭、生铁	2	—	—	12.0	10.0	5.0
服装类	10	25.0	14.0	—	—	9.6
…	…	…	…	…	…	…

注：① 中转费率单位按计费方式。

② 二程加收燃油附加费为 10%。

(2) 根据表 4-14，天津运往上海一程运费为 $25.0 元/m^3$，上海中转费为 $9.6 元/m^3$，上海运往温州二程运费为 $14.0 元/m^3$。

(3) 根据表 4-14，上海至温州二程燃油附加费为 10%。

(4) 计算运费：

$$运费 = 25.0 \times 100 + 9.6 \times 100 + 14.00 \times 100 + 14.0 \times 100 \times 10\% = 5\,000(元)$$

2. 计算租船运价

租船合同中有的规定运费率，按货物每单位重量或体积的若干金额计算；有的规定整船包价。费率的高低主要决定于租船市场的供求关系，同时也与运输距离、货物种类、装卸效率、装卸费用的划分和佣金高低等因素有关。合同中对运费是按装船重量或是按卸船重量计算的。运费是预付或是到付均应写明，特别要注意的是应付运费时间是指船东收到的日期，而不是租船人付出的日期。

装卸费用的划分方法如下所示。

（1）船方承担装卸费，又称"班轮条件"。

（2）船方不承担装卸费，采用这一方式时，费用一般都规定由租船人承担，即船舱费。

（3）船方管装不管卸。

（4）船方管卸不管装。

【做一做】

根据任务4.3【想一想】所提供的货物相关资料，参照水运托运单样本，填制托运单。

【评一评】

相互交换所完成的结果，查看其他成员的托运单填写情况，提出修正意见，每组重新修改和填写。

任务4 托运和承运航空运输货物

【学习目标】

- 了解航空货物托运承运的相关概念、等级运价。
- 熟悉航空货物运输的计费方法。
- 掌握航空运输单证的作用和具体内容。
- 能根据航空运输费用的计算方法，确定货物运输费用。
- 能正确办理航空货物运输托运、承运手续，填写相关运输单证。

【任务描述】

本任务重点阐述航空货物运输托运承运的基本概念与作用和工作流程、计费方式与计费方法、航空货物相关运输单证及填写方法，并模拟货物托运的工作实际，加以相应的知识应用和技能训练。目的是培养学生能依据所托运货物种类、数量等因素，合理计算航空运输费用、正确办理托运手续，填制相关运输单证等方面的工作能力。

【想一想】

根据下述内容和航空托运书样本，填写托运书。

托运人姓名及地址：北京光华科技公司胡国强，北京市西直门大街66号

托运人电话：86(010)645××××6，传真：86(010)645××××8

收货人姓名及地址：成都天成实业公司张辉，成都市中山路168号

收货人电话：86(028)787××××9

托运人找了一家空运代理（北京通达航空代理运输公司）由北京国际机场发运货物到成都，目

的机场为成都双流机场。货物共 4 箱,单件尺寸 80×30×2(cm³),实际毛重 58.3kg,经计算确定收费重量 58.3kg,费率 18.00 元,采用运费预付,无声明价值。已定舱,班期/日期:CA921/30-03-2014。托运人要求货物装机时需保持向上放置,并附发票一张,发票号 201403040567。

4.4.1 选择航空货物运输的类型

航空货物运输按经营业务方式的不同可分为班机运输、包机运输、集中托运和航空快递四种类型,见表 4-15。

表 4-15 航空货物运输的类别

类别		定义	优点	缺点
班机运输		在固定航线上定期航行的航班。班机运输一般有固定的始发站、到达站和经停站	①有固定的航线、挂靠港、固定的航期,并在一定时间内有相对固定的收费标准; ②进出口商可以在贸易合同签署之前预期货物的起运和到达时间,核算运费成本,合同的履行也较有保障	①航班以客运服务为主,货物舱位有限,不能满足大批量货物及时出运的要求,只能分批运输; ②不同季节同一航线客运量的变化也会直接影响货物装载的数量,使得班机运输在货物运输方面存在很大的局限性
包机运输	整机包机	航空公司或包机代理公司按照合同中双方事先约定的条件和运价将整架飞机租给租机人,从一个或几个航空港装运货物至指定目的地的运输方式	①满足了大批量货物进出口运输的需要,同时包机运输的运费比班机运输低,且随国际市场供需情况的变化而变化,给包机人带来了潜在的利益; ②包机运输可以由承租飞机的双方议定航程的起止点和中途停靠的空港,因此更具灵活性	①包机运输是按往返路程计收费用,存在着回程空放的风险; ②由于各国政府出于安全的需要,也为维护本国航空公司的利益,对他国航空公司的飞机通过本国领空或降落本国领土往往加大限制,审批手续复杂烦琐,增加了包机运输的营运成本
	部分包机	由几家航空货运代理或发货人联合包租一架飞机,或者是由包机公司把一架飞机的舱位分别卖给几家航空货运代理的货物运输形式		
集中托运		集中托运人将若干批单独发运的货物组成一整批,向航空公司办理托运,采用一份航空总运单集中发运到同一目的站,由集中托运人在目的地指定的代理处收货,再根据集中托运人签发的航空分运单分拨给各实际收货人的运输方式,也是航空货物运输中开展最为普遍的一种运输方式,是航空货运代理的主要业务之一	①节省运费:航空货运公司的集中托运运价一般都低于航空协会的运价,发货人可得到低于航空公司的运价; ②方便货主:将货物集中托运,可使货物到达航空公司到达地点以外的地方,延伸了航空公司的服务; ③提早结汇:发货人将货物交与航空货运代理后,即可取得货物分运单,可持分运单到银行尽早办理结汇	①只适合办理普通货物,对于等级运价的货物,如贵重物品、危险品、活动物及文物等不能办理集中托运; ②只可以办理相同或临近的目的地,如某一国家或地区,其他则不宜办理,例如,不能把去日本的货与发到欧洲的货物一起集中办理

续表

类别	定义	优点	缺点
航空快递	具有独立法人资格的企业利用航空运输，将货物从托运人所在地按照向托运人承诺的时间将其送交指定地点或者收件人的一种快速运输方式。航空快递的主要业务形式有机场到机场、桌到桌或门到门、派专人送货	① 运送速度快：缩短了货物在途时间，特别是对于那些易腐烂、变质的鲜活商品，时效性、季节性强的报刊、节令性商品，抢险、救急品的运输； ② 安全准确：航空快递运输的安全性较高，运输管理制度也比较完善，货物的破损率较低； ③ 节约包装保险利息等费用：航空运输采用包装管理方式，货物在途时间短，周转速度快，包装简单，包装成本少	① 运输费用较其他运输方式更高，不适合低价值货物； ② 航空运载工具——飞机的舱容有限，对大件货物或大批量货物的运输有一定的限制； ③ 飞机飞行安全容易受恶劣气候影响

 知识链接

航空快递的收件范围

航空快递的收件范围主要有文件和包裹两大类。其中，文件主要是指商业文件和各种印刷品，对于包裹一般要求毛重不超过 32kg（含 32kg）或外包装单边不超过 102cm，三边相加不超过 175cm。近年来，随着航空运输行业竞争更加激烈，快递公司为吸引更多的客户，对包裹大小的要求趋于放松。而传统的航空货运业务以贸易货物为主，规定每件货物体积不得小于 5cm×10cm×20cm。邮政业务则以私人信函为主要业务对象，对包装要求每件重量不超过 20kg，长度不超过 1m。

4.4.2 托运和承运航空运输货物的工作流程

1. 托运人提出托运货物要求

由托运人填写航空货物托运单（表 4-16），在托运单上签字或盖章，并对其所填写内容的真实性、有效性负责。

承运人或其代理人（以下统称承运人）查询当日的"航班预报"是否有满足托运人要求的航班信息。若当日航班中没有托运人满意的航班，承运人可通过电话、网上航班信息查询等方式进行相关查询，确定最终托运人满意的航班计划。

2. 判断货物是否符合航空运输规定

承运人承运货物时应检查托运人的有效身份证件。承运政府限制运输及需经公安、检疫、工商等政府有关部门查验的货物时，托运人应提供相关部门出具的有效证明文件。

托运人根据所托运货物性质的不同，应选择符合航空运输规定的适宜包装，对特殊货物的运输，其包装应符合《中国民用航空国内货物运输规则》的要求和规定。

托运人所托运的货物若未能达到《中国民用航空国内货物运输规则》所列的包装要求，则承运人应建议托运人修改货物包装，直至符合上述条件为止。

承运人应量取货物尺寸，根据机型舱门尺寸表判断是否符合舱门尺寸（托运人托运的货物三边之和不得小于 40cm，最小边不得小于 5cm）。承运人参照货物重量及货物尺寸，计算货物对飞机地板的压力是否符合飞机地板最大承受力的数值。

表 4-16　航空货物托运单

托运人姓名		托运人地址			托运人联系方式		
收货人姓名		收货人地址			收货人联系方式		
代理人名称		代理人城市			货物特别声明		
始发站		航班					
到达站		代理费用					
托运人声明价值		保险金额					
货物处理情况（包装方式、货物标志及号码）					所附文件		

货物品名	单重/kg	件数	总重/kg	尺码/cm³	运价种类	收费重量/kg	费率	运费/元	附加费/元
合计									

货运代理人承运托运人托运的特殊货物（鲜活商品、易腐商品、指定商品、中转货物），必须事先征得航空公司认可方可承运。

3. 货物订舱与航空货运单的填制

承运人按照《托运书填写规范》检查托运人所填写内容是否齐全正确。

承运人应准确测量货物尺寸、重量，计算出货物的计费重量。承运人根据货物的目的站、品名、件数、尺寸、实际重量、计费重量等相关数据，通过电话、传真或网上订舱等方式向航空公司提出订舱申请。

承运人从航空公司得到舱位确认后，立即为货物制作、选择并贴挂识别标签及操作标签。若航空公司提示承运人所选订舱的航班由于载量限制或舱位已满，承运人须征得托运人同意选择延迟航班或停止运输。在征得托运人继续运输的意见后，承运人应按照《国内航空货运单填写规范》填制航空货运单，并要求托运人在运单上确认签字或盖章。承运人计算出相关费用后，向托运人收取所有费用。

特别提示

航空运单与铁路运单一样，有别于海运提单，不是代表货物所有权的物权凭证，不是提取货物的凭证，必须做成记名抬头，同时不能背书转让。

知识链接

航空运单

航空货运单简称航空运单，是由承运人或其代理人向托运人或其代理人签发的重要货物单据。其中，由承运人向托运人或其代理人签发的称为航空主运单，由代理人向托运人签发的称为航空分运单。

1. 航空运单的内容

航空运单的内容与托运单基本相同，通常共有 12 联，其中正本 3 联，副本 9 联，每联上均注明该联的用途。正本每联都印有背面条款，每联用途如下。

第一联：在货物托运后，由承运人或空运货运代理人将该联交托运人作为接收货物的证明。

第二联：记载有发货人、收货人应负担的费用和代理的费用，由承运人留存作为运费账单或记账凭证。

第三联：随货到目的地后，将此联交收货人作为核收货物的依据。

2. 航空运单的作用

具体来讲，航空运单有以下六项作用。

（1）航空运单是承运合同。航空运单是托运人与承运人之间的运输合同，该合同必须由托运人或托运人的代理人与承运人或承运人的代理人签署后才能生效。航空运单一经签发，便成为签署承运合同的书面证据。

（2）航空运单是货物收据。托运人托运货物后，承运人或其代理将一份航空运单正本交给托运人，作为已接受其货物的证明，即货物收据。

（3）航空运单是运费账单。航空运单上分别记载收货人应承担的费用和代理的费用，因此可作为运费账单和发票，承运人可将一份运单正本作为记账凭证。

（4）航空运单是报关单据。当货物到达目的地后，应向当地海关报关。在报关所需各种单证中，航空运单常常是海关放行查验时的基本单据。

（5）航空运单是保险证书。如果承运人承办保险或托运人要求承运人代办保险，则航空运单即可作为保险证书。记载有保险条款的航空运单又称为红色运单。

（6）航空运单是承运人内部业务开展的依据。航空运单是承运人办理该运单所属业务的依据，承运人根据运单中所记载的相关内容办理有关事项，如货物的接收、转运、交付等工作。

航空运单的生效自托运人或其代理人和承运人或其代理人履行签署手续并注明日期后开始。只要运单上没有注明日期和签字盖章，承运人就可以不承担对货物的任何责任，托运人也不受任何合同的约束。当货物一旦交给运单上所记载的收货人后，运单作为承运合同的效力即刻终止，也就是承运人完成了货物的全部运输责任。

4. 货物的交运及安全检查

承运人填写"航空货运单""航空货物、邮件安全检查申报单"等相关单据并进行审核无误后交安全检查人员进行货物安全检查。

安检员首先核对"航空货物、邮件安全检查申报单"上列出的货物信息，并对货物进行安全检查。若安全检查站安检员通过安检仪无法判断货物属性，则需要对货物进行开箱查验。安全检查站安检员若发现托运人所申报的货物品名与实际货物不符，或所托运货物为会影响航空器正常飞行的，承运人应不予承运该货物，并办理货物退运。若安全检查站安检员经检查发现隐瞒货物真实品名或属性，或该货物为国家法律或相关规定明令禁止运输的严重威胁飞机飞行安全的，安检员应扣留货物，并通知机场公安处。

货物经过机场安全检查站安检员检验并未发现问题后，安检员应在"航空货物、邮件安全检查申报单"安检时间处填入检查的具体时间，在安检员签章处签字，并加盖安检放行章。

承运人负责对经过安检员检验过的货物进行复重、复尺。如发现问题，经核实后修改"航空货运单""航空货物、邮件安全检查申报单"，然后存入仓库，承运人员在"航空货物、邮件安全检查申报单"收验人栏内签字或盖章。如未发现问题，货物直接存入仓库，承运人员在"航空货物、邮件安全检查申报单"收验人栏签字或盖章。

🌐【做一做】

根据【想一想】任务书内容,参照航空货物托运单样本,根据以下要求填制航空货物航空托运单。

(1) 如果始发站是北京首都国际机场,是否可以把北京城市全称填在托运单中,若可以请填在该托运单中相应的位置上。

(2) 如果没有供运输用的声明价值,在货运单上如何填写?请填在托运单中。

(3) 如果托运人没有办理货物保险,在货运单上如何填写?请填在托运单中。

(4) 如果运费是预付,在托运单中填入费用。

🌐【评一评】

相互交换所完成的结果,查看其他成员托运单填写情况,提出修正意见,每组重新修改和填写托运单。

4.4.3 计算航空货物运输的运费

航空货物的计费由托运货物的计费重量、货物计费等级、货物的声明价值、计费费率、航线航区和附加费等因素决定。

1. 计费重量

在实际计算航空货物运输费用时,要考虑货物的计费重量、有关的运价和功用及货物的声明价值。其中,计费重量是按实际重量和体积重量两者比较的,以高者计算。也就是说,在货物体积小、重量大时,以实际重量为计费重量;在货物体积大、重量轻时,以货物的体积重量为计费重量。

1) 实际重量

实际重量是指一批货物包括包装在内的实际总重量。凡重量大而体积相对小的货物用实际重量作为计费重量。具体计算时,重量不足 0.5kg 的按 0.5kg 计算;0.5kg 以上不足 1kg 的按 1kg 计算。

2) 体积重量

轻泡货物一般按体积重量计算。体积重量的具体计算方法是,分别量出货物的最长、最宽和最高的部分,三者相乘算出体积,尾数四舍五入。将体积折算为重量(kg)予以计算。

 特别提示

我国民航则规定以 6 000 cm³ 折合为 1kg 为计算标准。例如,一批货物体积为 21 000 cm³,实际重量为 2kg,则其体积重量为 21 000÷6 000=3.5(kg)。计费重量是按货物的实际毛重和体积重量两者较高的一个计算,如上例中以 3.5kg 计费。当由几件不同货物一起集中托运,其中有重货也有轻泡货时,其计费重量采用整批货物的总毛重或总的体积重量两者之中较高者计算。

例如,一批货物的总毛重为 500kg,总体积为 3 817 800cm³,航空公司便要按 636.5kg 计收运费。尾数不足 0.5kg 的按 0.5kg 计费,超过 0.5kg 的按 1kg 计费。

2. 普通货物运价

普通货物运价,又称一般货物运价,仅适用于计收一般普通货物的运价。

一般普通货物运价以 45kg 为重量划分点,分为 45kg 以下的普通货物运价,运价类别代号为 N;45kg 及 45kg 以上的普通货物运价,运价类别代号为 Q。45kg 以上的普通货物运价低于 45kg 以下的普通货物运价。

以北京至广州为例,普通货物运价见表 4-17。

当一个较高的起码重量能提供较低运费时，则可使用较高的起码重量作为计费重量。这个原则也适用于那些以一般货物运价增加或减少一个百分比的等级运价。

表 4-17　北京至广州的普通货物运价

序号	重量	运价/(元/kg)
1	45kg 以下	22.25
2	45kg 及以上	16.66
3	300kg 及以上	14.30
4	500kg 及以上	9.71
5	1 000kg 及以上	8.10

【算一算】

一件普通货物重 290kg，从北京运至广州，可有两种计算运货方法供选择。

解：

（1）用 45kg 以上运价标准计：$16.66 \times 290 = 4\ 831.4$（元）。

（2）用 300kg 以上运价标准计：$14.30 \times 300 = 4\ 290$（元）。

通过计算结果比较可知，按较高的起码重量和较低运费计算，虽然计费重量多出 10kg，但可获得较低的总运费。

3. 等级货物运价

等级货物运价是指适用于规定地区或地区间指定等级的货物所适用的运价。等级货物运价是在普通货物运价的基础上增加或减少一定百分比而构成的。

等级货物运价一般有等级运价加价和等级运价减价两类。

1）等级运价加价

等级运价加价用"S"表示。适用的物品包括活动物、贵重物品、尸体等。此类物品的运价是按 45kg 以下的普通货物的运价的 200％计收。

2）等级运价减价

等级运价减价用"R"表示。适用的物品包括报纸、杂志、出版物及书籍等，作为行李货物托运。此类物品的运价是按 45kg 以下的普通货物运价的 50％计收。

4. 特种货物运价

特种货物运价是自指定的始发地至指定的目的地而公布的适用于特定物品、低于普通货物运价的某些指定物品的运价。

特种货物运价是由参加国际航空协会的航空公司，根据在一定航线上有经常性特种物品运输的发货人的要求，或者为促进某地区的某种货物的运输，向国际航空协会提出申请，经同意后制定的。

5. 择优使用航空运价

首先使用特种货物运价，其次是等级货物运价，最后是普通货物运价。

当使用等级货物运价或普通货物运价计算出的运费低于按特种货物运价计算出的运费时，则可使用等级货物运价或普通货物运价，但下列情况除外。

(1) 如果在同一起码重量下，特种货物运价高于等级货物运价或普通货物运价，就应使用该特种货物运价。

(2) 如果等级货物运价高于普通货物运价，就应当使用该等级货物运价。

6. 有关运价的其他规定

1) 运价的使用及特点

(1) 除起码运费外，公布的运价都以千克或磅为单位。

(2) 公布的运价是一个机场到另一个机场的运价，而且只适用于单一方向，公布的运价仅指基本运费，不包含附加费。

(3) 运价的货币单位一般以当地货币单位为准。

(4) 航空运单中的运价，按出具运单之日所适用的运价。

2) 起码运费

起码运费是航空公司承运一批货物所能接受的最低运费，即不论货物的重量或体积大小，在两点之间运输一批货物应收的最低金额。起码运费的类别代号为M，它是航空公司在考虑办理一批货物，即使是一票很小的货物，所必须产生的固定费用而制定的，当货物运价少于起码运费时，就要收起码运费。

不同的国家和地区有不同的起码运费。我国的航空运价的起码运费是按货物从始发港到目的港之间的普通货物运价5kg运费为基础的，或根据民航和其他国家航空公司洽谈同意的起码运费率征收的。

3) 声明价值费

按我国航空运输法律法规规定，对因承运人的失职而造成的货物损坏、丢失或错误等所承担的责任，其赔偿的金额为每千克50元。若要求按货物的价值赔偿，则需由托运人在付运费的同时，向承运人支付另外一笔声明价值费，或是向有关保险公司投保。

4) 货到付款劳务费

货到付款劳务费是指由承运人接受发货人的委托，在货物到达目的地交给收货人的同时，代为收回运单上规定的金额，承运人则按货到付款金额收取规定的劳务费用。

🌐【做一做】

由北京运往成都三箱服装，每箱毛重28.4kg，单件体积尺寸为62cm×38cm×30cm，计算该票货物的航空运费。公布运价见表4-18。

表4-18 北京到成都航空运价

机场	货物类别	重量级	单价/(元/kg)
北京机场↓成都机场	N	45kg以下	24.20
	Q	45kg及以上	18.00
		300kg及以上	16.30
		500kg及以上	10.71
		1 000kg及以上	9.10

🌐【评一评】

相互交换所计算的结果，核对后，提出修正意见，每组重新计算。

项目小结

本项目主要介绍了托运和承运公路运输货物：选择公路货物运输的类型、托运和承运公路运输货物的工作流程、计算公路货物运输的运费、验收与保管货物；托运和承运铁路运输货物：选择铁路货物运输的类型、托运和承运铁路运输货物的工作流程、计算铁路货物运输的运费；托运和承运水路运输货物：选择水路货物运输的类型、托运和承运班轮运输货物的工作流程、计算水路货物运输的运费；托运和承运航空运输货物：选择航空货物运输的类型、托运和承运航空运输货物的工作流程、计算航空货物运输的运费。

职业能力训练

一、概念题

1. 托运。
2. 承运。
3. 提单。
4. 集装化运输。
5. 货票。

二、简答题

1. 简述公路运单的传递过程。
2. 简述什么是货物标志，有什么作用。
3. 简述铁路货物托运、承运的工作流程。
4. 在租船运输业务中，装卸费用的划分有哪几种？
5. 在装货港使用的单证有哪些？

三、计算题

1. 广州到北京航空运价分类如下：N 类为 10 元/kg；Q 类中，45kg 计费质量分界点的运价为 8 元/kg，100kg 计费质量分界点的运价为 7.5 元/kg，300kg 计费质量分界点的运价为 6.8 元/kg。有一件普通货物为 280kg，从广州运往北京，请计算该件货物的运费。

2. 一件普通货物的重量为 290kg，从北京运至广州，该货物的运价见表 4-17，请计算该票货物的航空运费。

四、实训题

公路货物托运和承运

东莞江河商贸有限公司(东莞市莲前路 6 号，电话：8899778)向杭州国泰食品厂(杭州市沿江路 89 号，电话：88798818)购买橙汁饮料 20 箱，每箱 10kg，每箱尺寸：25cm×25cm×60cm，购买纯净水 15 箱，每箱 5kg，每箱尺寸：25cm×25cm×30cm。外包装均为纸箱，

2013年7月25日由杭州环宇运输公司承运(参考数据与表格格式见表4-19和表4-20),请计算运费并填写运单。

【实训目标】

熟悉公路运输托运和承运工作流程,重点培养学生公路运输运费计算及货物托运和承运的工作能力。

【实训内容】

模拟公路货物托运情景,依据题目条件和表4-19、表4-20提供货物运单及运价,计算运输费用和填写道路货物运单,完成公路货物托运和承运工作过程。

【实训要求】

全班分组,两人一组分别代表货主与承运方,货主仔细阅读货物信息和运输要求,承运方仔细研究表4-19和表4-20各栏目的含义,然后合作完成实训内容。

【评价标准】

(1) 实训过程表现(20分)。

(2) 实训结果(80分)。

表4-19 杭州环宇公司道路货物运单

托运日期: 年 月 日　　　　　　　　　　　　　　　　　　　　　　　编号:

起运站:		经由:		到达站:							
全程: km											
托运人		地址			电话			邮编			
收货人		地址			电话			邮编			
货物名称及规格	包装形式	体积/cm³	件数	实际重量/t	计费重量/t	计费里程/km	运价率/(元/kg·km)	运费/元	站务费/元	装车费/元	中转费/元	仓理费/元	路桥费/元	保险、保价费/元	货位
保险、保价价格: 元	合计														
货物运单签定地			起运日期: 年 月 日			运杂费合计		万 千 百 拾 元 角 分							
特约事项			承运人签字盖章: 年 月 日			托运人签字盖章: 年 月 日			货运站收货人签字盖章: 年 月 日						

第一联存根

表 4-20 杭州环宇运输公司省际运价

地区	站点	每千克单价/(元/kg)	每立方米单价/(元/kg)	途经时间/天	地区	站点	每千克单价/(元/kg)	每立方米单价/(元/kg)	途经时间/天
北京	北京	1.10	200	3	山西	太原	1.50	350	4
天津	天津	1.10	200	3		大同	1.50	350	4
广东	广州	1.10	220	3	陕西	西安	1.50	290	4
	深圳	1.20	260	3	四川	重庆	1.50	350	4
	东莞	1.20	300	3		成都	1.50	350	4
	佛山	1.20	300	3	辽宁	沈阳	1.50	350	4
	中山	1.20	300	3		大连	1.70	360	5
	汕头	1.20	300	3	云南	昆明	1.70	280	4
福建	福州	1.00	250	3	贵州	贵阳	1.70	360	4~5
	厦门	1.00	250	3	吉林	长春	1.70	360	5
	石狮	1.20	300	3	广西	桂林	1.90	420	5
	福鼎	1.40	290	3		南宁	1.90	420	5
	长乐	1.40	290	3	甘肃	兰州	1.90	330	5
	泉州	1.40	290	3		西宁	1.90	330	5
	漳州	1.40	290	4		银川	1.90	330	5
	晋江	1.40	290	4	黑龙江	哈尔滨	1.90	390	5
河南	郑州	1.20	240	3		齐齐哈尔	2.00	390	5
	洛阳	1.40	280	4		大庆	2.00	390	6
河北	石家庄	1.40	290	4	新疆	佳木斯	2.40	440	7
	唐山	1.50	290	5		乌鲁木齐	2.40	540	6~7
湖南	长沙	1.20	300	3		呼和浩特	2.40	460	7
	湘潭	1.40	290	4	内蒙古	包头	2.40	460	7

注：(1) 单票单件运费：50 元起步。
(2) 以上报价为零担价格；批量及整车价格随市场价格调整。
(3) 以上价格不包括送货费，送货费 50 元起量大面议。楼层搬运费 0.5 元/件层。
(4) 保险费率：0.3%。
(5) 总计费用由基本运费、送货费、保险费构成。
(6) 运输时效以接货发运次日起算。

项目 5

组织货物运输

任务 1 组织公路货物运输

【学习目标】

- 了解组织公路货物运输的技术装备与设施。
- 掌握整车货物运输的概念、整车货物运输的工作组织。
- 熟悉整车货物运输生产过程的组织。
- 掌握公路零担货物运输的概念、组织形式和作业程序。

【任务描述】

本任务通过对公路货物运输组织基本知识的学习，并加以相应的技能训练，培养学生能掌握公路货物运输的组织流程，了解公路货物运输组织的基本内容和方法。

【想一想】

苏州电子公司销售部人员张华要将其公司一批产品运往新开发的销售市场芜湖，芜湖企业仓库位于该市郊区。他打算寻找一家公路货运公司完成这次运输任务。张华选择公路货运公司的原因是什么？他应该怎样尽快完成这件事情？

张华要解决运输问题，必须掌握公路运输的功能，常见运载工具与货物的类型及公路货运的一般组织流程等知识。

5.1.1 组织公路货物运输的技术装备与设施

1. 公路货物运输的技术装备与设施

组织公路货物的运输需要公路货运车辆、公路和货运站等技术装备与设施。

1) 公路货运车辆

公路货运车辆按其载运功能可以分为载货汽车、牵引车和挂车。

(1) 载货汽车。载货汽车是指专门用于运送货物的汽车，又称为载重汽车。载货汽车按其载重量的不同，可分为微型(最大载重量0.75t)载货汽车、轻型(载重量0.75~3t)载货汽车、中型(3~8t)载货汽车、重型(载重量在8t以上)载货汽车四种。目前在我国中型载货汽车是主要车型，数量较多。

载货汽车的车身具有多种形式。敞车车身是载货汽车车身的主要形式之一，它适用于运送各种货物。厢式车身可以提高货物安全性，多用于运送贵重物品。自卸汽车可以自动卸货，适用于运送散装货物，如煤炭、矿石、沙子等。专用车辆仅适于装运某种特定的用普通货车或厢式车装运效率较低的货物，它的通用性较差，往往只能单程装运，因此运输成本高，如汽车搬运车、水泥车、油罐车、混凝土搅拌车、冷藏车等。

(2) 牵引车和挂车。牵引车亦称拖车，是专门用以拖挂或牵引挂车的汽车。牵引车可分为全挂式和半挂式两种。

挂车本身没有发动机驱动，它是通过杆式或架式拖挂装置，由牵引车或其他汽车牵引行驶的。而只有与牵引车或其他汽车一起组成汽车列车方能构成一个完整的运输工具。挂车的类型及特点见表5-1。

表5-1 挂车类型及特点

类型	特　点
全挂车	由全挂式牵引车或一般汽车牵引
半挂车	与半挂式牵引车一起使用，它的部分重量是由牵引车的底盘承受的
轴式挂车	是一种单轴车辆，专用于运送长、大货物
重载挂车	是大载重量的挂车，它可以是全挂车，也可以是半挂车，专用于运送笨重特大货物，其载重量可达300t

挂车结构简单，保养方便，而且自重小，在运输过程中使用挂车可以提高运送效率，因此在汽车运输中应用较广。牵引车与挂车组合在一起，便形成了汽车列车。

2）公路

为行驶汽车而按照一定技术规范修建的道路(包括城市道路)，称为公路。公路是一种线形构造物，是汽车运输的基础设施，由路基、路面、桥梁、涵洞、隧道、防护工程、排水设施与设备及山区特殊构造物等基本部分组成，此外还需设置交通标志、安全设施、服务设施及绿化栽植等。

（1）公路等级。根据交通量及其使用性质，公路分为五个等级，见表5-2。

表5-2 公路等级

公路等级	年平均昼夜汽车交通量	特　点
高速公路	25 000辆以上	具有特别重要的政治、经济意义，专供汽车分道高速行驶，全部立体交叉并全部控制出入口的公路
一级公路	5 000～25 000辆	连接重要政治、经济中心，通往重点工矿区、港口、机场，专供汽车分道行驶并部分控制出入口、部分立体交叉的公路
二级公路	2 000～5 000辆	连接政治、经济中心或大型矿区等地的干线公路，或运输任务繁忙的城郊公路
三级公路	200～2 000辆	沟通县及县以上城市的一般公路
四级公路	200辆以下	沟通县、乡、镇的支线公路

（2）桥隧。桥隧是桥梁、涵洞和隧道的统称，都是为车辆通过自然障碍(河流、山岭)或跨越其他立体交叉的交通线而修建的构造物。桥梁和涵洞的共同点在于车辆在其上运行，主要用来跨越河流。一般桥梁的单跨径较涵洞大，总长较涵洞长，根据公路的有关规范，凡单孔标准跨径小于5 m的，或多孔跨径总长小于8 m的是涵洞；大于上述规定的为桥梁。隧道主要用于穿越山丘，车辆是在隧道内运行的。

3）货运站

公路运输货运站的主要功能包括货物的组织与承运、中转货物的保管、货物的交付、货物的装卸及运输车辆的停放、维修等内容。简易的货运站点，则仅有供运输车辆停靠与货物装卸场地的功能。

2. 车辆的选择

对于任何载货车辆，基本要求都是载货安全、经济，使用方便。在选择车辆的时候，最好选择有代表性的一个全天的运营情况作为基础，列明所需要的那些特征。应该对几种不同的车辆的性能和适应性进行评估，考虑哪一种车辆有充足的运载能力来应付一般性的工作条件，并考虑和比较可测量的工作量、车辆的特征、运载能力及购买价格等因素。

1) 选择车辆时应考虑的因素

选择车辆时，应该考虑的因素包括商用车辆的类型、车身的类型、驾驶舒适度及机械装卸设备的类型。

(1) 商用车辆的类型。商用车辆的类型有小汽车、中型厢式货车、铰接车和牵引杆拖车等。

小汽车是在运输中使用的最小车辆。一般而言，它们主要用于本地的工作，如零件收取、杂货运输等。特定情况下，它们也可以用于紧急托运。

中型箱式车辆限重均在毛重 7.5t 以下。它们对于零售批发业特别有用，尤其是在市中心限行越来越多的情况下。这些车辆的底盘上都有一个特殊的车厢，用于满足特殊的要求。接下来的一组车辆仍然有两个车轴，但是其限重毛重却增加到 18t。如果增加第三条车轴，载货重量会增加，第四条车轴会让其限重毛重增加到 20t 以上。由于车辆装载货物的特性、方式、运输要求对车辆载重有相当大的影响，因此上述限重可能会有所变化。

特别提示

商用车辆的车身类型多种多样，从平板到箱式车身不等。平板车需要加固的绳和盖布，箱式车有金属边框。实际上，箱式车身也提供了一定的温度控制。

单车的种类也可以多种多样，但由于其构造而造成一定的局限性。其中之一即在装卸货物时，整车必须稳定，车头不能分开移动。

铰接车可以增加总长度到 16.5m。这种车的车厢是拖车，拖车厢可以脱钩，以便于卸载，而此时主车与其他的拖车厢仍可以在其他地方装卸或运输。相对而言，由于拖车厢较便宜，所以整个车辆使用起来更经济。拖车箱用"第五只轮子"（铰接牵引轮）与主车实现迅捷方便的连接。铰接车的灵活性是它被大量使用的主要原因。

牵引杆拖车由单车加牵引杆拖车厢组成。由于很多货物体积大而重量并不大，或是货物较长，这种货物运输的要求与车型结合在一起，就出现了牵引杆拖车厢的使用。这种牵引杆拖车同铰接车有相同的可调动性，但铰接车难以反转，难以接近前半部分的货物。所以，一些制造车身的厂商开发了可卸下的车身系统，从而在整车到达配送站后，放低车腿、卸下车身，装上另一个车身，然后返回基地。表 5-3 展示了不同的运输车型及尺寸。

表 5-3 各种运输车型及尺寸

车轴数与车型	总限重/t	有效载荷/t	每日工作载荷	最大长度/m	图 例
两轴，4 轮	3.5	1	20~30 次卸货	—	
两轴，6 轮	7.5	3.5	10/20 次卸货（1~500kg）	12	
两轴，6 轮	18.8	12	5/10 次卸货（1~500kg）	12	

续表

车轴数与车型	总限重/t	有效载荷/t	每日工作载荷	最大长度/m	图　例
三轴单车	26	18		16.5	
三轴牵引车	26	18		12	
四轴单车	37	21		12	
四轴牵引车	38	24		16.5	
五轴或更多牵引车	40	24	3~10t 的 1~5 次卸货	16.5	
六轴牵引车*	41	27		16.5	
牵引杆拖车（五轴）**	34	20		18.75	

注：*仅适于在良好的道路上运营，如配备低污染发动机则可载重 44t。

　　**牵引杆拖车（五轴）——基于符合要求的轴距也可在 40t 载重下运营。

(2) 车身的类型。商用车辆的具体规格在行业之间变化很大。用途决定着上述不同要素的重要程度。只有很少的车辆成品能恰恰符合工作要求，因此往往需要为工作要求而设计车辆。车身类型有以下几种。

① 平板车。最简单、最便宜的车身类型是平板台车或平板车。它可以从各个方向装卸货物，但是平板车对货物几乎不提供任何保护作用，对货物的保护一般就是用绳子将货物绑扎起来，或用布将货物包起来（一种费时间的操作），或者在车板周围设置阻碍物。平板车的高度必须满足装卸货物的要求。

② 箱车。箱车虽然减少了车辆的有效载荷，但是给易受损的产品提供了保护。箱体结构根据隔热、防水及强度的要求而设计。由于装卸货物较困难，一般从车的后面、帘门或边门装卸。

③ 边开箱车。由于边门或边盖布可以掀开，显示出整个厢车内部，因此它克服了箱式车不易装卸货物的缺点，改善了装载货物条件。另外，顶端也可以开口，仍然保留了货物控制的优点并能够防御恶劣天气，而且这种车身重量轻于箱式车车身。

④ 可卸车厢。可卸车厢的特点是带有支撑腿，从而车厢与主车可分离开完成装载作业。这种类型的车厢有以下几个优点：提高了车辆的经济利用率，因为只有车身等待装卸货物，而主车可带动其他车厢在运途中；节省了司机的时间，因为缩短了装卸等待的时间；可从容安排仓库的装卸工作量，因为可以提前装货。

⑤ 牵引杆拖车厢。牵引杆拖车有很多优势,一个单卡车和一个牵引杆拖车厢是通常的配置。当卡车运货时,拖车厢可以卸下。牵引杆系统能够运送大体积、小重量的产品,当牵引杆组合和可卸车身系统结合起来时,会显著改善车辆的利用,并且可以节约运营。

特别提示

除基础车辆配置外,还有自卸车(Tippers)及冷冻车(Refrigerated Vehicles)等。它们是基于以上变化后,为特殊使用者而设计的。

(3) 驾驶的舒适度。货车司机会在车辆上花相当多的时间,因此应在车中提供一个理想的环境,使司机感到舒适,从而在安全和高效的状态下驾车。

首先,要考虑的就是驾驶座及脚踏板和其他驾驶控制杆的位置。座位的型号也需要根据运营环境认真考虑。例如,一个长途行车司机就比一个担任本地运输工作、活动半径较小的司机需要更舒适的座位。如果需要夜间驾驶,那么必须添设可供司机睡眠的设施,此设施可设在驾驶室后面的储物柜内或驾驶室内。

其次,还要仔细考虑车辆温度控制,在冬天能供热,在夏天有空调。最后,还应考虑提供优良的音响设备。

(4) 机械装卸设备的类型。商用车辆有很多尺码,而且车轴和长度也变化多端。与车身的设计一样,适当的机械装卸设备的协助可以减少装卸时间。现在,用来改善车辆装货效率的机械设备的种类越来越多。在选择最适合的设备时,要考虑其处理特定载荷及减少装卸时间和人工成本的能力。

机械装卸设备的发展带来了集约化装载,避免了一个个货物分别装卸的过程。这样的设备包括托盘装载设备、尾部吊运设备、电动装货设备、传送带、可动的底板、车载起重机。

托盘是最简单的、使用最广泛的辅助装卸设备。托盘是为吊上或吊下车辆而设计的,使用堆高叉车或者人力叉车。但是,并不是所有的客户都备有装卸托盘的设备。

尾吊机可以固定在车辆上,通常置于车的后部。它们采用液压装置,并不与地面装卸相冲突,因为它们可以在车辆的底盘下折叠起来,而且也适合可卸式车厢。

传送带或移动板能使货物运进车厢和移入车厢内。它们通常有两条或两条以上的轨道,较重的货物也可以用手滚动。轨道可以是固定的,也可以是可拆卸的便携装置。另外,这些装置可以是电动的,以便更快地装卸货物。

起重机建在装卸平台上,以便能更快地装卸笨拙且较重的货物。

(5) 要运输的货物。产品的类型通常决定了底盘和车辆平台。轻的且体积大的货物需要长轴距底盘和大的平台,重的货物则需要较小的轴距。

(6) 业务状况。运行年里程数显示了所需的车辆耐用性要求;长途工作、短途运输,或二者兼有;刹车、启动和稳定的行驶的情况;是否有司机在车中生活的要求;更换政策;预期使用寿命。这些因素都需要考虑成本和维修要求。

2) 车辆重量的额定

货车有各种不同的重量额定,重要的有如下几种,见表5-4。

表 5-4 重量类别

类别	特点
未装货重量（Unloaded Weight，ULW）	车自重，包括车身及运营中通常使用的零部件，但不包括冷却水、燃料、散装工具、设备及电池等用来推进车辆运行部分的重量
装货重量（Gross Laden Weight，GLW）	单卡车和载荷的总重量，包括燃料重量、司机和乘客（如果运送）
最大限重（Gross Vehicle Weight，GVW）	车辆设计的最大重量，也是允许运营的最大限重，一般在车辆铭牌或显示牌上标明
拖车总重（Gross Train Weight，GTW）	拖车组合的总重量，包括载荷、燃料和司机
组合总重（Gross Combination Weight，GCW）	铰接车的总重量，包括载荷、燃料和司机
运行车辆自重（Kerb Weight，KW）	车辆在驾驶状态下的重量，包括油、水和燃料，但不包括载荷
空重（Tare Weight，TW）	车辆在驾驶状态下的重量，包括司机的重量及装货前乘客的重量
车轴重量（Axle Weight，AW）	使总毛重低于法定最大重量，单独的车轴也可能超载

注：在一些国家，可能车辆设计的运营最大限重大于法定的允许重量。

 特别提示

运输经理为了计算可利用的重量，必须用装货重量（或拖车总重或组合重量）减去皮重。计算结果就是货物、托盘和其他任何包装材料的总重量，拖车总重或组合总重不能超过有关的法律限制。

当计划多次卸货时，要特别小心。卸下的货物减少了车辆毛重量，但可能增加单独的车轴重量。这将导致卸货后，车轴重量超过法定限制。因此可以通过计划装载货物来避免，从而需要在卸货后，花费时间重新安排装载。

3. 车辆的获取方法

获取车辆有几种方式。每种方式都有它们各自的优点和缺点，基于不同的情况，可以采用相应的最为适合的方法，包括分包整个运输运营、分包部分运输运营、第三方运输、购买、短期租用、合同租用或运营租赁、融资租赁。下面具体介绍这几种常用的车辆获取方法。

1）分包整个运输运营

要强调的基本问题就是公司是否确实需要拥有车辆。许多组织发现将他们的工作分包出去更为经济，这主要有以下两个原因。

（1）车辆的利用率。衡量车辆利用率的一个尺度就是车辆能力使用的比例。只有当车辆每次离站时都满载，才能达到100%的使用率。送货的地点越近，越容易进行计划，从而达到完全使用。当客户地点很远特别是远离市中心时，就很难达到这一点。另外，当距离较远，送货不可能在三天内完成时，车辆的利用能力将会受损，每单位成本也将大大提高。车辆的利用率反映了每单位运送的成本，因此要求有适当的货运量让运营更加有效率。

（2）一般管理成本（Overhead Costs）。运输职能要有效地进行，需要仓库提供支持。仓库的数量和地点对运输成本有显著的影响。运输覆盖的地域越大，就需要越多的仓库。同样，交付时间越短，就要求有更多的仓库。

当额外的仓库出现后，就需要干线长途行车（Trunking Operation）将产品从一个地点运到另一个地点。在这样的系统中，一般管理成本会很高，而且还要投入一些公司不愿承担的资本支出。

2）分包部分运输运营

如果不需要分包整个运输运营，那么也许有必要部分分包。很多管理者都不得不满足需求的季节性模式。解决方法之一就是使用自己的车队处理平常的需求，必要时，雇用其他车辆满足高峰时的需求。如果经营者发现使用自己的运输难以到达某一特殊的地域，也可以地域为基础分包部分运营。如果预期雇用车辆的成本稍高于完全使用自己拥有的车辆的成本，那么就存在一个使用自有车辆并结合部分外包的最优成本方案。

3）第三方运输

税务和财务上的考虑增加了第三方运输的吸引力。它们的服务现在已经发展到包括完全的配送包装。自有车辆运输和第三方运输有各自的优点，总结如下，见表5-5。

表 5-5 自有车辆运输和第三方运输的对比

自有车辆运输的优点	第三方运输的优点
可以建造具体的车辆，运送特殊的产品，而且可以配备特殊的材料搬运设备	公司能够适应大的季节性需求
可以对司机进行特殊训练	能够进行多种货物和路线的运输
可以激励司机销售产品	承运人可以提供更为有效的服务
车辆能够宣传公司	管理车辆和司机的责任从公司管理层转移，这使得他们能更专注于自己的领域
管理层保留对车辆及其经营的控制	减少对运输的投资，缓和劳资关系

由第三方运营可能导致服务质量的无法控制，从而影响客户服务。因此，控制权不能够"外部化"给第三方。业绩反馈、客户的沟通应作为公司的鲜明服务的手段并紧紧地控制在公司自己手里。对季节性的业务，自有车辆运营常常比较便宜。

4）购买

很明显，如果购买一辆车后将其闲置半年，就很不经济。然而，如果车辆能够得到很好的利用，并且有效地保养，那么这样就比较便宜，从长期来看，应该购买而非租赁或租用。一般来说，不采取购买的原因完全是由于缺少资金。

购买一辆车通常包括处置已有的那一辆车。当确实要这样做时，就要通盘考虑财务境况。买车可以使用现金、借款、信用或者混合使用以上方法。

另外，也可以考虑税收的减少。资产可以分期购买，从而可以用资本免税额抵减早期的商业亏损。

5）短期租用

如果一辆车被短期租用，那就意味着租金相对会比较高，仅需通知，租用安排就能够终止，并且没有任何处罚。当一个公司需要额外的车辆，如满足季节性高峰，很明显就适用这样的方式。

6) 合同租用

合同租用是长期租用的一种特殊形式,通常除了提供车辆以外,还有其他服务。一般来说,当经营者租用车辆时,提供商将维修车辆,并且当车辆发生任何原因不能驾驶时,还提供临时的更换。同时提供商还提供司机,以及当司机休假或生病时会更换司机。另外,合同租用的优点还包括某些管理工作的减少,如保险、遵从当前有关"建造和使用"的法规、书面工作等。当然,经营者仍然有责任核查必要的工作是否已经完成。

 特别提示

从财务的角度看,合同租用车辆可以改善现金流,成本能够抵税,资产负债表上没有负债,预算准确,以及当需要时,可以没有较高资本承诺地提供新设备。合同租用的核心就是租用的车辆属于资产负债表外事项,并且没有作为资产资本化。

7) 融资租赁

融资租赁是不需要花一大笔钱支付车款而获取车辆的一种方法。在租赁安排下,车辆被租用的时期,通常是根据车辆的类型确定在 2~5 年。通常做法是,融资租赁公司将购买车辆的本金、利息、一般管理费用和利润加起来,分摊到租赁期。支付可以按月,也可以按季。如果需要在期限届满前终止,那么就不得不向租赁公司进行支付结算,而且必须找第三方继续租赁或购买车辆。融资租赁的核心就是租赁的车辆"在"资产负债表上,并作为资产而资本化。

5.1.2 组织公路整车货物运输

1. 整车货物运输的组织形式

为明确运输责任,整车货物运输通常是一车一张货票、一个发货人。为此,公路货物运输企业应选派额定载重量(以车辆管理机关核发的行车执照上的标记的载重量为准)与托运量相适应的车辆装运整车货物。一个托运人托运整车货物的重量(毛重)低于车辆额定重量时,为合理使用车辆的载重能力,可以拼装另一托运人的货物,即一车二票或多票,但货物总重量不得超过车辆额定载重量。

整车运输一般不需要中间环节或中间环节很少,送达时间短、相应的货运集散成本较低,涉及城市间或过境贸易的长途运输与集散。例如,国际贸易中的进出口商通常乐意采用以整车为基本单位签订贸易合同,以便充分利用整车货物运输的快速、方便、经济、可靠等优点。

整车货物运输的组织形式有以下几种,见表 5-6。

表 5-6 整车货物运输的组织形式

运输组织形式	定义	特点
双(或多)班运输	在昼夜时间内的车辆工作超时一个班以上的货运形式	① 每辆汽车配备两名左右的驾驶员,分日、夜两班轮流行驶; ② 提高车辆生产率,但要注意安排好驾驶员的劳动、休息和学习时间,同时也应考虑到定车、定人和车辆保修安排; ③ 夜班比日班条件差,除了工作时间长短不同外,在安排日、夜班的运行作业计划时,一般应遵循"难运的安排在日班,好运的安排在夜班"的原则

续表

运输组织形式	定 义	特 点
定点运输	按发货点固定车队、专门完成固定货运任务的运输组织形式	① 根据任务固定车队，实行装卸工人、设备固定和调度员固定等； ② 实行定点运输，可以加速车辆周转、提高运输和装卸工作效率、提高服务质量，并有利于行车安全和节能； ③ 适用于装卸地点比较固定集中的货运任务，也适用于装货地点集中而卸货地点分散的固定性货运任务
定时运输	运输车辆按运行作业计划中所拟定的行车时刻表来进行工作	① 在汽车行车时刻表中规定：汽车从车场开出的时间、每个运次到达和开出装卸地点的时间及装卸工作时间等； ② 由于车辆按预先拟定好的时刻表进行工作，也就加强了各环节工作的计划性，提高了工作效率
甩挂运输	利用汽车甩挂挂车的方法，以减少车辆装卸停歇时间的一种拖挂运输形式	① 采用甩挂运输时，需要在装卸货现场配备足够数量的周转挂车，在汽车运行期间，装卸工人预先装(卸)好甩下的挂车，列车到达装(卸)货地点后先甩下挂车，装卸人员集中力量装(卸)主车货物，主车装(卸)货完毕即挂上预先装(卸)完货物的挂车继续运行，采用这种组织方法，就使得整个汽车的装卸停歇时间减少为主车装卸停歇时间加甩挂时间； ② 要注意周转挂车的装卸工作时间应小于汽车列车的运行时间间隔； ③ 甩挂运输适用于装卸能力不足、运距较短、装卸时间占汽车运行时间比例较大的运输
直达联合运输(各种运输方式的直达联合运输)	以车站、港口或供需物资单位为中心，按照货物运输的全过程组织供销部门和多种运输工具，将货物从生产地运到消费地	① 有利于各种运输方式的综合利用和发展，促进综合运输网的形成； ② 压缩车船等运输工具的停留时间，提高港、站的通过能力，节省运力和降低运输成本； ③ 可以减少货物运输的中间环节，加速物资周转，节约运输费用

2. 整车货物运输的生产过程

整车货物运输的生产过程是一个多环节、多工种的联合作业系统，它由四个相互关联、相互作用的部分组成，即运输准备过程、基本运输过程、辅助运输过程和运输服务过程。

(1) 运输准备过程。又称运输生产技术准备过程，是货物进行运输之前所做的各项技术准备性工作。包括车型选择、线路选择、装卸设备配置、运输过程的装卸工艺设计等都属于技术准备过程。

(2) 基本运输过程。基本运输过程是运输生产过程的主体，是指直接组织货物，从起运地至到达地完成其空间位移的生产活动，包括起运站装货、车辆运行、终点站卸货等作业过程。

(3) 辅助运输过程。辅助运输过程是指为保证基本运输过程正常进行所必需的各种辅助性生产活动。辅助生产过程本身不直接构成货物位移的运输活动，它主要包括车辆、装卸设备、承载器具、专用设施的维护与修理作业，以及各种商务事故、行车事故的预防和处理工作、营业收入结算工作等。

(4) 运输服务过程。运输服务过程是指服务于基本运输过程和辅助运输过程中的各种服务工作和活动。例如，各种行车材料、配件的供应，代办货物储存、包装、保险业务，均属于运输服务过程。

3. 整车货物运输的一般流程

公路整车货运组织流程是指货物从受理开始，到交付收货人为止的生产活动。整车货物运输一般不需要中间环节，或中间环节很少，送达时间短，相应的货运集散成本较低。

1) 整车货物运输作业

货物运输过程一般包括货物托运与承运、装运前的准备工作、装车、运送、卸车、保管和交付等环节。按货物运输的阶段不同，可将货运作业划分为发送作业、途中作业和到达作业。

(1) 发送作业。货物在始发站的各项货运工作统称为发送作业，主要由受理托运、组织装车和核算制票等部分组成。

① 货物托运。无论是货物交给汽车运输企业运输，还是汽车运输企业主动承揽货物，都必须由货主办理托运手续。托运手续是从托运人填写运单开始的。

② 货物承运。承运表明运输单位接收了托运人的委托，开始承担了运输责任。承运以签章返还托运人提交运单的托运回执联为凭证。返还给托运人的运单托运回执联，具有协议书或运输合同的性质，受到法律的保护和约束。

③ 货物承运并已装车完毕后，承运人应填制汽车运输货票。运输货票是向托运人核收运费的收据、凭证，也是收货人收到货物的证明。运输货票由各省、自治区、直辖市交通主管部门按照交通部规定的内容与格式统一印制。

④ 货物装卸。货物装车、卸车是货物始发或到达所不可缺少的作业。不论它是由托运人自理，还是由承运人承办，都应强化质量意识，杜绝或减少货损货差事故的发生。货物装卸时，货物承运人应监装监卸，保证装卸质量，并尽量压缩装卸作业时间。

(2) 途中作业。货物在运送途中发生的各项货运作业统称为途中作业，主要包括途中货物整理或换装等内容。为了方便货主，整车货物还允许途中拼装或分卸作业，考虑到车辆周转的及时性，对整车拼装或分卸应加以严密组织。

为了保证货物运输的安全与完好，便于划清企业内部的运输责任，货物在运输途中如发生装卸、换装、保管等作业，驾驶员之间、驾驶员与站务人员之间应认真办理交接检查手续。一般情况下，交接双方可按货车现状及货物装载状态进行，必要时可按货物件数和重量交接，如接收方发现有异状，由交出方编制记录备案。

(3) 到达作业。货物在到达站发生的各项货运作业统称为到达作业，主要包括货运票据的交接、货物卸车、保管和交付等内容。

车辆装运货物抵达卸车地点后，收货人或车站货运员应组织卸车。卸车时，对卸下货物的品名、件数、包装和货物状态等应做必要的检查。

2) 整车货物运输流程

整车公路货物运输作业流程详见表 5-7。

表 5-7 公路货物运输作业流程

作业流程	具体步骤
受理	① 公路运输主管从客户处接受运输发送计划； ② 公路运输调度从客户处接受出库提货单证； ③ 核对单证
登记	① 运输调度在登记表上分送货目的地，分收货客户标定提货号码； ② 司机（或指定人员）到运输调度中心拿提货单，并在运输登记表上确认签收
调用安排	① 填写运输计划； ② 填写运输在途，送到情况，追踪反馈表； ③ 计算机输单
车队交接	① 根据送货方向、重量、体积统筹安排车辆； ② 报运输计划给客户处，并确认到厂提货时间
提货发运	① 按时到达客户提货仓库； ② 检查车辆情况； ③ 办理提货手续； ④ 提货，盖好车棚，锁好箱门； ⑤ 办好出厂手续； ⑥ 电话通知收货客户预达时间
在途追踪	① 建立收货客户档案； ② 司机及时反馈途中信息； ③ 与收货客户电话联系送货情况； ④ 填写跟踪记录； ⑤ 有异常情况及时与客户联系
到达签收	① 电话或传真确认到达时间； ② 司机将回单用 EMS 或传真回公司； ③ 签收运输单； ④ 定期将回单送至客户处； ⑤ 将当地市场的住处及时反馈给客户
回单	① 按时准确到达指定卸货地点； ② 货物交接； ③ 100％签收，保证运输产品的数量和质量与客户出库单一致； ④ 了解送货人对客户产品在当地市场的销售情况
运输结算	整理好收费票据

5.1.3 组织公路零担货物运输

1. 零担货物运输的特点

零担货物运输是货物运输方式中相对独立的一个组成部分，由于其货物类型和运输组织形式的独特性衍生出其独有的特点。一般而言，公路承运的零担货物具有数量小、批次多、包装不一、到站分散的特点，并且品种繁多，许多商品价格比较高。另外，经营零担运输需要库房、货棚、货场等基本设施及与之配套的装卸、搬运堆码机具和设备。所以，这些基本条件的限定，使零担货物运输形成了自己独有的特点，概括地说表现在如下方面。

（1）货源的不确定性和来源的广泛性。零担货物运输的货物流量、数量、流向具有一定的不确定性，并且多为随机性发生，难以通过运输合同方式将其纳入计划管理范围。

(2) 组织工作的复杂性。零担货物运输不仅货物来源、货物种类繁杂，而且面对如此繁杂的货物和各式各样的运输要求必须采取相应的组织形式，才能满足人们货运的需求，这样就使得零担货物运输环节多，作业工序细致，设备条件繁杂，对货物配载和装载要求高。

(3) 单位运输成本较高。为了适应零担货物运输的要求，货运站要配备一定的仓库、货棚、站台，以及相应的装卸、搬运、堆制的机具和专用厢式车辆。此外，相对于整车货物运输而言，零担货物周转环节多，更易于出现货损、货差、赔偿费用较高的情况，因此，导致了零担货物运输成本较高。

(4) 适应于千家万户的需要。零担货物运输非常适合商品流通中品种繁多、小批量、多批次、价格贵重、时间紧迫、到站分散的特点。因此它能满足不同层次的人民对商品流通的要求，方便大众物资生产和流动的实际需要。

(5) 运输安全、迅速、方便。零担货物运输由于其细致的工作环节与广泛的业务范围，和承担一定的行李、包裹的运输，其班车一般都有规定的车厢，所装货物不会受到日晒雨淋，一方面成为客运工作的有力支持者，另一方面体现了安全、迅速、方便的优越性。

(6) 零担货物运输机动灵活。零担货物运输都是定线、定期、定点运行，业务人员和托运单位对货运情况都比较清楚，便于沿途各站组织货源。往返实载率高，经济效益显著。对于经常性、时令性和急需的零星货物运输具有尤为重要的意义。

2. 零担货物运输的组织形式

1) 零担货源的组织

(1) 货源、货流的概念。货源即货物的来源，是货物的发生地。货流是指一定时间、一定区段内货物流通的情况。货物在一定时间、一定区段内流动的数量称为货物流量。货物流动的方向称为货物流向。货物流向分为顺向货流和反向货流。路段上货流量大的方向的货流称为顺向货流，路段上货流量小的方向的货流称为反向货流。

(2) 零担货源的组织方法(表5-8)。

表5-8 零担货源的组织方法

组织方法	特 点
合同运输	公路运输部门行之有效的货源组织形式，它具有一定稳定数量的货源；有利于合理安排运输；有利于加强企业责任感，提高运输服务质量；有利于简化运输手续，减少费用支出；有利于改进产、运、销的关系，优化资源配置
设立零担货运代办站	零担货物具有零星、分散、品种多、批量小、流向广的特点，零担货物运输企业可以自行设立货运站点，也可以与其他社会部门或企业联合设立零担货运代办站，这样既可以加大零担货运站点的密度，又可以有效利用社会资源，减少企业成本，弥补企业在发展中资金、人力的不足
委托社会相关企业代理零担货运业务	零担货运企业还可以委托货物联运公司、日杂百货打包公司、邮局等单位代理零担货运受理业务。利用这些单位现有的设施和营销关系网络，取得相对代理关系是现代市场经济出现的一种有效的经营管理模式，这种模式可以充分调动社会各方面的经济资源，将有利于零担货运的经济资源的重新配置
建立货源情报网络	在有较稳定的零担货源的物资单位聘请货运信息联络员，可以随时掌握货源信息，以零代整，组织整车货源
设立信息化的网络受理业务	利用现代信息技术，创建数字化的零担货运受理平台，形成虚拟的零担货物业务网络，进行网上业务受理和接单工作

2）零担货物运输的组织形式

社会生产和人民生活对零担货物的运送时间和方式、收发和装卸、交接等的不同需要，要求零担货物运输采取不同的营运组织方式，这些组织方式形成了零担货物运输的基本组织形式。零担货物运输所采用的组织方式，按照零担车发送时间的不同划分为固定式和非固定式两大类。

（1）固定式零担货物运输的组织。固定式零担货物运输一般靠固定式零担车完成。固定式零担车通常称为汽车零担货运班车，这种零担货运班车一般是以营运范围内零担货物的流量、流向，以及货主的实际要求为基础组织运行的。运输车辆主要以厢式专用车为主，实行定车、定期、定线、定时运行。零担货运班车主要采用以下三种方式运行。

① 直达式零担班车。直达式零担班车是指在起运站将各个发货人托运的同一到站，且性质适宜配载的零担货物，同车装运后直接送达目的地的一种货运班车，如图 5.1 所示。

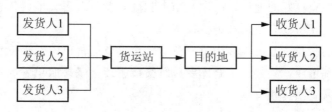

图 5.1　直达式零担班车

② 中转式零担班车。中转式零担班车是指在起运站将各个发货人托运的同一线路、不同到达站且性质允许配载的各种零担货物，同车装运至规定中转站，卸后复装，重新组成新的零担班车运往目的地的一种货运班车，如图 5.2 所示。

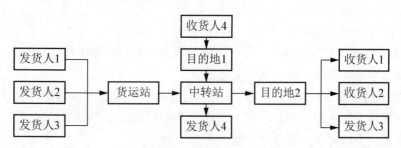

图 5.2　中转式零担班车

③ 沿途式零担班车。沿途式零担班车是指在起运站将各个发货人托运的同一线路、不同到达站，且性质允许配装的各种零担货物，同车装运后在沿途各计划停靠站卸下或装上零担货物再继续前进直至到最后终点站的一种货运班车，如图 5.3 所示。

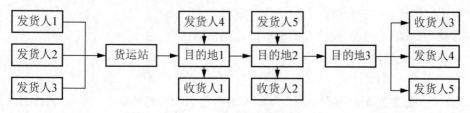

图 5.3　沿途式零担班车

特别提示

在上述三种零担班车运行模式中,以直达式零担班车最为经济,是零担货运的基本形式。

(2)非固定式零担货物运输的组织。非固定式零担货运的完成是通过非固定式零担车的组织来实现的,非固定式零担车是指按照零担货流的具体情况,临时组织而成的一种零担车,通常在新辟零担货运线路或季节性零担货物线路上使用。

3. 零担货物运输组织的作业程序

零担货物运输组织的内容及程序包括仓库保管、配载装车、车辆运行、货物中转四个环节。

1)仓库保管

零担货物仓库要有良好的通风、防潮、防火和灯光设备,露天堆放货物要有安全防护措施。把好仓库保管关,可以有效地杜绝货损货差。

零担货物仓库的货位一般可以分为进仓待运货位、急运货位、到达待交货位和以线路划分的货位,以便分别堆放。货物进出仓库要履行交接手续,坚持照单验收入库和出库,以票对货,票货不漏,做到票货相符。

2)配载装车

(1)零担货物的配载必须遵循以下原则。

① 中转先运、急件先运、先托先运、合同先运。

② 尽量采用直达运送方式,必须中转的货物,则应合理安排流向配载。

③ 充分利用车辆的载货量和容积。

④ 严格执行货物混装的限制规定,确保运输安全。

⑤ 加强预报中途各站的待运量,并尽可能使同站装卸的货物在质量及体积上相适应。

(2)货物装车前必须做好以下准备工作。

① 按车辆容载量和货物的形状、性质进行合理配载,填制配装单和货物交接单。填单时,应按货物先远后近、先重后轻、先大后小、先方后圆的顺序填写,以便按单顺次装车,对不同到达站的和中转的货物要分单填制。

② 将整理后的各种随货单证分别附于交接清单后面。

③ 按单核对货物堆放位置,做好装车标记。

(3)完成上述工作后,即可按交接清单的顺序和要求点件装车,装车时应注意以下几点。

① 将贵重物品放在防压、防撞的位置,保证运输安全。

② 装车完毕后要复查货位,以免错装、漏装。

③ 驾驶员(或随车理货员)清点随车单证并签章确认。

④ 检查车辆关锁及遮盖捆扎情况。

3)车辆运行

零担车必须按期发车,不得误班。如属有意或过失责任造成误班的,必须按有关规定对责任人给予处罚。

定期零担班车应按规定路线行驶。凡规定停靠的中途站,车辆必须进站,并由中途站值班人员在行车路单上签证。

行车途中,驾驶员(随车理货员)应经常检查车辆装载情况,如发现异常情况,应及时处理或报请就近车站协助办理。

4) 货物中转

对于需要中转的货物必须以中转式零担班车或沿途式零担班车的形式运到规定的中转站进行中转。中转作业主要是将来自各个方向仍需继续运输的零担货物卸车后重新集结待运,继续运至终点站。零担货物中转作业一般有三种基本方法,见表5-9。

零担货物中转站除了承担货物的保管工作外,还需进行一些与中转环节有关的理货、堆码、整理、倒载等作业,因此,中转站应配备一定的仓库或货棚等设施。零担货物的仓库或货棚应具有良好的通风、防潮、防火、采光、照明等条件,以保证货物的完好和适应各项作业的需要。

表5-9 零担货物中转作业的方法

方法	定义	特点
落地法	将到达车辆上的全部零担货物卸下入库,按方向或到达站在货位上重新集结,再重新配装	这种方法简便易行,车辆载货量利用较好;但装卸作业量大,作业速度慢,仓库和场地的占用面积也较大
坐车法	将到达车辆上运往前面同一到达站且中转数量较多或卸车困难的那部分核心货物留在车上,将其余货物卸下后再加装一同到站的其他货物	在这种方法下,其核心货物不用卸车,减少了装卸作业量,加快了中转作业速度,节约了装卸劳力和货位;但对留在车上的核心货物的装载情况和数量不易检查和清点,在加装货物较多时,也难免发生卸车和倒装等附加作业
过车法	当几辆零担车同时到站进行中转作业时,将车内的部分中转货物由一辆车直接换装到另一辆车	这种方法在完成卸车作业的同时即完成了装车作业,减少了零担货物的装卸作业量,提高了作业效率,加快了中转速度;但对到发车辆的时间衔接要求较高,容易遭受意外因素的干扰

🌐【做一做】

站在苏州电子公司张华的立场上,组织一票货到杭州万象公司的运输工作。

🌐【评一评】

相互交换所完成的运输组织工作,查看组内其他成员的组织工作,每组进行综合,得出小组组织报告,在班级内交流。

任务2 组织铁路货物运输

【学习目标】

- 了解铁路货物运输的技术装备与设施。
- 掌握铁路货物运输运到期限的计算。
- 明确货流、货源的概念,了解货源调查的目的和方式。
- 了解行车组织的基本内容。

【任务描述】

本任务通过对铁路货物运输组织基本知识的学习,并加以相应的技能训练,使学生掌握铁路货物运输的组织流程,了解铁路货物运输组织的基本内容和方法。

【想一想】

宋某是上海申美饮料公司运输部的职员,公司在超过 2 000km 外的西部城市新开辟了一个销售市场,运输部主管要求张明拟订一份运输计划。张明知道饮料产品作为一种快速消费品,最好在消费地组织生产,但由于该公司饮料品牌的水质来源受限,只能在水质获取地装瓶生产,因而运输成本很高,产品运往西部必须选择铁路运输。但究竟应选择铁路货运的哪一种方式呢?运输批量如何决定?运输时间有多久?

宋某要解决运输问题,必须掌握铁路运输的货运车辆类型、铁路货运的方式,以及铁路货运的运到期限计算。

5.2.1 组织铁路货物运输的技术装备与设施

组织铁路货物的运输需要铁路机车、铁路车辆、铁路线路、铁路货运站及铁路货场等技术装备与设施。

1. 铁路机车

铁路车辆本身没有动力装置,无论是客车还是货车,都必须把许多车辆连接在一起编成一列,由机车牵引才能运行。所以,机车是铁路车辆的基本动力。铁路上使用的机车按照机车原动力,可分为蒸汽机车、内燃机车和电力机车三种。从今后的发展来看,最有发展前途的机车是电力机车。

2. 铁路车辆

铁路车辆是运送旅客和货物的工具,它本身没有动力装置,需要把车辆连接在一起由机车牵引,才能在线路上运行。铁路车辆可分为客车和货车两大类。铁路货车的种类很多,按照用途或车型可分为通用货车和专用货车两大类,见表 5-10。

表 5-10 铁路货车的车种、用途与特点

车辆类型		基本型号	用途及特点
通用货车	棚车	P	棚车车体由端墙、侧墙、棚顶、地板、门窗等部分组成。主要装运怕日晒、雨淋、雪侵的货物(粮食、日用品、贵重仪器设备等)。部分棚车还可运送人员和马匹
	敞车	C	敞车仅有端、侧墙和地板。主要装运煤炭、矿石、木材、钢材等,也可装运重量不大的机械设备,苫盖篷布可装运怕雨淋的货物
	平车	N	大部分平车只有一个平底板。供装运特殊长大重型货物,因而也称作长大货物车
	冷藏车	B	车体装有隔热材料。车内设有冷却、加温等装置,具有制冷、保温和加温三种性能。用于运送新鲜蔬菜、水果、鱼、肉等易腐的货物
	罐车	G	其车体为圆筒形,罐体上设有装卸口。罐车主要用于运送液化石油气、汽油、硫酸、酒精等液态货物或散装水泥等

续表

车辆类型		基本型号	用途及特点
专用货车	专用敞车	C	供具有翻车机的企业使用，主要用于装运块粒状货物且采用机械化方式装卸
	专用平车	SQ、X	运送小汽车（型号为SQ）与集装箱（型号为X）的平车。运送小汽车的平车车体一般分为2~3层，设有跳板，以便汽车自行上下
	漏斗车	K	用于装运块粒状散装货物，主要运送煤炭、矿石、粮食等
	水泥车	U	用来运送散装水泥的专用车
	家畜车	J	用于运送活家禽、家畜等的专用车。车内有给水、饲料的储运装置，还有押运人乘坐的设施

我国的货车按载重量可分为20t以下、25~40t、50t、60t、65t、75t、90t等各种不同的车辆。为适应我国货物运量大的客观需要，有利于多装快运和降低货运成本，我国目前以60t货车为主。

3. 铁路线路

铁路线路是直接承受铁路机车车辆和列车重量并引导其运行的基础，主要由路基和轨道两部分组成。

4. 铁路货运站

凡专为办理各种货物装卸作业及货物联运换装作业而设置的车站均称为铁路货运站。铁路货运站多设在大城市与工业区，以及河、海港湾与不同轨距铁路的衔接地点。

铁路货运站办理的主要作业有运转作业和货运作业。有的铁路货运站还办理机车整备作业、车辆洗刷消毒作业、冷藏车的加冰作业与客运作业。

1）运转作业

铁路货运站的运转作业是为铁路货运作业服务的，主要办理小运转列车的到发、解体和编组，按货物装卸地点选分与取送车辆，在货物作业地点配置车辆。

2）货运作业

铁路货运站的货运作业可以分为货物的发送作业、途中作业和到达作业。主要内容包括货物的受理、承运、检斤、保管和交付，货物的装卸与换装作业，零担货物和集装箱的中转作业，以及运费核算和票据手续办理等。

5. 铁路货场

铁路货场是铁路货运产品的营销窗口，是办理货物承运、装卸、保管和交付作业的场所，也是铁路与地方短途运输相衔接的地方。

铁路货场按办理的货物种类可分为综合性货场和专业性货场；按办理的货运量分为大型货场、中型货场和小型货场；按办理的货运作业可分为整车货场、零担货场、集装箱货场和兼办整车、零担与集装箱作业的货场；按线路配置功能又可分为尽头式货场、通过式货场和混合式货场。

5.2.2 计算铁路货物运输的运到期限

铁路在现有技术设备条件和运输工作组织水平的基础上，根据货物运输种类和运输条件将货物由发站运至到站而规定的最长运输限定天数，称为货物运到期限。

1. 货物运到期限的计算

铁路承运货物的期限从承运货物的次日起按下列规定计算。

货物运到期限按日计算。起码天数为3天，即计算出的运到期限不足3天时，按3天计算。运到期限由下述三部分组成。

1）货物发送期间

货物发送时间（$T_发$）为一天，货物发送期间是指车站完成货物发送作业的时间，它包括发站从货物承运到挂出的时间。

2）货物运送时间

每250运价千米或其未满为一天；按快运办理的整车货物每500运价千米或其未满为一天。货物运输期间是货物在途中的运输天数。

3）特殊作业时间

特殊作业时间是为某些货物在运输途中进行作业所规定的时间，具体规定如下。

（1）需要中途加冰的货物，每加冰一次，另加一天。

（2）运价里程超过250km的零担货物及1t和5t型集装箱另加两天，超过1 000km另加3天。

（3）单件超过2t、体积超过3m³，或长度超过9m的零担货物，另加两天。

（4）整车分卸货物，每增加一个分卸站，另加一天。

（5）准、米轨道间直通运输的货物另加一天。

对于上述五项特殊作业时间应分别计算，当一批货物同时具备其中几项时，应累计相加计算。若运到期限用 T 表示，则

$$T = T_发 + T_运 + T_特$$

2. 货物实际运到日数的计算

（1）起算时间。从承运货物的次日起算；指定装车日期的，从指定装车的次日起算。

（2）终止时间。到站由铁路组织卸车的货物，到卸车完时止；由收货人组织卸车的货物，到货车调到卸车地点或交接地点时止。

（3）起码天数为3天。

3. 运到逾期违约金

货物实际运到日数超过规定的运到期限时，铁路应按所收运费的百分比向收货人支付违约金。

4. 不支付逾期违约金的货物

（1）超限、限速运行和免费运输的货物及货物全部灭失，铁路不支付违约金。

（2）从铁路发出催领通知的次日起（不能实行催领通知或会同收货人卸车的货物为卸车的次日起），收货人于两日内未将货物领出，即失去要求铁路支付违约金的权利。

5.2.3 组织铁路货流

1. 货流

在一定时期内，货物出发达地点向到达地点输送就形成了货流。货流包含四个主要因素，即流量、流向、运距和构成。货流的构成与分布取决于各地区之间各种产品的生产、供应和销售关系。为了有效地规划和组织铁路货物运输工作，应通过深入细致的经济调查，分析研究货源货流的变化规律，进行货流预测，为编制铁路货物运输计划提供依据。

2. 货源调查

货物运输是生产企业的原材料供应和产成品销售或社会商品流通和地区物资交流等所产生的改变货物位移的需求，是来自运输企业之外的一种派生性的需求。在一定时期内，能够产生一定品类和数量的货运需求的源点，称为货源。而一定时间内沿着一定方向的货物的流动，称为货流。

货源调查是铁路货源组织工作的基础，也是铁路编制生产营销计划的重要环节。随着我国社会主义市场经济体制的确立和完善，商品生产和流通将主要通过市场来调节和分配。在市场经济条件下，货源和货流的变化，是经济环境和交通条件变化引起的商品生产和供求关系变化的反映。摸清经济区域内工农业生产的发展情况和商贸、物资流通情况，及时掌握地区货物运输需求的数量和质量特征，掌握货源和货流的变化情况及其规律，是铁路进行市场开发，经济合理地组织货物运输的关键。

1）货源调查对象

车站是进行货源调查的基本单位。车站的吸引地区包括经由该站发送和到达货物的所有生产企业，批发销售市场和城镇居民点。铁路局的吸引地区则是所属车站吸引地区的总和。

货源调查的对象除了国有企业以外，应更多地注重中小型民营企业、乡镇企业等，不仅要重视生产性企业的货源调查，而且要更加重视从事商品流通和销售企业的货源调查，因为后者的货源变动更能反映该地区的市场变化。

 特别提示

货源调查应同该地区的运输市场调查紧密结合起来，运输市场调查是对该地区的国有、民营和个体运输企业的经营状况、市场份额和竞争能力进行全面的调查分析，摸清该地区运输市场的供给能力和供给特征，以便确立铁路的目标市场和营销策略。运输市场调查不仅要注重铁路传统的大宗原材料、能源和初级产品的运输市场调查，而且要更加重视高运价率、高附加值货物运输市场的调查，因为这类货物对运输质量和时效的要求更高，运输企业也因此可以获得更大的经济效益，历来是运输市场竞争的焦点。

2）货源调查的目的和方式

货源调查的目的是为铁路运输企业吸引和组织货源，提供比较准确、可靠的信息，提高运输计划和决策的预见性。

货源调查可以采取专题调查、重点调查和全面调查的方式。

（1）专题调查，是不定期的一种带有研究性质的典型调查，主要针对分品类别货物和季节性货物的运输进行专题调查和研究，注重开拓和发展铁路货运的新产品和新的经济增长点。

(2) 重点调查,是对铁路运输影响较大或运量较大的物资单位和港口、厂矿企业进行的调查,通过重点调查巩固和发展铁路的传统运输优势,为努力保证在市场变化的形势下,铁路货源和货流的相对稳定和均衡创造条件。

(3) 全面调查,一般是在编制、下达年度计划之前进行对吸引地区的物资生产、流通情况的概略性质的调查。因为在进行货源调查时,大部分生产企业需要运输的货物数量并没有落实,往往只是一个计划,而计划的实现也要受许多主、客观因素的影响,特别是经济形势和市场变化的影响,不可避免地要发生波动。因此,更详细的货源调查应在编制月度运输生产和营销计划时进行重点调查。

3. 货流量预测

为了在货源调查的基础上进一步定量地确定计划运量,还需要采用货运量预测技术和方法。货流量预测是采用以人的直观和数量方法为基础的手段,按照生产、流通、供应、销售和运输活动的规律,估计将来一定时期内的计划运量和预测误差。

无论何种预测,一般都表现为运量随时间序列的变动,在预测铁路货流量时,通常采用以下的方法。

(1) 专家经验预测法:由于预测的不确定性因素很多,在难以采用数量方法推理预测的情况下,依靠专家的知识和经验进行判断和预测。这种方法虽然主观因素较多,但在实际工作中常常是有效的。

(2) 算术平均法:最简单的预测方法,这种方法是利用过去不规则变动的需求时间序列计算出算术平均值,作为将来继续不规则变动时的预测值。

(3) 线性回归法:这种方法用于运量有线性上升或下降趋势时的时间序列预测。也就是应用最小二乘法,求出历史数据的回归直线方程,以历史趋势外延进行预测。

(4) 指数平滑法:这种方法是在本期运量受其前期实际运量的影响较强,也就是运量时间序列的自相关性较强,以及要使运量变动的预测值平滑化,同时又希望尽可能跟踪运量变动的情况下采用。其实质是对过去运量的影响赋予一定的权重,利用加权平均的方法确定未来运量的方法。

5.2.4 组织铁路行车

铁路车辆按规定重量、长度及编挂条件编成车列,挂有机车和规定的列车标志并指定有列车车次时,称为列车。发往区间的单机、动车及重型轨道车也按列车办理。

列车按运输性质和用途分为旅客列车、货物列车、客货混合列及指定用途的列车(如路用列车、救援列车、军用列车等),为判明列车的性质和等级、便于列车运行组织和管理,每类列车都给予一定的编号,称为车次。原则上规定开往首都或由支线开往干线的列车为上行列车,编为双号车次;反之为下行列车,编为单号车次。

货物列车是为运输货物(包括排空)而编组的列车,其中在装(卸)车站或技术站编组,通过一个以上编组站不进行改编的列车称为直达列车。所谓技术站是指区段站和编组站的总称。区段站是设在铁路网上牵引区段(机车交路)的起终点,为邻接铁路区段供应和整备机车并办理有关技术作业及一定数量客货运业务的车站。编组站是铁路网上办理大量货物列车解体和编组作业,并设有比较完善调车设备的车站。

1. 车流组织

车流是指在一定时期内，在某一方向、某一区段或某一车站上，车辆的去向或到站（流向）和数量（流量）的总称。装车站装出的重车向卸车地点输送就构成了重车流，卸车站把卸车后的富余空车向装车地点排送，又形成了空车流。车流有目的的移动和相互转化过程，也就是铁路完成货物运输的主要过程。

2. 列车编组计划

列车编组计划是全路车流组织的规划，由装车地点直达列车方案和技术站列车编组方案两大部分组成，它根据全路车流结构、各站设备能力和作业条件，统一安排各种货物列车的编解作业任务，具体规定各货运站、编组站和区段站编组列车的种类、到站及车组编挂办法。列车编组计划的正确编制与严格执行可以充分发挥各站技术设备的潜力，提高运输效率。

知识链接

列车编组顺序表

列车编组顺序表是列车中车辆的清单，也是站车之间、路局（分局）之间进行车辆及有关单据交接的依据，同时也是守站与分局调度所间传达列车确报，以及进行运输统计的主要原始资料。有关人员必须正确、及时、清楚、完整地填记。此外，借助列车编组顺序表还可检查列车的重量和长度、机车车辆的编挂及装载危险等情况是否符合有关规定。

【做一做】

站在上海申美公司张明的立场上，组织一票货到北京北海船务公司的铁路运输工作。

【评一评】

相互交换所完成的运输组织工作，查看组内其他成员的运输组织工作，每组进行综合，得出小组组织报告，在班级内进行交流。

任务3 组织水路货物运输

【学习目标】

- 了解水路运输的基本条件。
- 掌握水上航道、航线、班轮运输、租船运输的基本概念。
- 熟悉影响航次时间的主要因素。
- 了解班轮运输的特点、掌握班轮运输的业务程序。
- 了解租船运输的特点和种类、掌握租船运输的业务程序。

【任务描述】

本任务通过对水路货物运输组织基本知识的学习，并加以相应的技能训练，使学生掌握水路货物运输的组织流程，了解主要的水路运输船舶经营方式，并具有能正确办理海运进出口业务的能力。

【想一想】

苏州某电子公司常委托中远班轮公司进行货物运输,但此次的货物量比较大,苏州电子公司内部对于是否采取班轮运输发生了分歧。有的认为还是由中远班轮公司进行班轮运输服务,以便货物及时运出;有的人则建议采用租船运输方式,以节省运费。如果你是苏州电子公司物流部负责人,你将做什么样的决策?依据是什么?选择租船运输时需要注意哪些因素?

5.3.1 组织水路货物运输的基本条件

组织水路货物运输的基本条件有船、港、货、线四个方面。船舶是航运经营人从事运输服务的生产工具;港口是船货结合的集散地和衔接点;货物是运输服务的劳动对象;航线是船舶运行的活动场所。因此,船、港、货、线构成了水路运输的基本要素,缺一不可。

1. 水上航道

现代的水上航道已不仅是指天然航道,而且应包括人工航道、进出港航道,以及保证航行安全的航行导标系统和现代通信导航系统在内的工程综合体。

1)海上航道

海上航道属于自然水道,其通过能力几乎不受限制。但是,随着船舶吨位的增加,有些海峡或狭窄水道会对通航船舶产生一定的限制。例如,位于新加坡、马来西亚和印度尼西亚之间的马六甲海峡,为确保航行安全、防止海域污染,三国限定通过海峡的油船吨位不超过22万t,龙骨下水深必须保持3.35m以上。

2)内河航道

内河航道大部分是利用天然水道加上引航的导标设施构成的。船舶航行应了解有关航道的一些主要特征,如航道的宽度、深度、弯曲半径、水流速度、过船建筑物尺度及航道的气象条件和地理环境等。

3)人工航道

人工航道又称运河,是由人工开凿,主要用于船舶通航的河流。国际航运中,主要的人工航道有苏伊士运河、巴拿马运河等。

2. 港口

港口是水运货物的集散地,是水陆运输的交汇点,是交通运输的重要枢纽,也是一个国家或地区的对外窗口。港口的发展会带动城市的兴起,港口发挥了运输、仓储、保税、出口加工、旅游等多种作用,成为地区重要经济资源。

1)港口的功能

(1)运输装卸功能。港口供船舶停靠、装卸货物、疏运旅客等生产作业;在恶劣天气下供船舶避风;货物汇集和储存;为船舶提供燃料、淡水和船员的生活用品等。

(2)工业功能。大型企业为满足大量的原材料、产成品出口往往依托现代化港口。

(3)商业旅游功能。旅客、物资的流转带动了金融、房地产、商业贸易的发展,现代化的港口建筑和处于相对较好的地理位置成为城市观光、旅游资源之一。

2)港口的分类

港口的分类见表5-11。

表 5-11 港口的分类

标准	港口	特　点
按用途划分	商港	主要用于货物装卸作业、中转作业和旅客上下的港口，有综合性港口和专业化港口之分。例如，大连港、青岛港、天津港、上海港，都是综合性港口，从事多种货物的装卸兼客运；秦皇岛港主要是煤炭输出，属于专业化港口
	渔港	专供渔船停靠、装卸渔货、供应淡水、燃料及其他各类物资补给的港口。有的渔港还设有冷冻厂、水产品加工厂，对捕获物等进行深加工作业
	工业港	又称货主码头，由企业自行投资建设的专为企业服务的码头。它只对本企业进出口原料、产品及所需要的物资装卸，一般设在企业附近，并有与企业相连的运输通道，如上海宝钢长江口码头、镇海炼化石油码头等
	军港	专门为军舰服务的港口
	避风港	专供船舶躲避台风等恶劣天气停泊的港口。一般港口均可以作为避风港，另外，还在航线附近划定安全区域，设置一定的系靠设备，作为专用的避风锚地
按地理位置划分	海港	位于自然海岸的港口，又有海湾港和海峡港之分。海港充分利用岛屿、岬角等天然作为屏障，免受风暴和泥沙淤积。海港一般水深、港阔，可供布置的码头海岸众多，可作为大型船舶锚地和码头，如大连港、连云港
	河口港	位于河流入海口附近的港口。河口港兼有海运、河运的优点，水运条件较好。内河成为海运疏运通道，作用优于铁路和公路，另外又受海洋风浪影响较小。国际上大多数港口都建在河口附近，如上海港、广州港、天津港等
	内河港	位于内河的港口，属内河港。内河港水位落差大、河道狭窄，码头易淤积，码头布置与海港呈现出不同的特点，如武汉港、重庆港、佳木斯港、杭州港等
按在水运中的地位和重要性划分	国际性港	为世界各国和地区船舶提供服务的港口。一般从事国际海运，设有海关、商检、检疫、海事等管理机关，如上海港、广州港、鹿特丹港、新加坡港、神户港等
	国家性港	为国内船舶服务的港口，主要承担国内货物的运输装卸
	地区性港	为国内某一地区服务的港口，一般规模较小，设备简单

3. 水路运输中的货物

水路运输的货物包括原料、材料、工农业产品、商品及其他产品。它们的形态和性质各不相同，对运输、装卸、保管也各有不同的要求。从水路运输的要求出发，可以从货物的形态、性质、重量、运量等不同的角度进行分类。

4. 船舶

船舶的分类见表 5-12。

5. 船舶航线和航次

1) 航线

航线有广义和狭义的定义。广义的航线是指船舶航行起讫点的线路。狭义的航线是船舶航行在海洋中的具体航迹线，也包括画在海图上的计划航线。

按性质不同来划分航线，可分为推荐航线、协定航线和规定航线三种。

表 5-12 船舶的分类

标准	类别	特 点
按货轮的功能不同划分	杂货船	以装运零星件杂货为主，有 2~3 层全通甲板，有 4~8 个舱口，甲板上有带围壁的舱口，上有水密舱盖，一般能自动启闭，航速约 13 节左右
	散装船	多用于装运煤炭、粮食、矿砂。这种船大都为单甲板，在舱内设有档板以防货物移动，其航速在 15 节左右
	多用途船	这类货轮根据营运上的需要，可以改变它的运载功能
	冷藏船	船上有制冷设备，温度可调节，以适合不同货物对温度的需要。这种船吨位不大，多在 2 000~6 000t，航速在 15 节左右
	油轮	又叫油槽船，其船体分隔成若干个油舱，均为一层，并有纵向舱壁，以防未满载时，液体随船倾倒造成翻船。主机设在船尾，有油管通向油舱，最大的油船载重在 50 万 t 以上，航速约 16 节
	木材船	船舱宽大，无中层甲板，舱口大，甲板上亦可装载木材，有各种系木设备和起重设备，载重在 7 000~15 000t
	集装箱船	上甲板平直，无梁拱与舷弧，舱内设格栅结构，平均航速 20~26 节，最快的可达 35 节
	滚装船	船的一侧或船的尾部可以打开并有伸缩跳板，装卸时，货物由拖车拖带（或自行开车）驶进、驶出船舱，其装载速度较快
	载驳船	又称子母船，每条母船可载子船 70~100 条，每条子船载重 300~600t。母船载重多在 5 万~6 万 t，最小的为 2 万余吨，最大的为 20 余万吨。在港口设备不齐全、港口拥挤或港口至内地之间无合适的运输工具而又需要依靠江河运输的情况下，就可利用这种船，其子船可以吊上吊下或驶进、驶出
按货物的载重量不同划分	巴拿马型船	这类船的载重量在 6 万~8 万 t，船宽为 32.2m
	超巴拿马型船	指船宽超过 32.3m 的大型集装箱船，如第五代集装箱船的船宽为 39.8m，第六代的船宽为 42.8m
	灵便型船	这类船的载重量为 3 万~5 万 t，可作为沿海、近洋和远洋运输谷物、煤炭、化肥及金属原料等散装货物的船

（1）推荐航线。航海者根据航区不同季节、风、流、雾等情况，通过长期航行实践形成的习惯航线，由航海图书推荐给航海者。

（2）协定航线。某些海运国家或海运单位为使船舶避开危险环境，协商在不同季节共同采用的航线。

（3）规定航线。国家或地区为了维护航行安全，在某些海区明确过往船舶必须遵循的航线。

2）航次

船舶为完成某一次运输任务，按照约定安排的航行计划运行，从出发港到目的港为一个航次。班轮运输中，航次及其途中的挂靠港都编制在班轮公司的船期表上。

对船舶航次生产活动的认识，可以归纳为以下几个方面。

（1）航次是船舶运输生产活动的基本单元，是航运企业考核船舶运输生产活动的投入与产出的基础。

（2）航次是船舶从事客货运输的一个完整过程，即航次作为一种生产过程，包括装货准备、装货、海上航行、卸货等完成客货运输任务的各个环节。

（3）船舶一旦投入营运，所完成的航次在时间上是连续的，即上一个航次的结束，意味着下一个航次的开始，除非船舶进坞维修。如果航次生产活动中遇有空放航程，则应从上航次船舶在卸货港卸货完毕时起算；如果遇有装、卸交叉作业，则航次的划分仍应以卸货完毕时为界。

（4）报告期内尚未完成的航次应纳入下一报告期内计算，即年度末或报告期末履行的航次生产任务，如果需跨年度或跨报告期才能完成，则该航次从履行时起占用的时间和费用都需要转入下一年度或下一报告期内进行核算。

（5）航次的阶段有预备航次阶段、装货阶段、航行阶段、卸货阶段。

① 预备航次阶段指船舶开往装货港的阶段。

② 装货阶段指船舶抵达并停靠装货港，等待泊位和装载货物的整个阶段。

③ 航行阶段指船舶离开装货港开往卸货港的整个阶段。

④ 卸货阶段指船舶抵达卸货港，等待泊位和停靠码头卸货的整个阶段。

5.3.2 组织班轮运输

班轮运输又称作定期船运输，是指按照规定的时间表在一定的航线上，以既定的挂港顺序、有规则地从事航线上各港间货物运送的船舶运输。

在班轮运输实践中，班轮运输可分为两种形式：一是船舶严格按照预先公布的船期表运行，到、离港口的时间基本上固定不变，通常称为"五定班轮"，即定航线、定船舶、定挂靠港、定到发时间、定运价的班轮运输；另一种是船舶运行虽有船期表，但船舶到港、离港口的时间有一定的伸缩性，并且航线上虽有固定的始发港和终点港，但中途挂港则视货源情况可以有所增减，通常称为"弹性班轮"，也即所谓的定航线但不严格定期的班轮运输。

1. 班轮运输的特点

（1）船舶按照固定的船期表，沿着固定的航线和港口来往运输，并按相对固定的运费率收取运费。

（2）运价内已包括装卸费用，货物由承运人负责配载装卸，船货双方也不计算滞期费和速遣费。

（3）船货双方的权利、义务、责任、豁免，以船方签发的提单条款为依据。

（4）班轮承运的货物品种、数量比较灵活，货运质量较有保证，且一般采取在码头仓库交接货物，故为货主提供了较便利的条件。

2. 班轮货物运输的业务程序

远洋货物运输业务是根据外贸合同中的运输条款将进出口货物通过海运运到国内外的一种货运业务。对于进出口货物数量较大的，若需要整船载运时，则要办理租船手续；若进出口货物不需要整船装运时，则要洽订班轮或租订部分舱位。由于进出口公司或企业没国际海运资格和手段，一般委托外运公司或具有国际货运代理资格的企业办理货物海运业务。班轮货物运输的业务程序如图 5.4 所示。

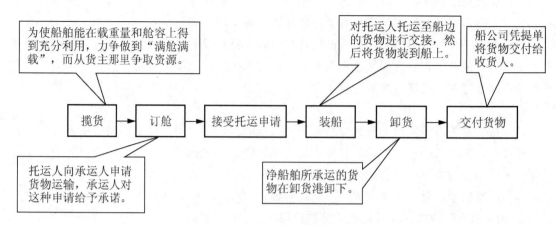

图 5.4 班轮货物运输的业务程序

1）揽货

揽货就是揽集货载，即从货主那里争取货源的行为。船公司为使自己所经营的班轮运输船舶能在载重和舱容上得到充分利用，以期获得最好的经济效益，通常都会采取一些措施来招揽顾客。具体方法是对自己经营的班轮航线、船舶挂靠的港口及其到发港口时间制定船期表，并做广告宣传或者在各挂靠港设立分支机构等。揽货工作的好坏，直接影响到班轮船公司的经营效益。

2）订舱

订舱是指货物托运人或其代理人向承运人（船公司或其代理人）申请货物运输，承运人对这种申请给予承诺的行为。班轮运输不同于租船运输，承运人与托运人之间不需要签订运输合同，而是以口头或传真的形式进行预约的。只要承运人对这种预约给予承诺，并做出舱位安排，即表明承托双方已建立了有关货物运输的关系。

3）接受托运申请

货主或其代理向船公司提出订舱申请后，船公司首先考虑其航线、港口、船舶、运输条件等能否满足发货人的要求，然后再决定是否接受托运申请。

4）装船

船舶到港前，船公司和码头计划室对本航次需要装运的货物制作装船计划，待船舶到港后，将货物从仓库运至船边，按照装船计划装船。

如果船舶系靠在浮筒或锚地作业，船公司或其代理人则用自己的或租用的驳船将货物从仓库驳运至船边再装船。

5）卸货

船公司在卸货港的代理人根据船舶发来的到港电报，一方面编制有关单证，约定装卸公司，等待船舶进港后卸货；另一方面还要把船舶预定到港的时间通知收货人，以便收货人做好接收货物的准备工作。

 特别提示

与装船时一样，如果各个收货人都同时到船边接收货物，同样会使卸货现场十分混乱，所以卸货一般也采用"集中卸货，仓库交付"的方式。

6）交付货物

在实际业务中，交付货物的过程是收货人将注明已经接受了船公司交付的货物并签章的提单交给船公司在卸货港的代理人，经代理人审核无误后，签发提货单交给收货人，然后收货人凭提货单前往码头仓库提取货物，并与卸货代理人办理交接手续。

交付货物时，除了要求收货人必须交出提单外，还必须要求收货人付清运费和其他应付的费用，如船公司或其代理人垫付的保管费、搬运费等费用及共同海损分摊和海滩救助费等。如果收货人没有付清上述费用，船公司有权根据提单上的留置权条款的规定暂不交付货物，直到收货人付清各项应付的费用后才交付货物。如果收货人拒绝支付应付的各项费用而使货物无法交付时，船公司还可以经卸货港所在地法院批准，对卸下的货物进行拍卖，以卖得的货款抵偿应向收货人收取的费用。

5.3.3 组织租船运输

租船运输又称作不定期船运输，是相对于班轮运输而言的另一种国际航运经营方式。由于这种经营方式需在市场上寻求机会，没有固定的航线和挂靠港口，也没有预先制定的船期表和费率本，船舶经营人与需要船舶运力的租船人是通过洽谈运输条件、签订租船合同来安排运输的，故称为租船运输。

1. 租船运输的基本特点

（1）租船运输的营运组织取决于各种租船合同。船舶经营人与船舶承租人双方首先须签订租船合同才能安排船舶营运，合同中除了需规定船舶就航的航线、载运的货物种类及停靠的港口外，还需具体订明双方的权利和义务。

（2）租船运输的运费或租金水平的高低，直接受租船合同签订时的航运市场行情波动的影响。世界的政治经济形势、船舶运力供求关系的变化，以及通航区域的季节性气候条件等，都是影响运费或租金水平高低的主要因素。

（3）租船运输中的有关船舶营运费用及开支，取决于不同的租船方式，由船舶所有人和船舶承租人分担，并在租船合同中订明。

（4）不定航线，不定船期。船东对于船舶的航线、航行时间和货载种类等按照租船人的要求来确定。

（5）租船运输主要服务于专门的货运市场，承运大宗类货物，如谷物、油类、矿石、煤炭、木材、砂糖、化肥、磷灰土等，并且一般都是整船装运的。

（6）各种租船合同均有相应的标准合同格式。一般是由船东与租方通过各自或共同的租船经纪人洽谈成交租船业务的。

2. 租船运输的种类

1）航次租船

简单地说，航次租船可用四个"特定"来概括，即特定的船舶、特定的货物、特定的航次、特定的港口。

航次租船是租船市场上最活跃的一种方式，且对运费水平波动最为敏感，主要特点如下。

（1）船舶的营运调度由船舶所有人负责，船舶的燃料费、物料费、修理费、港口费、淡水费等营运费用也由船舶所有人负担。

(2) 船舶所有人负责配备船员，负担船员的工资、伙食费。

(3) 航次租船的"租金"通常称为运费，运费按货物的数量及双方商定的费率计收。

(4) 在租船合同中需要订明货物的装、卸费由船舶所有人或承租人负担，并规定用于装、卸货时间的计算方法，以及延滞费和速遣费的标准及计算办法。

2) 定期租船

定期租船不以完成航次数为依据，而以约定使用的一段时间为限。在这个期限内，承租人可以利用船舶的运载能力来安排运输货物；也可以用以从事班轮运输，以补充暂时的运力不足；还可以以航次租船的方式承揽第三方的货物，以取得运费收入；承租人还可以在租期内将船舶转租，以谋取租金差额的收益。关于租期的长短，完全由船舶所有人和承租人根据实际需要洽商而定。

定期租船方式的主要特点如下。

(1) 船长由船舶所有人任命，船员也由船舶所有人配备，并由船舶所有人负担他们的工资和给养。但船长应听从承租人的指挥，否则承租人有权要求船舶所有人予以撤换。

(2) 营运调度由承租人负责，并由承租人负担船舶的燃料费、港口费、货物装卸费、运河通行费等与营运有关的费用，而船舶所有人则负担船舶的折旧费、维修保养费、船用物料费、润滑油费、船舶保险费等船舶维持费。

(3) 合同中订明关于租期长短、租金率、交船和还船、停租及产生合同纠纷处理方式等内容。

3) 包运租船

包运租船方式的主要特点如下。

(1) 包运租船合同中不确定船舶的船名及国籍，仅规定船舶的船级、船龄和船舶的技术规范等，船舶所有人只需对比这些要求提供能够完成合同规定的每航次货运量的运力即可，这对船舶所有人在调度和安排船舶方面是十分灵活、方便的。

(2) 租期的长短取决于货物的总量及船舶航次周期所需的时间。

(3) 船舶所承运的货物主要是运量特别大的干散货或液体散装货物，承租人往往是业务量大和实力强的综合性工矿企业、贸易机构、生产加工集团或大石油公司。

(4) 船舶航次中所产生的时间延误的损失风险由船舶所有人承担，而对于船舶在港装、卸货物期间所产生的延误，则通过合同中订有的"延滞条款"的办法来处理，通常是由承租人承担船舶在港的时间损失。

(5) 运费按船舶实际装运货物的数量及商定的费率计收，通常按航次结算。

4) 光船租船

光船租船的船舶所有人在租期内除了收取租金外，不再承担任何责任和费用。光船租船方式的主要特点如下。

(1) 船舶所有人只提供一艘空船。

(2) 全部船员由承租人配备并听从承租人的指挥。

(3) 承租人负责船舶的经营及营运调度工作，并承担在租期内的时间损失，即承租人不能"停租"。

(4) 除船舶的资本费用外，承租人承担船舶全部固定的及变动的费用。

(5) 租金按船舶的装载能力、租期及商定的租金率计算。

 **特别提示**

虽然光船租船的租期一般都比较长，但是，国际上以这种方式达成的租船业务并不多。

3. 租船运输的业务程序

租船业务主要包括询盘、报盘、还盘、接受和签订租船合同五个环节，如图5.5所示。

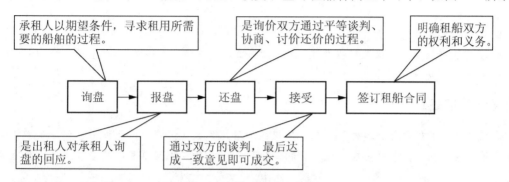

图5.5 租船运输的业务程序

1) 询盘

询盘是指由承租人以期望条件，通过租船经纪人寻求租用所需要的船舶。

2) 报盘

报盘也称报价或发盘，是出租人对承租人询盘的回应。若是船舶所有人先发出的询盘，则报盘人是承租人。报盘又分为实盘与虚盘。实盘为报盘条件不可改变，并附加时效的硬性报价；虚盘则是可磋商、修改的报价。

3) 还盘

还盘是询价双方通过平等谈判、协商、讨价还价的过程。

4) 接受

通过双方的谈判，最后达成一致意见即可成交。成交后交易双方当事人应签署一份订租确认书，就商谈租船过程中双方承诺的主要条件予以确认，对于细节问题还可以进一步商讨。

5) 签订租船合同

签订确认书只是一种合同意向，正式租船合同要按租船合同范本予以规范，进行编制，明确租船双方的权利、义务和责任，双方当事人签署后即可生效。此后，任何一方提出更改或撤销等异议，造成的损失由违约方承担责任。

租船合同正式签订后，船舶所有人就可按合同的要求，安排船舶投入营运；货方备好货物准备装船。

租船业务中，租船经纪人代表各自委托人洽谈租船业务，代为签约，可迅速而有效地促进租船业务的成交，减少船东或租船人大量的事务性工作，减少了租约中的责任风险，协调了租船市场的正常运营。租船业务成交后，由船东付给经纪人运费的1.25%～2.5%作为佣金。

【做一做】

以苏州某电子公司物流部负责人的身份，组织一票重1 000t的货物到安徽巢湖的水路运输工作。

【评一评】

相互交换所完成的运输组织工作，查看组内其他成员的组织工作，每组进行综合，得出小组组织报告，在班级内交流。

任务4 组织航空货物运输

【学习目标】

- 了解航空货物运输的技术装备与设施。
- 掌握航空货物运输有关时差及飞行时间的计算。
- 掌握航空货物运输的业务流程。

【任务描述】

本任务通过对航空货物运输组织基本知识的学习,并加以相应的技能训练,使学生掌握航空货物运输的组织流程,了解主要的航空货物运输的方式并具有能正确办理航空货物进出口业务的能力。

【想一想】

李成功刚进公司时,经理就对他说,作为航空业务部的业务员,必须具备航空货运的最基础理论知识,才可能为做好业务打下深厚的基础。这部分知识有些是对航空货运宏观的了解,如有关航空运输的组织、航空公司及航空货运公司的货运组织方式;有些是货代必备的基础知识和技能,如货运飞机的类型及装载限制、航空地理等。

5.4.1 组织航空货物运输的技术装备与设施

组织航空货物运输需要的技术装备与设施主要有飞机及航空港(机场)等。

1. 飞机

飞机是航空货物运输的运输工具。由于飞机是以高速造成与空气间的相对运动而产生空气动力以支托并使飞机在空中飞行的,因此,为了确保飞行安全、起飞和着陆安全,飞机的重量是其主要的技术指标。每次飞行前,应严格根据当地的条件控制飞机装载重量。同时,飞机重量也是确定跑道长度、道面结构及厚度的重要设计参数。飞机的衡量重量及特点见表5-13。

表5-13 飞机的衡量重量及特点

飞机的衡量重量	特点
基本重量	又称作不变重量,是飞机的基本飞行空机重量,由空机重量、附加设备重量、空勤人员及其随带物品(用具)重量、服务设备及其供应的重量、其他按规定应计算在基本重量之内的重量组成
最大起飞重量	飞机根据其结构强度、发动机功率、刹车效能等因素而确定的飞机在起飞线加大马力起飞滑跑时限制的全部重量,其数值是在飞机设计制造时确定的
最大滑行重量	飞机在滑行时限定的全部重量,其数值大于最大起飞重量,两者的差额就是滑行过程中的用油重量,这部分燃油必须在起飞前用完

续表

飞机的衡量重量	特　　点
最大无燃油重量	除燃油以外所允许的最大飞机重量,它由飞机的基本重量和业务载重量组成
燃油重量	航段飞行耗油量和备用量,但不包括地面开车和滑行的油量,故又称起飞油量
最大着陆重量	飞机在着陆时,根据其起落装置与机体结构所能承受的冲击荷载限定的最大飞机重量
最大业务载重量	航空营运限定的最大客货重量,包括旅客、行李、货物、邮件等的重量

2. 航空港

航空港是航空运输的重要设施,是指民用航空运输交通网络中使用的飞机场及其附属设施。与一般飞机场比较,航空港的规模更大,设施更为完善。航空港体系主要包括飞机活动区和地面工作区两部分,而航站楼则是两个区域的分界线。

航空运输使用的机场多由政府部门筹资建造,航空公司使用机场要支付使用费,停放飞机时要支付租金。

在机场,航空公司要完成对乘客、货物和飞机的各项服务;对乘客要完成检票、登机和下机,行李的集中和分发。货物要由专门的飞机运到终点机场或等待卡车发送。对飞机的服务包括加油,乘客、货物及行李的上下机,食物供应及维修工作。大型航空公司的飞机维护工作在特定的机场进行。

随着航空公司的运营日趋复杂,某些机场要发展成为航行中心(枢纽),从人口较少的外围地区来的航班集中到该中心,然后由接运航班运送到其他地方。总之,中心机场的作用类似于汽车运输业的客货转运站的作用。

5.4.2 计算航空运输时差及飞行时间

1. 世界空运地理

航空公司按国际航空运输协会(International Air Transportation Association,IATA)所划定的三个区域制定规章制度收取国际航空运费。

IATA1区:主要指南北美洲、格陵兰等。

IATA2区:主要指欧洲、非洲、伊朗等。

IATA3区:主要指亚洲、澳大利亚、新西兰等。

2. 航空时差及飞行时间

1) 时区

时区是地球上的区域使用同一个时间定义。

以前,人们通过观察太阳的位置决定时间,这就使得不同城镇之间的时间有所不同。时区通过设立一个区域的标准时间解决了这个问题。

时区以子午线为中心,即从西经7.5°至东经7.5°为0时区,该时区太阳正午时的时间为12:00,称为格林尼治时间(Greenwich Mean Time,GMT)。

以0时区向西和向东,每隔经度15°为一时区,依次划分为东1区至东12区,西1区至西12区，东12区与西12区重叠，这样全球划分为24个时区。

$$当地时间（Local Time）=GMT\pm某一数值$$

式中，某一数值——0时区向东隔几个时区，时间加几小时；向西隔几个时区，时间减几小时。具体数值查 International Time Calculator（国际时区计算器）。

【算一算】

1. GMT 是 08:00，问杭州当地是什么时间？

解：

查 International Time Calculator 知

杭州在东8区，杭州当地时间=8+8=16，为下午4点。

2. 10月15日西班牙当地时间05:00，问加拿大温哥华当地是什么时间？

解：

查 International Time Calculator 知

西班牙在东1区，加拿大温哥华在西7区，时差8h，西班牙时间早于加拿大，加拿大温哥华时间为14日21:00。

2）飞行时间

飞行时间的公式为

$$飞行时间=到达GMT-始发GMT$$

或

$$飞行时间=到达时间-始发时间-到达地至始发地时差$$

【算一算】

飞机离开赞比亚的时间1月6日09:10，到达香港时间1月7日14:50，计算飞行时间。

解：

查 International Time Calculator 知

赞比亚在东2区，香港在东8区，时差6h。

到达

$$GMT=14:50+24:00-08:00=30:50$$

始发

$$GMT=09:10-02:00=07:10$$

$$飞行时间=30:50-07:10=23:40$$

即 23h 40min。

或

$$飞行时间=14:50+24:00-09:10-06:00=23:40$$

3. 官方航空指南

官方航空指南（Official Airline Guide，OAG）手册将各航空公司的信息合编成一册，主要用于查找货物运输航班时刻（Worldwide City to City Schedules）。

知识链接

航空运输常用缩略语

在航空运输中，常使用 IATA 制定的缩略语。IATA 对国家、城市、机场、加入 IATA 航空公司等制定的统一编码如下。

1) 城市代码

城市代码用三位字母表示,如北京:BJS;广州:CAN;上海:SHA;杭州:HGH;伦敦:LON;巴黎:PAK。

2) 机场代码

机场代码也用三位字母表示。国内城市机场的三位代码与城市代码相同。国际上大多数机场的三位代码与城市代码是不同的,尤其当一个城市有多个机场时。如上海虹桥机场:SHA;浦东机场:PVG。

3) 航空公司代码

航空公司代码用两位字母或三位数字表示,如中国国际航空公司:CA,999。

4) 国家代码

国家代码用两位字母表示,如德国:DE;法国:FR;日本:JP;韩国:KR;澳大利亚:AU。

5) 货币代码

货币代码用国家代码加货币的首字母表示,如人民币:CNY;美元:USD。

5.4.3 组织航空货物运输的业务流程

航空货物运输组织业务主要分为国内空运出港业务和国内空运进港业务。

1. 国内空运出港业务

国内空运出港业务是国内航空运输代理业务中的一个重要组成部分。在整个业务流程中,代理人将完成从接受委托人委托、货物入库、缮制航空运单、航空交接、信息反馈等一系列作业环节,其基本作业流程如图5.6所示。

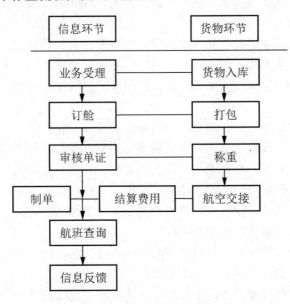

图 5.6 国内空运出港业务的作业流程

国内空运出港业务的作业流程各部分的基本内涵如下。

1) 业务受理

(1) 国内空运调度首先进行信息查询,确定通过网络、传真及班车带回的货物中是否有到港空运货物及到港中转的预报业务。

(2) 按预报出港货物委托信息提供的目的地、件数、重量、体积、委托人等要求,做好记录。

（3）接收委托人委托空运的传真文件，按客户提出的要求做好预订舱记录。

（4）受理委托人要求空运的电话咨询，了解货物情况及目的地、件数、重量、提供方式，做好电话预订舱记录。

2）订舱

（1）审核预订舱记录内容与网络提供的信息是否相符，如有疑义立即与委托人进行核实，同时将正确信息补充输入计算机系统。

（2）根据订舱记录分别向航空公司订舱或预订舱。

① 订舱。按已到达的空运货物量直接向航空公司订舱，获取航班号，并将确认的航班信息输入计算机系统。

② 预订舱。根据订舱记录对未到的货物或委托人预报的空运信息，向航空公司预订舱位，将航空公司确认的预订信息输入计算机系统。

3）审核单证

接到空运出港或委托人前来委托空运的信息，审核由委托人填写的"国内空运货物托运书"所列内容，仔细核对货物名称、件数、体积大小、包装和完好程度，确定计费重量，甄别所托货物是否属于禁运品，核实委托人及收货人的详细单位名称、姓名、联系电话是否齐全，核对无误后请委托人在委托书上签名确认。

4）打包和称重

需空运的货物到达后，进行卸货，磅秤实际重量，丈量体积，计算计费重量，司磅人员确定计费重量后在航空托运书上签名确认，将托运书交制单员。

在磅秤货物重量的同时，仔细检查货物包装是否符合航空要求，对包装不符合航空要求的货物，应向委托人建议加固外包装或改包装，并为委托人提供打包、改包装服务。为货物打包时，要根据航空要求及货物特点，以牢固、不易破损为原则。贵重物品、易碎物品在加固后，必须在货物的外包装上粘贴特殊标志，如防潮、防倒置、勿倾斜、轻搬轻放等。

5）制单

制单员根据"国内空运货物托运书"分别制作总运单、分运单。

（1）在操作过程中，制单员应按委托人的要求，详细填制所到达的城市及该城市代号、托运人、收货人名称、地址、联系电话、件数、重量、计费重量、航班日期、货物名称、外包装等情况。对特殊体积的货物需注明体积尺寸。

（2）在储运注意事项及其他栏内，对已订舱的货物应标注"已订舱"，有随机文件的应注明随机文件份数，需机场自提的货物应标注"机场自提"。

（3）正确填制运价，按计费重量填制不同等级运价及燃油费。运单填制完毕后，由制单员签名，并填写制单日期。

（4）对"门到门"的货物，由制单员将运单及委托人填制的"国内空运货物托运书"一并进行复印，并将复印件交给到港调度人员制作派送单。

6）结算费用

根据分运单的总价对单票空运业务进行结算。

（1）对委托人现场收取运费的，按分运单标明的总价开具发票，列明收费项目、运单号，连同分运单第一联交委托方，收取现金或支票。

（2）凡与公司签订业务合同、协议的委托人，以公司内部划账结算方式，列为月结账客户；采用结算时将分运单第一联交委托人的结付方式。

(3) 制作"单票结算单",将运单上所显示的收费内容分类计算,列明收入与支出并显示所得利润。"单票结算单"应填制委托人名称、收入来源、支出流向。

7) 航空交接

(1) 包装,制作航空吊牌。航空票签或吊牌上必须填明运单号、目的地城市名称、件数、重量。航空运单与航空票签必须为同一航空承运人,不得有误。

(2) 根据不同航空承运人所列货运单内容,制作"航空交接单"。该单为航空承运人交接凭证,必须清晰显示交接货物的运单号、件数、重量、目的港城市名称。托运贵重物品时,必须填制"贵重物品交接单",内容包括货物名称、件数、重量、外包装、运单号、目的港城市名称,连同"航空交接单"一起交承运人。

(3) 装车。空运出港调度按空运货量情况申请车辆,安排人员负责装车事宜。同时要求装车人员认真核对装车票数和每一票出运的件数,并附有记录。

(4) 交货。按承运人指定的交货时间、地点进行托运交接。双方过磅清点件数后,将总运单的第三联至第七联、随机文件及贵重物品交接清单移交承运人,双方在交接清单上签名。

8) 航班查询

按预订航班将货交给承运人,待飞机起飞2h后,用打电话方式向航空公司查询货物是否按预订的航班出运。在查询时应告知所查货物的运单号、目的地、城市名称、件数、重量,得到确切的航班出运信息后,应在运单上注明已出运航班号及时间。如遇分批出运,应询问分批出运的次数、每次出运件数、重量。如遇隔日配载,应在次日航班起飞后再进行查询,直至该批货物全部出运完毕。

9) 信息反馈

空运出港、中转的货物与航空公司交接后,经查询确认该航班货物是否已按预订航班正常出运,将确认信息输入计算机系统,并及时将信息反馈给委托人。

2. 国内空运进港业务

国内空运进港业务主要是指为委托人委托的进港货物提供机场提货及"门到门"的派送等业务。国内空运进港业务的作业流程如图5.7所示。

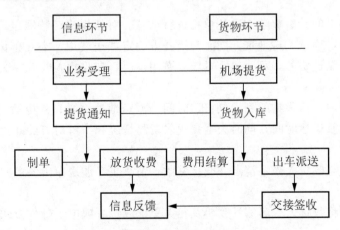

图5.7 国内空运进港业务的作业流程

国内空运进港业务流程各部分的基本内容如下。

1) 业务受理

根据到港货物信息,通知车辆调度员安排车辆接货,同时将信息输入计算机系统,注明货物件数、重量/体积、到港航班号和到达时间。

对需派送的到港货物,通知业务员准备派送单证,做好相关派送准备工作。将所需派送单证交车辆调度员,同时制作车辆申请单,详细填写所列内容。

2) 机场提货

接货操作员按到港预报信息,在飞机到达2h后,前往机场与航空公司人员进行现场交接。核对运单号,按运单号逐一清点到港货物票数、件数。确认无误后,在航空公司交接清单上签收。对残缺或有异常情况的货物,应及时向航空公司索取"商务记录单",该单应注明航班号、运单号、件数和异常货物情况的详细记录。

3) 提货通知

货物到达仓库2h内,按计算机上的信息或运单上注明的收货人联系方式,通知收货人,同时告知提货所需携带的文件:运单传真件、身份证及单位介绍信。特别要求提示收货人带好提货所需的所有费用。对无法正常取得联系的收货人,应及时与启运港委托人联系,获得确切的联系方式后及时通知,并做好记录。

4) 货物入库

(1) 货物入库应由专人(如当日值班人员)负责,根据货物的品名、件数、体积及库位状况确定存放地点。

(2) 核对。货物进库前应仔细核对外包装上的唛头、航空标签上的运单号,做好入库记录,注明货物品名、件数、货主名称、货物来源、进库日期、时间,应由经办人签名。

(3) 货物入库时,如发现外包装破损,应向提货人员确认入库前货物情况,并在入库记录上注明。

5) 放货收费

当提货人前来提货时,首先应核对运单号及收货人提货介绍信、身份证或有效证件,登记证件号码,根据货物重量,收取提货费,开具发票(或交付定额发票)后,方可将货物交提货人。

6) 费用结算

业务员按运单上的计费重量与委托单位进行结算。对超规格、特殊包装的货物要求派送的,在接到预报后,确定派送地址,同时与委托方确定派送费用。委托单位要求代收到付运费及其他运杂费、派送费的,可直接开具应收费用发票,向收货人收取并交付款人兑付。

7) 出车派送

接到派送预报后,按货物的到港(航班)时间、派送地址、联系人电话与其取得联系,征求客户的派送要求及送达时间,同时为客户提供货物情况和了解对方的卸货能力。

8) 交接签收

货物送达后应与收货人当场清点并交接签收,请货主在派送单上签名并注明接收日期。

9) 信息反馈

派送完毕后,将收货人署名的签收单及相关单证以传真或电子邮件方式反馈给委托人。

🌐【做一做】

站在苏州电子公司张明的立场上,组织一票货从上海东方航空公司到广州白云机场的国内空运运输工作。

【评一评】

相互交换所完成的运输组织工作，查看组内其他成员组织工作，每组进行综合，得出小组组织报告，在班级内交流。

项目小结

本项目主要介绍了组织公路货物运输：组织公路货物运输的技术装备与设施、组织公路整车货物运输、公组织路零担货物运输；组织铁路货物运输：组织铁路货物运输的技术装备与设施、计算铁路货物运输的运到期限、组织铁路货流、组织铁路行车；组织水路货物运输：组织水路货物运输的基本条件、组织班轮运输、组织租船运输；组织航空货物运输：组织航空货物运输的技术装备与设施、计算航空运输时差及飞行时间、组织航空货物运输的业务流程。

职业能力训练

一、概念题

1. 公路整车运输。
2. 铁路货流。
3. 班轮运输。
4. 订舱。

二、简答题

1. 租船运输有哪几种类型？
2. 试说明班轮运输的业务程序。
3. 公路运输选择车辆应考虑哪些因素？
4. 公路零担货物中转作业有哪几种方法？各种方法的含义是什么？
5. 铁路货物运输的技术装备与设施有哪些？
6. 试述国内空运出港业务的作业流程。

三、实训题

整车(零担)货运组织流程设计

【实训目标】
(1) 加强对整车(零担)货物运输过程的了解。
(2) 掌握整车(零担)货物运输组织的环节。

【实训内容】
画出货运企业的整车(零担)货物运输组织流程图。

【实训要求】
实训地点：配有计算机的实训中心。

(1) 全班分组，每组 3~5 人。
(2) 讨论某单整车(零担)货物运输应包括的环节及各环节的先后次序。
(3) 分模块画出各环节的组织流程图。
(4) 讨论、修改、整合出完整的整车(零担)货物运输组织流程图。

【成果与检测】

将实训所得结果填写在实训报告纸上，以小组为单位提交实训报告，根据实训报告进行成绩评估。

项目 6

货物的到达交付与运输商务管理

任务1　货物的到达交付

【学习目标】

- 掌握公路运输货物的到达交付。
- 掌握铁路运输货物的到达交付。
- 熟悉水路运输货物的到达交付。
- 了解航空运输货物的到达交付。
- 能办理公路运输货物交接业务。
- 能办理铁路运输货物交接业务。

【任务描述】

本任务通过对公路、铁路、水路和航空货物的到达交付等基本知识的学习，并加以相应的技能训练，要求学生能正确办理货物交接业务与结算运杂费，培养学生良好的职业操守和严谨的工作作风。

【想一想】

科华公司储运部宋某准备为公司运送100箱计算机从广州市南京路88号到南京市珠江路90号南京B贸易公司，每箱货物重量为20kg，要求两天内到达。货物到达目的地时，送货员如何办理货物的交接，怎样进行货物的到达交付与结算？

6.1.1　公路运输货物的到达交付

交付是公路运输货物的最后一道工序，货物在到达地向收货人办完交付手续后，该批货物的全部运输过程才告结束。

1. 公路整车运输货物的到达交付

（1）在车辆到达发货地点，发货人交付货物时，驾驶员应负责点数、监装，发现包装破坏、异状，应提出更换或重新整理的异议。

（2）在承运货物时，要有发货人开具的与实物相符的发货票及随车转移的文件。

（3）货物运抵目的地时，驾驶员应向收货人交清货物。

（4）交货时，如发现货物短缺，应做出原始记录，分别由驾驶员或装卸人员开具证明文件。

（5）货物运达后，收货人应持有效凭证提货。

（6）货物交付时，应做好交接工作。

（7）交接中如有异议，均可提出查验和复磅。

2. 公路零担运输货物的到达交付

（1）不得白条提货，信用交付。

（2）凭货票提货联交付者，由收件人在提货联上加盖与收货人名称相同的印章并提出有效身份证件交付。

（3）凭到货通知单交付的，由收货人在到货通知单上加盖与收货人名称相同的印章并验查提货经办人的有效身份证件，在货票提取联签字交付。

（4）凭电话通知交付的，凭收货单位提货介绍信经车站认可后由提货经办人在货票提货联上签字交付。

（5）委托其他单位代提的，应有收货人盖具相同印章向车站提出委托书，经车站认可后，由代提单位在货票提货联上签章交付。

（6）零担货物交付时，应认真核对货物品名、简述和票签号码。如货件较多，要取货后集中点交，以免差错。

 **特别提示**

发现货票不符时，按下列原则处理：
(1) 有票无货的，原票退回。
(2) 流向错运及越站错运的，原车带回。
(3) 货物短少、损坏及有货无票的，均不得拒收，但应在交接清单上签注并做出商务记录。

3. 公路运输货物运杂费结算

公路运输货物的运杂费用有调车费、延滞费、装货（箱）落空损失费、道路阻塞停运费、车辆处置费、车辆通行费、运输变更手续费和保管费。

1）调车费

（1）应托运人要求，车辆调往外省、自治区、直辖市或调离驻地临时外出驻点参加营运，调车往返空驶者，可按全程往返空驶里程、车辆标记吨位和调出省基本运价的50％计收调车费。在调车过程中，由托运人组织货物的运输收入，应在调车费内扣除。

（2）经承托双方共同协商，可以核减或核免调车费。

（3）经铁路、水路调车，按汽车在装卸船、装卸火车前后行驶里程计收调车费；在火车、在船期间包括车辆装卸及待装待卸时，每天按8h、车辆标记吨位和调出省计时包车运价的40％计收调车延滞费。

2）延滞费

（1）发生下列情况，应按计时运价的40％核收延滞费。

① 因托运人或收货人责任引起的超过装卸时间定额、装卸落空、等装待卸、途中停滞、等待检疫的时间。

② 应托运人要求运输特种或专项货物需要对车辆设备改装、拆卸和清理延误的时间；因托运人或收货人造成不能及时装箱、卸箱、掏箱、拆箱、冷藏箱预冷等业务，使车辆在现场或途中停滞的时间。

延误时间从等待或停滞时间开始计算，不足1h者，免收延滞费；超过1h及以上，以0.5h为单位递进计收，不足0.5h进整为0.5h。车辆改装、拆卸和清理延误的时间，从车辆进厂（场）起计算，以0.5h为单位递进计算，不足0.5h进整为0.5h。

（2）由托运人或、发货人责任造成的车辆在外地停留延滞时间（夜间住宿时间除外），计收延滞费。延滞时间以小时为单位，不足1h进整为1h。延滞费按计时包车运价的60％～80％核收。

（3）执行合同运输时，因承运人责任引起货物运输期限延误，应根据合同规定，按延滞费标准，由承运人向托运人支付违约金。

(4) 在运输过程中，国家有关检疫部门对车辆的检验费及因检验造成的车辆停运损失，由托运人负担。

3) 装货(箱)落空损失费

应托运人要求，车辆开至约定地点装货(箱)落空造成的往返空驶里程，按其运价的50%计收装货(箱)落空损失费。

4) 道路阻塞停运费

汽车货物运输过程中，如发生自然灾害等不可抗力造成的道路阻滞，无法完成全程运输，需要就近卸存、接运时，卸存、接运费用由托运人负担。已完运程收取运费；未完运程不收运费；托运人要求回运，回程运费减半；应托运人要求绕道行驶或改变到达地点时，运费按实际行驶里程核收。

5) 车辆处置费

应托运人要求，运输特种货物、非标准箱等需要对车辆改装、拆卸和清理所发生的工料费用，均由托运人负担。

6) 车辆通行费

车辆通过收费公路、渡口、桥梁、隧道等发生的费用，均由托运人负担。其费用由承运人按当地有关部门规定的标准代收代付。

7) 运输变更手续费

托运人要求取消或变更货物托运手续，应核收变更手续费。因变更运输，承运人已发生的有关费用，应由托运人负担。

8) 保管费

货物运达后，明确由收货人自取的，从承运人向收货人发出提货通知书的次日(以邮戳或电话记录为准)起计，第4日开始核收货物保管费；应托运人的要求或托运人的责任造成的需要保管的货物，计收货物保管费，该费用由托运人负担。

6.1.2 铁路运输货物的到达交付

铁路运输货物在货物到站并向收货人办完货物交付手续后，即完成该批货物的全部运输过程。

1. 铁路运输货物到达交付的基本流程

(1) 车站对到达的货物应在不迟于卸车完毕后的次日内向收货人发出催领通知，并在货票(丁联)内记明通知方法和时间。必要时应再次催领。收货人拒领或找不到收货人时，到站要按规定调查处理。发站接到到站函电后，应立即联系托运人，要求其在规定时间内提出处理意见，并将该处理意见答复到站。

(2) 到站在办理交付手续时，应在货物运单和货票(丁联)上加盖车站日期戳。货物在货场内点交给收货人的，还应在货物运单上加盖"货物交讫"戳记，凭此验放货物。车站也可根据需要，建立货物搬出证制度。

(3) 车站接到不能按约定时间到达的货物预报后，应立即通告收货人，必要时应发出相关通知。

(4) 收货人应于铁路发出的催领通知次日起算，在两天内将货物提走，超过这一期限将收取货物暂存费。

(5) 从铁路发出催领通知日起（不能实行催领通知时，则从卸车完毕的次日起）满 30 日仍无人领取的货物，铁路则按无法交付货物处理。

 特别提示

货物的运到期满后经过 15 天，或鲜活货物超过运到期限仍不能在到站交付的，到站除按规定编制货运记录外，还必须负责货物的查询工作，依次从发站顺序查询。被查询的车站，应自接到查询的次日起两日内将查询结果电告到站，并向下一作业站（编组、区段或保留站）继续查询。到站应将查询的最终结果及时通知收货人。

(6) 对到达的海关监管货物，车站应按照海关监管的有关规定办理。

 知识链接

铁路货物逾期交付的责任

货物、包裹、行李逾期交付，如果是因铁路逾期运到造成的，由铁路运输企业支付逾期违约金；如果是因收货人或旅客逾期领取造成的，由收货人或旅客支付保管费；既因逾期运到又因收货人或旅客逾期领取造成的，由双方各自承担相应的责任。

铁路逾期运到并且发生损失时，铁路运输企业除支付逾期违约金外，还应当赔偿损失。对收货人或旅客逾期领取，铁路运输企业在代保管期间因保管不当造成损失的，由铁路运输企业赔偿。

2．铁路运输货物到达交付的主要方式

由于到达货物卸车作业地点、负责装卸车组织工作的不同及是否派有押运人等情况，货物交付程序有所不同，大体分为站内卸车交付、专用线（专用铁路）卸车交付和派有押运人货物的卸车交付三种情况。

1）站内卸车交付

站内卸车交付应先办理票据交付后再办理现货交付。即收货人要求领取货物时，须向到站提出领货凭证或有效证明文件，经与货物运单票据核对后，由收货人在货票丁联上盖章或签字，收清一切费用后，车站在货物运单和货票上加盖交付日期戳，收回的领货凭证或有效证明应粘贴在货票丁联上留站存查，并将货物运单交给收货人，收货人凭此到货物存放地点领取货物。交付货运员凭收货人提出的货物运单向收货人点交货物，然后在货物运单上加盖"货物交讫"戳记，并记明交付完毕的时间，将货物运单交还收货人，凭此将货物搬出货场。站内直卸车也应同样办理。

货物交付收货人当日不能全批搬出车站，对其搬剩部分，按重量和件数承运的货物，可按件点交车站保管；只按重量承运的货物，可向车站声明并在货堆上做出适当标记，以便次日继续搬出。在这种情况下，车站应同时收回货物运单并在货物运单背面由收货人注明已搬出部分件数或重量，次日继续搬出时，车站根据货物运单背面记载向收货人再次点交货物。如果次日搬出已超过免费暂存时间则应按车核收货物暂存费。

2）专用线（专用铁路）卸车交付

 特别提示

站内卸车交付：票据交付先于现货交付；专用线（专用铁路）卸车交付：票据交付和现货交付是同时办理或现货交付先于票据交付。

现货交付车站是根据货物运单上指明的专用线企业及"专用线（专用铁路）运输协议"或"专用线共用协议"规定内容和地点办理取送交接。专用线（专用铁路）产权单位负责办理本企业和共用单位到达货物的交接领取手续，统一结算相关费用。

由于到站已向货物运单内所记载的正当收货人进行送达车辆并办理货物交接，收货人是否持有领货凭证或有效证明已无意义，票据交付只是产权单位经办业务的运输员与车站办理的结算手续。

3) 派有押运人货物的卸车交付

押运人从承运人承运货物时起至交付完毕时止，应负责采取保证货物安全的措施，确保运输货物状态的完整。押运人不是运输合同中的收货人，到站仍需向货物运单中记载的收货人办理货物交付。但派有押运人的货物也有站内卸车和专用线（专用铁路）卸车两种情况，站内卸车与无押运人站内卸车交付相同，卸车中发现差错由押运人负责，如属于自行组织卸车的货物，车站不与收货人办理现货交付；专用线（专用铁路）卸车，车站除按规定办理票据交付外，不再与收货人办理现货交接检查。

3. 铁路运输货物到达交付的程序

（1）收货人出具领货凭证和有关证明文件。

① 收货人为个人的，需出具领货凭证和本人身份证。

② 收货人为单位的，需出具领货凭证和领货人姓名的证明文件及领货人本人身份证。

③ 不能提出"领货凭证"的，可凭由车站同意的、有经济担保能力的企业出具担保书取货。

（2）缴付铁路运费、运杂费、装卸费等费用，取回货物运单及到达货物作业单。

（3）根据到达货物作业单指明的货位交付处办理货物交付手续。

（4）凭出站放行条将货物提出车站。

4. 铁路运输货物运杂费结算

铁路货物运输营运中的运费按铁路运单或合同规定，可采用预付、现结、到付或月结的方式，杂费按实际发生的项目和表4－7的规定核收。

（1）在温季和热季（按装车时外温确定）使用机械冷藏车装运需要途中制冷运输的未冷却的瓜果、蔬菜，按货物重量核收冷却费。

加冰冷藏车始发所需的冰、盐由托运人准备。如托运人要求承运人供应，承运人则按实际发生的费用核收。

（2）应托运人要求，铁路冷藏车在其他站加冰、盐后送至发站装货时，由发站或加冰站按7号运价率与自加冰站至发站间里程核收货车回送费。

（3）使用铁路D型长大货物车装运货物时，除核收运费外，并核收下列费用：①按确定的计费重量、运价里程，核收D型长大货物车使用费；②按货车轴数，核收长大货物车回送费，托运人取消托运时，仍核收此项费用。

（4）用铁路机车往专用线、货物支线（包括站外出岔）或专用铁路的站外交接地点调送车辆时，核收取送车费。计算取送车费的里程，应自车站中心线起算，到交接地点或专用线最长线路终端止，里程往返合计（不足1km的尾数进整为1km），取车不另收费。

向专用线取送车，由于货物性质特殊或设备条件等原因，托运人、收货人要求加挂隔离车时，隔离车按需要使用的车数核收取送车费。

托运人或收货人使用铁路机车进行取送车辆以外的其他作业时，另核收机车作业费。

(5) 派有押运人押运的货物，核收押运人乘车费。

(6) 使用铁路货车篷布苫盖货车时，向托运人核收货车篷布使用费。

(7) 使用铁路集装箱装运货物，向托运人核收集装箱使用费。使用铁路危险品专用集装箱装运货物时，集装箱使用费加20%核收。

托运人自备集装箱在铁路上运输货物或回空时，按箱向承运人缴纳自备箱管理费。

(8) 整车、零担、集装箱货物装卸费及准、米轨道间整车货物直通运输换装费，按《铁路货物装卸作业计费办法》的规定计费。

整车、零担货物和不按一口价办理的集装箱，装费由发站向托运人核收，卸费由到站向收货人核收，按一口价办理的集装箱货物，发站和到站的装卸费均由发站向托运人一次核收；米、准轨道间整车货物直通运输的换装费，从米轨发运的由发站向托运人核收，从准轨发运的由到站向收货人核收。

(9) 货物保价费，按货物保价金额和规定的费率计算。

6.1.3 水路运输货物的到达交付

水路运输货物的到达交付即实际业务中船公司凭提单将货物交付给收货人的行为。

1. 货物交付方式

在水路运输中，交付货物的过程是指收货人将注明已经接受了船公司交付的货物并签章的提单交给船公司在卸货港的代理人，经代理人审核无误后，签发提货单交给收货人，然后收货人凭提货单前往码头仓库提取货物，并与卸货代理人办理交接手续。

1) 船边交付货物

船边交付货物又称"现提"，是指收货人以提单在船公司卸货港的代理人处换取提货单后，凭提货单直接到码头船边提取货物，并办理交接手续的方式。

船边交付货物适用于贵重货物、危险货物、冷冻货物、长大件货物及其他批量较大的货物。

2) 选港货物

货物托运人应在办理货物托运时提出申请，而且还必须在船舶自装货港开航后，到达第一个选卸港前的一定时间(通常为24h或48h)以前，把已决定的卸货港通知船公司及被选定卸货港船公司的代理人；否则，船长有权在任何一个选卸港将货物卸下，并认为船公司已履行了对货物的运送责任。

3) 变更卸货港交付货物

变更卸货港交付货物是指在提单上所记载的卸货港以外的其他港口卸货和交付货物。如果收货人认为，将货物改在提单上所载明的卸货港以外的其他港口卸货并交付对其更为方便有利时，可以向船公司提出变更卸货港的申请。船公司接到收货人提出变更卸货港的申请后，必须根据船舶的积载情况，考虑在装卸上能否实现这种变更。例如，是否会发生严重的翻舱、倒载情况，在变更的卸货港所规定的停泊时间能否来得及将货物卸下，是否会延误船舶的开航时间等，之后才能决定是否同意收货人的这种变更申请。

因变更卸货港而发生的翻船、倒载费、装卸费，以及因变更卸货港的运费差额和有关手续费等，均由收货人负担。

由于变更卸货港交付货物与一般情况下货物的交付不同，收货人在办理提货手续时，必须向船公司或变更后的卸货港的船公司代理人交出全套正本提单之后才能办理提货手续,这是与正常情况下的提货手续和货主选择卸货港交付货物的提货手续不相同的地方。

4) 凭保证书交付货物

在班轮运输中,有时因提单邮寄延误而出现提单到达的时间迟于船舶到港的时间(特别是装货港与卸货港间距离较短的情况),这种情况的产生是由于提单失窃,或者是当船舶到港时,作为用汇的跟单票据的提单虽已到达进口地银行,但是因为汇票的兑现期限的关系,收货人暂时还拿不到提单。在这些情况下,收货人无法交出提单来换取提货单提取货物,此时常由收货人开具保证书,以保证书交换提货单,然后持提货单提取货物。

保证书的内容一般包括收货人保证在收到提单后立即向船公司或其代理人交回这一提单,承担应由收货人支付的运费及其他费用的责任,对因未提交提单而提取货物所产生的一切损失均承担责任,并表明对于上述保证内容由有关银行与收货人一起负连带责任。

2. 货物无法交付的情况

(1) 港口发现的无票货;运单上的收、发货人姓名不清、地址不详,经查询仍无法查明的货物;或由港、站贴出招领公告(或登报)之日起,超过1个月仍无人领取的货物。

(2) 运输部门在沿途拾得的无标志的货物;在港口打捞和挖泥回收的无法辨认和查找收、发货人的货物;公安部门破获盗窃案件中收回的找不到货主的运输物资。

(3) 运输部门在清理库场时收集整理的地脚货物(但在卸车、卸船中清扫收集的货底应按票交给收货人)。

(4) 到达港口的进口货物按提单或运单向收货人或其代理人交清后溢余的,在3个月内国外发货人或承运人未提出异议,无人认领的货物。

3. 水路运输货物运杂费结算

起运港在货物承运时应向托运人收清江海船舶运费和起运港及中转港的港什费。到达港在货物交付时应向收货人收清到达港港什费、到收或补收的江海船舶运费、港什费及垫款等。以上结算可采用现款或银行各种同城结算方式。

 特别提示

水路和铁路联运运输中,水运处于后段者由到达港收清全程江海运输费用,水路处于中间区段者委托铁路到达站向收货人收取全程江海运输费用。

委托代办中转运输,托运人与起运港(江海第一中转港)不在同一地者,其江海运输费用的结算可由起运港用银行异地托收承付的结算方式,或经承托运双方商定的其他方式,向托运人收取。但如到达地在江海港口,经承托运双方同意,可在交付货物时向收货人收取。

到达港(江海最后中转港)与收货人不在一地,应向收货人补收的江海运输费用及垫款,可用银行异地证收承付结算方式,或以信函等通知收货人追收。

在货物交付后180天内审查发现的错收或漏收款,除水路和铁路联运运输应通过原收款港向交款人办理补收或退款外,其余一律通过到达港向收货人办理补收或退款。

托运人或收货人在货物交付后180天内,有权对多收的江海运输费用申请退还,申请时应提出以原运单为证,逾期或未能提出凭证者,不予受理。

托运人或收货人申请退还多收的运费,除水路和铁路联运运输应向原收款港提出外,其余一律应向到达港提出,到达港应于收到申请起30天以内,给予答复。

 **特别提示**

有关军运物资的运输费用结算不适用本办法,应按照有关的协议办理。

6.1.4 航空运输货物的到达交付

1. 货物交付

1) 到货通知

货物运至到达站后,除另有约定外,承运人或其代理人应当及时向收货人发出到货通知。通知包括电话通知和书面通知两种形式。急件货物的到货通知应当在货物到达后 2h 内发出,普通货物应当在 24h 内发出。

2) 保管期限

普通货物自发出到货通知的次日起算,货物免费保管 3 天,逾期提取的,承运人或其代理人按照规定核收保管费;特种货物的免费保管期限按照民航有关规定执行。

货物被检察机关扣留或因违章等待处理存放在承运人仓库内的,由收货人或托运人承担保管费和其他有关费用。

活动物、鲜活易腐物品及其他指定日期和航班运输的货物,托运人应当负责通知收货人在到达站机场等候提取。

3) 提货证明

收货人应凭本人有效身份证件提货。

(1) 收货人为单位名称或者单位名称和个人姓名的,收货人须出示单位出具的提货证明和本人有效身份证件。

(2) 收货人为军队番号、武警单位的,应出示相应的提货证明和收货人的军官证、文职军人证或者士兵证等。

(3) 提取政府限制运输的其他物品时,收货人须出示单位介绍信及政府主管部门出具的有效证明文件。

收货人委托他人提货时,须出示收货人及被委托人的有效身份证件。

4) 货物交付

收货人办理提货手续并交纳相关费用后,即可提取货物。货物交付时,收货人对货物外包装状态、件数或者重量如有异议,应当场查验或者复秤。收货人提取货物后并在货运单上签收而未提出异议的,则视为货物已完好交付。

5) 货物运输事故签证

货物运输事故签证是指在交付货物时,发现货物损坏、短少、变质、污染、延误或者丢失等,收货人提出异议,由承运人填写书面文件以详细记录货物的真实状态。

2. 货物保管期限及无法交付的处理

1) 保管期限

(1) 普通货物。普通货物自发出到货通知的次日起免费保管 3 日(分批到达的普通货物免费保管期限从最后一批货物的到货通知发出次日算起)。超过免费保管期限的,按货物的计费重量,每日每千克收取保管费 0.10 元,保管期不足一日按一日计算。每份货运单最低收取保管费 5.00 元。

(2)贵重物品。贵重物品自到达目的站的次日起,按货物的计费重量,每日每千克收取保管费5.00元,保管期不足一日按一日计算。每份货运单最低收取保管费50.00元。

(3)危险物品。危险物品自发出到货通知的次日起免费保管3日,超过免费保管期限的,按货物的计费重量,每日每千克收取保管费0.50元,保管期不足一日按一日计算。每份货运单最低收取保管费10.00元。凡需冷藏的鲜活易腐、低温、冷冻物品,自航班到达后,免费保管6h,超过6h的,按货物的计费重量,每日每千克收取保管费0.50元,保管期不足一日按一日计算。每份货运单最低收取保管费10.00元。

2)无法交付的处理

货物到达目的站14日后,由于下列原因之一,即被视为无法交付货物:货运单上所列地址无此收货人,收货人地址有误或不详;收货人对货物到达通知不予答复;收货人拒绝提货;收货人拒付应付的费用;或其他原因造成货物无人提取。

如货物到达目的站后60日内仍无人提取,又未获得始发站的任何处理意见,货运公司将根据航空运输规定对该货物予以处置。

 特别提示

对无法交付货物,应当做好清点、登记和保管工作。

凡属国家禁止和限制运输物品、贵重物品及珍贵文史资料等货物应当无价移交国家主管部门处理;凡属一般的生产、生活资料应当作价移交有关物资部门或商业部门;凡属鲜活、易腐或保管有困难的物品可由承运人酌情处理。如做毁弃处理的,所产生的费用由托运人承担。

经作价处理的货款应当及时交承运人财务部门保管。从处理之日起90日内,如有托运人或收货人认领,扣除该货的保管费和处理费后的余款退给认领人;如90日后仍无人认领,应当将货款上交国库。

对于无法交付货物的处理结果,应当通过始发站通知托运人。

3. 航空运输货物运杂费结算

航空运输中,承运人可以收取地面运输费、退运手续费和保管费等货运杂费。

运费和其他费用以人民币支付,结算单位为"元",精确到"角","角"以下四舍五入,由托运人在托运货物时,或者由收货人在提取货物前付清。发生在货物运输过程中或目的地的与运输有关的费用由收货人在提取货物前付清。

托运人除应支付必须支付的费用外,还应保证支付因收货人原因可能使承运人或第三人蒙受的损失。承运人有权扣押未付清上述费用的货物,并可以对货物做出拍卖处理,用部分或全部拍卖收入支付上述费用,但是,此种拍卖不能免除付款不足的责任。

无论货物是否损失或是否运抵运输契约指定的目的地,托运人或收货人应支付承运人因承运该票货物而产生的所有费用。

托运人或收货人拒绝支付全部或部分费用时,承运人可以拒绝运输或拒绝交付货物。

🌐 【做一做】

根据科华公司的送货情况,结合本任务的基本知识,两人一组分别设计货物交接单,模拟货物交接工作情境,办理货物交接手续,并认真考虑货物交接单的具体内容。

🌐 【评一评】

相互交换所完成的结果,查看组内其他成员交接单的设计情况,提出修正意见,每组重新设计货物交接单。

任务2 货物装卸

【学习目标】

- 掌握运输工具积载原则。
- 掌握装卸作业基本要求。
- 能对货物进行合理配装。
- 了解货物绑扎和封盖要求。
- 熟悉装载堆积方法。

【任务描述】

本任务通过对运输工具积载、货物装卸等基本知识的学习,并加以相应的技能训练,要求学生能够设计车辆积载方案,独立进行货物装载与卸载,注重培养学生正确办理货物装卸作业的工作能力,培养学生严谨的工作作风。

【想一想】

苏州华润超市配送中心采用箱式卡车拟向无锡、常州和镇江的超市门店分别配送4t、4t和3t电器和食品,其中食品为轻泡货。卸货顺序为无锡、常州和镇江,同时无锡和常州分别有500kg和1t货物退回,需卸货交接后装上车。请考虑该配送中心如何选配运输车辆,如何设计车辆装载方案。

6.2.1 运输工具积载

1. 运输工具的运载特性

1) 运输生产率

运输工具的运输生产率是一个综合性指标,是一系列效率指标的综合表现。在运输工具的运行组织中除了行程利用率外,还有一个很重要的指标,就是吨位利用率。

运输工具按核定吨位满载运行时,表示其载运能力得到了充分的利用。而在实际工作中则会因不同货物配送的流量、流向、流时、运距及运行中的某些问题,造成运输工具未能按核定吨位满载运行。通常用吨位利用率这一指标来考察。

$$吨位利用率 = \frac{实际完成周转量}{载运行程装载质量} \times 100\%$$

吨位利用率指标反映了运输工具在重载运行中载运能力的利用程度。

 特别提示

运输工具的吨位利用率应保持在100%,即按运输工具核定吨位装足货物,既不要亏载,造成载重能力浪费,也不要超载或超限。超载一方面可能造成运输工具早期损坏,增加车辆的过度磨损,同时还会增加运行燃料、润料的消耗;另一方面,运输工具容易发生运行事故,可能给企业、货主带来重大损失。另外也会对物流基础设施造成损害。

2) 运输工具亏载的原因

(1) 货物特性。例如，轻泡货物由于车厢容积的限制和运行限制（主要是超高），而无法装足吨位。

(2) 货物包装情况。例如，车厢尺寸不与货物包装容器的尺寸成整倍数关系，则无法装满车厢。如货物宽度80cm，车厢宽度220cm，将会剩余60cm。

(3) 不能拼装运输，应尽量选派核定吨位与所配送的货物数量接近的车辆进行运输，或按有关规定而必须减载运行。例如，有些危险品货物必须减载运送才能保证安全。

(4) 因装载技术的原因造成不能装足吨位。

3) 提高运输工具吨位利用率的具体办法

(1) 研究各类车厢的装载标准，不同货物和不同包装体积的合理装载顺序，努力提高装载技术和操作水平，力求装足运输工具的核定吨位。

(2) 根据客户所需的货物品种和数量，调派适宜的运输工具承运。例如，尽量选派核定吨位与所配送的货物数量接近的车辆进行运输。

(3) 凡是可以拼装运输的尽可能拼装运输，但要注意防止差错。

箱式车厢有确定的车厢容积，敞篷车也因高度所限，车厢的载货容积为确定值。设车厢容积为V，车辆载重量为W。现要装载单位质量体积为R_a、R_b的两种货物，使得运输工具的载重量和车厢容积均被充分利用。

设：两种货物的配装重量为W_a、W_b，则

$$\begin{cases} W_a + W_b = W \\ W_a \times R_a + W_b \times R_b = V \end{cases}$$

$$W_a = \frac{V - W \times R_b}{R_a - R_b}$$

$$W_b = \frac{V - W \times R_a}{R_b - R_a}$$

🌐 【算一算】

某仓库某次需采用公路运输水泥和塑料两种货物，水泥的单位质量体积为$0.9m^3/t$，塑料为$1.6m^3/t$，计划使用汽车的载重量为11t，车厢容积为$15m^3$。试问，如何装载使该运输工具的载重能力和车厢容积都被充分利用？

解：

设每辆车的水泥装载量为W_a，塑料的装载量为W_b，

其中，$V=15m^3$，$W=11t$，$R_a=0.9m^3/t$，$R_b=1.6m^3/t$

$$W_a = \frac{V - W \times R_b}{R_a - R_b} = \frac{15 - 11 \times 1.6}{0.9 - 1.6} \approx 3.71(t)$$

$$W_b = \frac{V - W \times R_a}{R_b - R_a} = \frac{15 - 11 \times 0.9}{1.6 - 0.9} \approx 7.29(t)$$

通过以上计算，可以知道，当每辆车的水泥装载量为3.71t，塑料的装载量为7.29t时，车辆的载重能力和车厢容积都能得到充分的利用。

需要说明的是，要使车辆的载重能力和车厢容积都能得到充分的利用，其前提条件必须是车厢的容积系数介于所要配装货物的容重比之间。如果所要装载货物的单位质量体积都大于或小于车厢容积系数，则只能是车厢容积不满或者不能满足载重量。当存在多种货物时，可以将货物比例与车辆容积系数相近的货物先配装，剩下两种最重和最轻的货物进行搭配配装，或者对需要保证数量的货物先足量配装，再对不定量配送的货物进行配装。

2. 运输工具积载的原则

在明确客户的装卸顺序后,接下来就是如何将货物装上运输工具,以什么次序装,这就是运输工具的积载问题。原则上,客户的装卸顺序安排好后,只要按货物"后卸先装"的顺序装载即可。但有时为了有效地利用空间,还应根据货物的性质(怕震、怕压、怕撞、怕湿)、形状、体积及质量等做出某些调整。如能根据这些选择恰当的装卸方法,并能合理地进行车辆积载工作,则可使货物在运输中减少货损货差,既能保证货物完好和安全运输,又能使运输工具的载重能力和车厢的容积得到充分的利用。因此,车辆积载时应遵循以下原则。

(1) 轻重搭配的原则。装货时,必须将重货置于底部,轻货置于上部,避免重货压坏轻货,并使货物重心下移,从而保证运输安全。

(2) 大小搭配的原则。如到达同一地点的同一批货物,其包装的外部尺寸有大有小,为了充分利用车厢的内容积,可在同一层或上下层合理搭配不同尺寸的货物,以减少箱内的空隙。

(3) 货物性质搭配的原则。拼装在一个车厢内的货物,其化学属性、物理属性不能互相抵触。在交运时,托运人已经包装好的而承运人又不得任意开封的货物,在箱内因性质抵触而发生损坏,由托运人负责;由此给承运人造成的损失,托运人应负赔偿责任。

(4) 到达同一地点的适合配装的货物应尽可能一次积载。

(5) 确定合理的堆码层次及方法。可根据车厢的尺寸、容积,货物外包装的尺寸来确定。

(6) 积载时不允许超过运输工具核定的最大载重量。

(7) 积载时车厢内货物重量应分布均匀。

(8) 应防止车厢内货物之间碰撞、相互玷污。

运输工具的载重能力和容积能否得到充分的利用,当然与货物本身的包装规格有很大关系。小包装的货物容易降低亏箱率,同类货物用纸箱比用木箱包装亏箱率要低一些。但是,亏箱率的高低还与采用的积载方法有关,所以说,恰当的积载方法能使车箱内部的高度、长度、宽度都得到充分的利用。

6.2.2 装载与卸载

装载与卸载作业是指在同一地域范围进行的,以改变货物的储存状态及空间位置为主要内容和目的的活动。装卸作业是为运输服务的,是联结各种货物运输方式、进行多式联运的作业环节,也是各种运输方式运作中各类货物发生在运输的起点、中转和终点的作业活动。

在物流过程中,装卸活动是不断出现和反复进行的,它出现的频率高于其他各项物流活动,而且每次装卸活动都要花费很长时间。因此,它成为决定物流速度的关键。运输装卸工具如图 6.1 所示。

1. 装卸的基本要求

搬运装卸操作有可能造成货物的破损、散失、混合、损耗等,所以在装载与卸载的过程中必须遵循基本的原则和方法,从而保证运输货物的完好,装载、卸载的总要求是省力、节能、减少损失、快速、低成本。

(1) 装车前应对车厢进行检查和清扫。因货物性质不同,装车前需对运输工具进行清洗、消毒,达到规定要求。

(a) 起重机　　　　　　(b) 举升机　　　　　　(c) 叉车

(d) 自卸车　　　　　　(e) 带式输送机　　　　(f) 集装箱装卸桥

图 6.1　运输装卸工具

（2）确定最恰当的装卸方式。在装卸过程中，应尽量减少或根本不消耗装卸的动力，以利用货物本身的重量，进行从上往下的装卸方法，如利用滑板、滑槽等。同时应考虑货物的性质及包装，选择最适当的装卸方法，以保证货物的完好。

（3）合理配置和使用装卸机具。根据工艺方案科学地选择并将装卸机具按一定的流程合理地布局，使流程线不至于出现交叉，并使其搬运装卸的路径最短。

（4）力求减少装卸次数。物流过程中，发生货损货差的主要环节是装卸，而在整个物流过程中，装卸作业又是反复进行的，从发生的频数来看，超过其他任何环节。装卸作业环节不仅不会增加货物的价值和使用价值，反而有可能增加货物破损的可能性和相应的物流成本。因此，过多的装卸次数必将导致货损的增加，而且装卸次数增加会使费用随之增加。同时，它还将阻缓整个物流的速度。所以应尽量采用成组、集装方式，防止无效装卸。

（5）防止货物装卸时的混杂、散落、漏损、砸撞，特别要注意有毒货物不得与食用类货物混装，性质相抵触的货物不能混装。

（6）装车的货物应做到数量准确、捆扎牢靠，做好防丢措施；卸货时应点交清楚，码放、堆放整齐，标志向外，箭头向上。装卸是物流货物运输、仓储、流通、加工、配送作业等物流过程中的重要环节，是其间必不可少的衔接和配套工种。可以说，没有装卸作业，整个物流过程就无法实现；没有高效率、高质量的装卸，整个物流过程的效率和质量也会受到严重影响。物流货物运输经营者从整个物流过程理解和把握装卸的含义、技术与组织方法体系，正是正确运用物流理论、科学合理地进行物流货物运输组织工作，提高运输效率和质量水平的有效途径之一。

（7）提高货物集装化或散装化作业水平。成件货物集装化、粉粒状货物散装化是提高作业效率的重要方向。所以，成件货物应尽可能集装成托盘系列、集装箱、货捆、货架、网袋等货物单元再进行装卸作业。各种粉粒状货物应尽可能采用散装化作业，直接装入专用车、船、库。不宜大量化的粉粒状货物也可装入专用的托盘、集装箱、集装袋内，提高货物活性指数，便于采用机械设备进行装卸作业。

(8) 做好装卸现场组织工作。装卸现场的作业场地、进出口通道、作业流程线长度、人机配置等布局设计应合理，使现有的和潜在的装卸能力充分发挥或发掘出来。避免由于组织管理工作不当造成装卸现场拥挤、阻塞、紊乱现象，以确保装卸工作安全顺利完成。

2. 装卸的工作组织

货物运输工作的目的在于不断提高装卸工作质量及效率、加速运输工具周转、确保物流效率。因此，除了强化硬件之外，在装卸工作组织方面要予以充分重视，做好装卸组织工作。

(1) 制定合理的装卸工艺方案。用"就近装卸"或"作业量最小"方法，在进行装卸工艺方案设计时应该综合考虑，尽量减少"二次搬运"和"临时放置"，使搬运装卸工作更合理。

(2) 提高装卸作业的连续性。装卸作业应按流水作业原则进行，工序间应合理衔接，必须进行换装作业的，应尽可能采用直接换装方式。

(3) 装卸地点相对集中或固定装载、卸载地点相对集中，便于装卸作业的机械化、自动化，可以提高装卸效率。

(4) 力求装卸设施、工艺的标准化。为了促进物流各环节的协调，就要装卸作业各工艺阶段间的工艺装备、设施与组织管理工作相互配合，尽可能减少因装卸环节造成的货损货差。

3. 装载堆积

装载堆积是在具体装载时，为充分利用车厢载重量、容积而必须采用的方法。一般是根据所运输货物的性质和包装来确定堆积的行、列、层数及码放的规律。

1) 堆积的方式

(1) 行列式堆码方式。

(2) 直立式堆码方式(一般适宜用花格木箱或木箱套装的瓶装液体物)。

2) 堆积应注意的事项

(1) 堆码方式要有规律，整齐。

(2) 堆码高度不能太高。堆装高度受限于物流设施的高度限制。

(3) 货物装载横向不得超出车厢宽度，前端不得超出车厢。

(4) 堆码时应使重货在下，轻货在上；包装强度差的应放在包装强度好的上面。

(5) 货物应大小搭配，以利于充分利用车厢的载容积及核定载重量。

(6) 按顺序堆码，先卸车的货物后码放。

知识链接

公路运输法规关于货物的规定

公路运输法规规定：①大型货车的高度从地面起不得超过 4m；装载质量 1 000kg 以上的小型货车不得超过 2.5m；装载质量 1 000kg 以下的小型货车不得超过 2m；②货物装载时，如果货物为一个整体，后端不得超出车厢的长度，大货车不超过 2m；1 000kg 以上的小型货车不超过 1m；1 000kg 以下的小型货车不超过 50cm。

4. 绑扎和封盖

1) 绑扎

绑扎可以说是在运输工具出发前的最后一个环节，也是非常重要的环节。它是在运输货物按计划全部装车完毕后，为了保证货物在运输过程中的完好，以及为避免运输工具到达卸货开厢时发生货物倾倒，而必须进行的一道工序。

（1）绑扎时主要考虑以下几点：①绑扎端点要易于固定而且牢靠；②可根据具体情况选择绑扎形式；③应注意绑扎的松紧度，避免货物或其外包装损坏。

（2）绑扎的形式：①单件捆绑；②单元化、成组化捆绑；③分层捆绑；④分行捆绑；⑤分列捆绑。

（3）绑扎的方法：①平行绑扎；②垂直绑扎；③相互交错绑扎。

2）封盖

非箱式运输工具为了防治雨雪、日晒损坏货物，货物装载后应加以封盖。一般采用帆布封盖，或者移动车棚封盖。装载容易散落、飞扬、流漏的物品的车厢，需封盖严密。

【做一做】

根据所提供的苏州华润配送中心配送货物的情况，结合本任务的基本知识，选派适宜的运输车辆并设计货物装载方案，画出货物积载图。

【评一评】

相互交换所完成的结果，查看组内其他成员设计的货物装载方案和货物积载图，提出修正意见，每组重新完善。

任务 3　运输商务管理

【学习目标】

- 了解运输商务管理的概念。
- 熟悉运输质量管理内涵。
- 熟悉经营风险管理内涵。
- 掌握运输纠纷的类型。
- 掌握索赔时效和诉讼时效。
- 能独立处理简单运输纠纷。

【任务描述】

本任务通过对运输经营风险管理、运输商务纠纷、运输服务质量管理及运输安全管理等运输商务管理知识的学习，注重培养学生分析和解决运输商务管理的综合能力。

【想一想】

浙江顺佳物流公司近几个月以来，接到的客户投诉越来越多，客户流失量也比较大。业务部负责人张先生召集本部门人员开会研究，商量如何处理这一问题。如果你是顺佳物流公司的一名业务员，你认为顺佳物流公司可能是哪些方面受到客户的投诉？怎样提高顺佳物流公司的服务质量？

运输商务是指交通运输企业在经营客货运输业务的过程中，面向运输市场而开展的各种经济行为的总称。

运输商务管理是有关运输生产活动中的运输风险管理、运输商务纠纷及处理、运输质量管理、运输安全管理等各项业务管理活动的总称。

6.3.1 运输经营风险管理

1. 经营风险的种类

经营风险的种类见表 6-1。

表 6-1 经营风险的种类

标准	类别	定义或分类
按经营流程分类	营销阶段风险	如押金风险、价格风险、飞单风险、套现风险等
	运作阶段风险	如飞货风险、货损或货差风险、车辆事故牵带货物受损风险、资金结算风险、配载操作风险等
按产生风险的客观原因分类	可控风险	指可在人力控制范围内,通过主观控制能够解决的风险
	不可控风险	指不以人的意志为转移的客观发生的风险,如自然灾害风险等

2. 各经营流程环节的风险及其控制

1) 营销阶段风险

(1) 押金风险。物流运输企业在为厂家或商家提供全方位物流运输代理时,厂家或商家会要求物流运输企业提供一定数量的风险保证金作为押金(少则几万,多则几十万),以保证其货物的安全程度。

① 客户的整体实力和综合效益。这部分客户的运费一般是按月结算,如果客户的企业管理经营不善,效益低下,常有倒闭情况发生,往往不但结算不了运费,连押金也一并无法收回。因此在选择这部分客户时,一定要对其经营资质、综合实力、资金能力、企业管理现状等进行周密细致的考察评估和分析,做出正确判断后再行决定,避免发生损失。

② 押金骗局。不法分子利用物流运输企业急功近利的心理,常注册一家公司或做一张假营业执照,谎称货物运输外包招标,物流企业一旦中标,他们就会要求将押金打入他们预先设置的账号,收到押金后即逃之夭夭。一般这种情况下,这些公司都没有实业,出价较高,装出索要回扣的样子,其实多数是圈套。在识别这类骗术时,要注意客户实力及经营资质,必要时要到工商管理部门核实,对其历史情况及诚信情况摸清查实,防止被骗。

(2) 价格风险。价格风险是指合同签署时没有根据全年价格综合情况确定服务价格,而是依据签署时的低位价格签订了全年统一的价格合同,忽略了全年价格波动因素,从而引起高位价格执行时的收益缺失。

因此,物流运输企业在执行某个项目操作时,应充分考虑到必要的毛利率,从而计算出毛利金额,在签署项目合同时的市场价低就会导致合同价格偏低,根据市场价格变动情况,衡量全年综合均价,并加以说明,在适当的时候予以调整,避免价格损失,也可考虑根据淡旺季制定变动价格,降低价格风险程度。

(3) 飞单风险。飞单风险是指企业营销人员以公司名义,将所做业务收入占为己有而损害企业利益的行为风险。针对飞单风险,企业应该制定相应的销售管理制度,并对其进行经常性的素质培训和教育,制定合理的分配政策,从而杜绝飞单现象发生。

2) 运作阶段风险

(1) 飞货风险。飞货风险是指物流企业租用的承运人将公司货物装车后部分或全部私自拉走，隐匿占为己有的一种违法行为，主要包括三种情况：将所送货物占为己有；将所提货物占为己有；长途车辆将所装全部干线货物占为己有。

一般被"飞"的货物有以下几个特点：货物价值较高；货物适用性强；货物通用性好；货物变卖较容易。所以企业在组织货源时就要对货物进行及时有效的风险评估，建立必要的审计程序。

 知识链接

杜绝飞货发生应做好的工作

为杜绝飞货事件发生，要做好以下几个方面的外请车辆管理工作。

（1）查验外请车辆。

（2）检查车辆的使用年限和新旧程度，破旧车辆的飞货的可能性高。

（3）证照齐全，真实有效。飞货的车辆行驶证和驾驶员的驾驶证通常都是假的，应通过各种合理手段判别车辆和驾驶员的真实性，包括网上查询、电话询问核对等。

（4）核对驾驶员住宅固定电话不低于两部（不包括小灵通）。要在驾驶员报出后立即核对，核实双方关系、外部特征等，不厌其细。

（5）对所使用车辆的完全资料档案加以管理，包括车辆型号、购置时间、行驶证复印件、驾驶员本人驾驶执照、车辆正侧面照片、驾驶员全身近照、家庭和亲属的电话号码、挂靠单位证明、联系电话和联系人等，要形成独立的档案管理系统。

(2) 货损及货差风险。货损及货差风险指在运作过程中，装卸、运输、入库、出库等环节产生的货物破损和货物数量差异引起的赔付风险。

 知识链接

货损及货差

（1）引起货损的主要原因包括在操作过程当中，装卸人员操作不当造成损坏；在运输途中，因挤压碰撞造成的损坏；因配载不合理，以重压轻，将货压坏。

（2）引起货差的主要原因包括提货、装车点数不准确；丢失；分装时发错方向。

（3）降低货损及货差的有效手段包括制定科学合理的操作流程和管理规定；按配载要求进行装车；对驾驶员进行货物安全教育；培养员工的工作责任心。

(3) 车辆事故牵带货物受损风险。承运车辆会经常发生各种事故，如碰撞、翻车、火灾等，都会引起货物损坏，甚至整车货物损失。

要防止车辆事故，就要经常性地对车辆驾驶人员进行安全行驶教育，督促驾驶人员对车辆进行保养、维护和安全检查，尤其是车辆制动系统、转向系统、注意观察轮胎的磨损程度和耐受力，杜绝超载、超高、超宽负载行驶。

(4) 资金结算风险。资金结算风险是指因回单丢失、到货延时及其他事件导致不能正常结算运费收入的风险。

月结客户一般结算运费时要求有托运方托运单、承运方运单、收货方收货确认后需返回的回单。托运方托运单及承运方运单一般不易丢失，收货方收货确认回单因为有在途时间，尤其是跨省跨区域运输，很容易丢失，所以回单管理是一项非常重要的管理内容。

 知识链接

回单管理

进行回单管理可从以下四个方面进行。

（1）建立回单统计台账。具体管理内容包括回单发出日期、回单要求返回日期、承运单位回单联系人及电话、回单签署要求等。

（2）确立专人进行回单管理，明确责任，制定制度，对人为回单管理不善要进行处罚。

（3）定期跟踪。对指定日期内未返回的回单要查明原因，出具异常情况报告书。

（4）对回单要求应严格。涉及托运方货款结算的回单要在回单签收后的第一时间内用传真回传一份。

（5）配载操作风险。配载操作风险是指装车过程中不按规范操作，造成车辆装载偏轻或偏重、前重后轻、上重下轻等情况，导致压烂货物或翻车事故产生货损的风险。

（6）丢失货物风险。丢失货物风险是指货物在整个运作过程中丢失的风险，一般在长途运输中被盗丢失的情况较多。

（7）企业安全风险。企业安全风险是指对企业构成严重危害，给企业造成巨大损失的风险。物流企业要有针对性地制定有效的防范措施，建立可行的安全制度，在仓库、车厢内严格禁止吸烟和明火作业，对搬运操作人员和车辆驾驶员要进行耐心细致的培训教育等。

3. 风险转移及预防

1）风险转移

（1）购买保险。目前保险公司都开办了货物运输险，分为基本险和综合险两种。基本险主要是事故风险，每批次都要根据声明价值投保。综合险涉及面较宽，基本覆盖了所有风险可能，投保时要测定全年货运总价值确立投保费率，一次性缴费，投保期内所发生的所有风险均可获取赔偿。

通过购买保险的方式，可将风险降至最低点，由于有免赔额，虽然不可能获得100%赔付，但可以大大减轻企业的赔偿负担。

（2）收取押金。通过对固定的承运商收取一定数额的押金，货物发生意外时可抵扣押金，这也是降低风险的一种重要方法。

（3）按月结算。对业务相对固定的线路实行按月结算的方式，出现货损货差后，在结算额中抵减。

2）风险预防

（1）提高员工基本素质。员工的工作责任心和工作态度，对风险的控制有非常重要的作用。员工素质与风险控制程度关系非常紧密，许多风险都可以因为员工素质的提高得到控制，诸如货损货差、飞货、配载操作等人为因素多的风险，都可通过员工的工作责任心防患于未然。

（2）建立完善的工作制度和严密的操作流程，能够约束员工严格按章操作。严密的操作流程是防止风险漏洞，如飞货风险的有效手段，对于外请车辆的管理严格按流程操作，就会避免风险的发生。

（3）提高员工的操作技能和技术水平。要经常性地对员工的技能技术组织定期培训，对于技术要求严格的岗位要配有专人指导，使全体员工在技能技术上都能胜任工作要求。如对证件真伪的识别能力、装卸车操作技能、车辆驾驶技术等。

(4)公司关怀员工能降低风险程度。公司关怀员工的程度决定着员工对企业的责任心和负责态度,因此给予员工足够的关怀,使员工以公司为家,事事细心,高质量地完成工作,对风险的预见性就会明显提高,能够极大地降低风险发生的概率。

6.3.2 运输商务纠纷及处理

运输纠纷属于民事争议的一种,是指在运输过程中由承运人因货损等各种原因造成货方的损失所引起,也可能因货方的原因造成对承运人的损害所引起。其解决方式有多种,如双方协商、调解、仲裁和诉讼。各种解决方式各有利弊,关键是针对具体争议的特点采取相应的争议解决方式。

1. 运输纠纷的类型

运输纠纷归纳为以下几种,见表6-2。

表6-2 运输纠纷

类 别	特 点
货物灭失纠纷	造成货物灭失的原因很多。例如,因承运人的运输工具,如船舶沉没、触礁、飞机失事、车辆发生交通事故、火灾等;因政府法令禁运和没收、战争行为、盗窃等;因承运人的过失,如绑扎不牢导致货物落海等。当然,也不排除承运人的故意行为,如恶意毁坏等
货损、货差纠纷	货损包括货物破损、水湿、汗湿、污染、锈蚀、腐烂变质、混票等。货差即货物数量的短缺。货损、货差可能是由于托运人自身的过失造成的。如货物本身标志不清、包装不良、货物自身的性质和货物在交付承运人之前的质量、数量与运输凭证不符等
货物延迟交付纠纷	因承运货物的交通工具发生事故,或因承运人在接受托运时未考虑到本班次的载货能力而必须延误到下一班期才能发运,或者在货物中转时因承运人的过失使货物在中转地滞留,或者因承运人为自身的利益绕航而导致货物晚到等
单证纠纷	承运人应托运人的要求倒签、预借提单,从而影响到收货人的利益,收货人在得知后向承运人提出索赔,继而承运人又与托运人之间发生纠纷;或因承运人(或代理人)在签发单证时产生失误引起承托双方的纠纷;也有因货物托运过程中的某一方伪造单证引起的单证纠纷
运费、租金等纠纷	因承租人或货方的过失或故意行为,未能及时或全额交付运费或租金所发生的纠纷;或者因双方在履行合同过程中对其他费用,如滞期费、装卸费等意见没有达成一致而产生的纠纷。该种纠纷应该严格按照合同的条款来履行
运输工具损害纠纷	因托运人的过失,如没有把货物的具体情况说明而选择运输工具不当,或者是运输过程中做法不当,进而在运输过程中对承运人的运输工具产生了损害而引起的纠纷

2. 运输纠纷解决的方法

我国解决运输纠纷一般有四种途径:协商、调解、仲裁和民事诉讼。其中仲裁和民事诉讼是司法或准司法解决途径。运输纠纷出现后,大多数情况下,纠纷双方会考虑到多年的或良好的合作关系及其他商业因素,相互让步以争取友好协商解决,同时也为以后的进一步合作打下基础。但有些纠纷因双方之间的分歧比较大,无法通过协商解决的,双方可以寻求值得信赖的行业协会或组织进行调解，在此基础上达成和解协议，解决纠纷。但也会有一部分纠纷经过较长时间的协商，甚至在行业协会或其他组织介入调解的情况下仍然无法解决，双方只能寻求司法或准司法的途径解决。

1) 协商

在运输纠纷的解决过程中，协商属于典型的"私了"，是在遇到一般的运输纠纷时，通过协商、谈判寻找双方都能接受的解决方案。通过协商谈判解决运输争议是有条件的，在条件不具备时，或者难于达成合意，或者由于所达成的合意没有约束力的，那么协商将会导致较大的风险和重复的成本。

2) 调解

在我国，通常把调解定义为在第三方支持下，以国家法律、法规、规章和政策及社会道德为依据，对争议双方进行斡旋、劝说，促使他们互相谅解、进行协商，自愿达成协议，消除纷争的活动。

3) 仲裁

（1）仲裁的含义及特性。仲裁是指争议当事人在自愿基础上达成协议，将争议提交非司法机构的第三者审理，由第三者做出对争议各方均有约束力的裁决的一种解决争议的制度和方式。仲裁具有自愿性、专业性、灵活性、保密性、快捷性、经济性和独立性的特性。其中自愿性是仲裁最突出的特性，仲裁的双方必须以自愿为前提。

（2）仲裁机构。仲裁机构是指依法有权根据当事人达成的仲裁协议，受理一定范围内的民商、经济争议并做出强制性裁决的组织。一般情况下，仲裁机构具有以下特征：①一般仲裁机构行驶仲裁权的前提是双方当事人自愿达成的仲裁协议；②仲裁机构仅能对法定范围内的争议进行仲裁；③仲裁机构本身没有决定和采取强制性措施的权利；④仲裁机构的裁决对当事人有强制性。

（3）仲裁程序。从当事人向仲裁委员会提出仲裁申请，就进入了仲裁程序。仲裁程序是指由法律规定的仲裁机构处理争议所需经过的步骤，一般包括申请和受理、组成仲裁庭、开庭和裁决等几个主要的必经环节。

① 申请和受理。当事人申请仲裁应当符合下列条件：有仲裁协议；有具体的仲裁请求和事实、理由；属于仲裁委员会的受理范围。

当事人申请仲裁应当向仲裁委员会递交仲裁协议、仲裁申请书及副本。仲裁委员会收到仲裁申请书之日起5日内，认为不符合受理条件的，应当书面通知当事人不予受理，并说明理由。

凡是符合上述条件的仲裁申请，仲裁机构应予受理。受理是指仲裁委员会经过审查对符合法定条件的仲裁申请予以接受。受理表明仲裁机构已立案，打算处理该案件。根据《中华人民共和国仲裁法》（以下简称《仲裁法》）第二十四条规定："仲裁委员会收到仲裁申请书之日起5日内，经过审查，认为符合受理条件的，应当受理，并通知当事人；认为不符合受理条件的，应当书面通知当事人不予受理，并说明理由。"

特别提示

需要指出的是，对于没有提交仲裁协议或者仲裁事项或者事实不清的申请，仲裁机构在不受理的时候，可告诉当事人补交或者补正。

仲裁委员会受理仲裁申请后，应当在仲裁规则规定的期限（5日）内将仲裁规则和仲裁员名册送达申请人，并将仲裁申请书副本和仲裁规则、仲裁员名册送达被申请人。被申请人收到仲裁申请书副本后，应当在仲裁规则规定的期限(15日)内向仲裁委员会提交答辩书。仲裁委员会收到答辩书后，应当在仲裁规则规定的期限内将答辩书副本送达申请人。被申请人未提交答辩书的，不影响仲裁程序的进行。

② 组成仲裁庭。仲裁庭可以由三名仲裁员或者一名仲裁员组成。当事人约定由三名仲裁员组成仲裁庭的，应当各自选定或者各自委托仲裁委员会主任指定一名仲裁员为首席仲裁员。当事人约定由一名仲裁员成立仲裁庭的，应当由当事人共同选定或者共同委托仲裁委员会主任指定仲裁员。当事人没有在仲裁规则规定的期限内约定仲裁庭的组成方式或者选定仲裁员的，由仲裁委员会主任指定。

③ 开庭和裁决。仲裁委员会组成仲裁庭后，就应依法开庭进行仲裁。开庭和裁决是仲裁程序中主要的环节。

④ 申请撤销裁决。当事人提出证据证明裁决有下列情形之一的，可以向仲裁委员会所在地的中级人民法院申请撤销裁决：没有仲裁协议的；裁决的事项不属于仲裁协议的范围或者仲裁委员会无权仲裁的；仲裁庭的组成或者仲裁程序违反法定程序的；裁决所根据的证据是伪造的；对方当事人隐瞒了足以影响公共裁决的证据的；仲裁员在仲裁该案时有索贿受贿、徇私舞弊、枉法裁决行为的。

⑤ 执行。当事人应当履行裁决。一方当事人不履行的，另一方当事人可以依照《中华人民共和国民事诉讼法》的有关规定向人民法院申请执行。

4) 民事诉讼

(1) 民事诉讼的含义。民事诉讼是指人民法院在双方当事人和其他诉讼参与人参与下审理和解决民事案件的活动，以及由这些活动所发生的诉讼关系。民事诉讼就其本质而言，是国家强制解决民事纠纷的一种方式，是权利主体凭借国家力量维护其民事权益的司法程序。

(2) 民事诉讼的程序。民事诉讼的审判程序可以分为第一审普通程序、简易程序、第二审程序、特别程序等。

3. 索赔时效和诉讼时效

在运输中，特别是在国际运输过程中，经常会出现当事人双方或几方的各种纠纷，其中有相当一部分是难以协调的，如果必须诉之于司法或准司法机构，则需要注意索赔时效和诉讼时效问题。索赔时效和诉讼时效是由法律规定的一段特定的时间，其目的是为了促进当事人各方及时行使和保护自己的权利，早日消除不确定的法律关系。如果一方当事人超过时效才行使自己的索赔和诉讼请求权，则通常会丧失胜诉权。

1) 公路运输时效期规定

因公路运输纠纷要求赔偿的有效期限，从货物开票之日起，不得超过6个月。从提出赔偿要求之日起，责任方应在2个月内做出处理。

2) 铁路运输时效期规定

发货人或收货人根据铁路运输合同向铁路方面提出赔偿请求，以及铁路方面对发货人或收货人关于支付运送费用、罚款和赔偿损失的要求，可在9个月内提出；货物运到逾期的赔偿请求应在2个月期间内提出。上述期限按如下方法计算。

(1) 关于货物部分灭失、毁损、重量不足、腐坏或由于其他原因降低质量，以及运到逾期的赔偿请求，自货物交付之日起算。

(2) 关于货物全部灭失的赔偿请求，自货物运到期限届满后 30 天算起。

(3) 关于补充支付运费、杂费、罚款的赔偿请求，或关于退还上述款额的赔偿要求，或由于运价适用不当及费用计算错误所发生的订正清算的赔偿请求，自付款之日起算，如未付款，从货物交付之日起算。

(4) 关于支付变卖货物余款的赔偿请求，自变卖货物之日起算。

3) 海运时效期规定

《中华人民共和国海商法》规定，就海上货物运输向承运人要求赔偿的请求权，时效期间为 1 年，自承运人交付或者应当交付货物之日起计算。在时效期间内或者时效期间届满后，被认为负有责任的人向第三人提起追偿请求的，时效期间为 90 日，自追偿请求人解决原赔偿请求之日起计算。

有关航次租船合同的请求权，时效为 2 年，自知道或者应当知道权利被侵害之日起计算。

4) 航空运输时效期规定

根据《统一国际航空运输某些规则的公约》（以下简称《华沙公约》）对航空运输索赔时效期的规定，分货物损害和货物延迟两种情况区别对待。前者索赔时效是 7 天，后者的索赔时效是 14 天。但《修订 1929 年 10 月 12 日在华沙签订的统一国际航空运输某些规则的公约的议定书》（以下简称《海牙议定书》）对此做了全面的修改，将货物损害索赔时效延长至 14 天，将货物延迟的索赔时效延长至 21 天。至于诉讼时效，则自航空器到达目的地或应该到达之日起，或运输停止之日起两年内。

6.3.3 运输服务质量管理

1. 服务质量的概念

服务质量可以从两个方面来衡量，即服务的技术质量和功能质量。服务的技术质量与服务的产出有关，指的是服务的硬件要素，是在服务生产过程和交易双方的接触过程中客户所得到的客观结果；服务的功能质量指的是服务态度及员工行为等软件要素，它是在服务生产过程中，通过交易双方的接触，客户经历服务过程所产生的感受。服务的技术质量在于客观的评估，而服务的功能质量则具有主观色彩，一般很难客观地评定。服务的设计质量主要影响服务的技术质量，服务的生产质量和传递质量则完全决定了服务的技术质量。服务人员和客户之间的关系主要对服务的功能质量产生重要影响，双方越是相互理解和合作，服务质量越好。

一个完整的服务质量模型可概括地用图 6.2 表示，服务质量的主要目标是追求最好的客户感知质量。

图 6.2 服务质量的一般模型

2. 运输服务质量的特征

运输服务的质量一般从以下几个方面来衡量。

1）可靠性

可靠性是指货物送达时间的一致性。可靠一致的集货和配送时间可以使托运人或收货人优化存货水平并使缺货成本最小。不可靠的货物送达时间会导致为了防止缺货情况发生而增加库存水平，否则就提高缺货成本。这是托运人购买运输服务的基本考虑。

2）运送时间

运送时间与企业客户的订货周期相关，即在进行订货之后运送货物需要花费的时间。

运送时间直接影响存货水平和存货成本。货物运送时间越长，存货水平就越高，存货时间就越长，它直接影响供应链的存货成本。

运送时间越长，潜在的缺货成本越大，就会失去很多销售机会，失去了获得潜在销售利润的机会。较短的货物运送时间减少了潜在的缺货成本。在许多竞争性市场上，现在强调的越快越好，即所谓"快鱼吃慢鱼"。

3）可达性

可达性是指运输提供者从特定的起点到终点运送货物的能力。如果一种运输方式在起点到终点之间不能提供直接的服务，将会导致额外的成本和运送时间。通常情况下，汽车运输方式比铁路、水运、航空运输方式具有更好的可达性。

4）受理能力

受理能力即承运人满足特殊服务需求的运输能力。例如，对运输设备、设施及通信系统有独特的要求，要求对运输温度进行控制的产品必须使用安装冷冻设备的车辆，对时间要求严格的货物需要配备实时通信系统以准确控制货物的在途位置和到达时间。另外，从销售的角度考虑，需要提供进行货物拼装或分装的设备以降低总的运输成本和时间，进而维持或提高产品的市场销售。

5）安全性

安全性关注的是运输中货物的安全问题。在运输中受损或丢失的货物会引起存货或缺货成本的上升，受损的货物不能继续出售，买主(收货人)可能面临停产。为了防止受损货物所引起的存货增加又会导致存货成本的增加。

6）沟通

沟通涵盖了诸如货物追踪、回答客户询问、订货和信息管理等活动。目的是托运人可以随时知道货物的运输过程轨迹。此外，沟通还意味着公司会倾听客户心声，发现他们的需要，并且尽力去满足。

7）诚信

诚信指的是公司要信守它向客户做出的承诺。

3. 提高运输服务质量的途径

为了提高公司提供的运输服务质量，管理者必须做以下事情。

1）理解客户需求

管理者通过调查研究，了解什么服务是客户最为看重的，他们为此愿意支付多少货币，这是绝对必要的。管理者利用由此获得的信息，进行成本-效益分析。在这种分析中，可根据客户向公司提供利润的多少对客户进行细分。客户服务策略就被用来满足特定的需要。管理者应当向客户提供他们所需要的服务，而不必在客户是否必要的问题上花费太多精力。

2）了解服务水平

由于运输业中的行业法规、员工和客户等的不可控因素能够推翻公司精心设计的计划，因此管理者必须持续获得客户的反馈，以确保服务质量问题可以迅速确认并加以解决。客户调查和面谈，连同个人的经历会提供有用的帮助。让员工扮演客户角色，从而评价服务绩效，使管理者对买主所获得的客户服务有一个深刻的了解。

3）培训员工

员工必须理解公司的客户服务战略，从而定位他们在实施这些计划中的角色。例如，客户经常与车辆驾驶者和订单文员或跟单员等一线员工进行服务接触。因此，对于许多客户来说，公司的客户服务是由整个公司的基层人员完成的。员工理解他们在提供客户服务中扮演的关键角色，参加完成他们的任务所必需的技能培训，这是至关重要的。

4）开展全员营销

许多组织正在采用这样一种观点，即客户服务与公司内部相关。也就是说，管理者把收益生产过程中每一阶段的员工作为公司内部"客户"。换言之，在下一个员工从事工作之前，前一个员工必须圆满地完成特定的任务。管理者必须使公司内部服务失败的可能性降至最低，因为这些失误可能会增加外部客户不满的可能性。通过满足公司内部客户的需求，这些公司提高了满足最终买主需求的能力。当然，公司内部客户服务系统的性质与向最终消费者提供的服务不同。但是，其意图是相同的，即通过比竞争者更能满足客户需求的服务，从而实现公司的目标。

6.3.4 运输安全管理

1. 运输安全管理的意义和内容

运输安全管理是关系到保护人民生命和国家财产的重大问题。商品能否安全地运达目的地，对于增加国家财富、促进生产发展有着重要意义。只有及时、准确、安全、经济地把商品从生产地运达销售地，才能满足工农业生产和人民生活的需要，才能促进社会再生产过程的顺利运行，更好地为经济建设服务。

商品在运输过程中，一般要经过发货、收货或中转及装卸、搬运等环节，有的商品要经过长途运输、多次变换运输工具等环节。为保证商品在运输过程中的安全，有关部门都制定了相应的规章制度和安全操作规程，并要求严格执行。商品运输如果不注意安全管理工作，不遵守交通运输部门的规章和商业部门内部的规定，必然会加大各种货损、货差等事故发生的概率，增加运杂费用，甚至会人为地造成火灾、翻车、沉船等重大事故，给人民生命和国家财产造成不应有的损失。

运输安全管理的内容主要包括两个方面：一是防止运输事故的发生；二是减少商品运输损耗。前者是防止在运输或装卸过程中发生人身伤亡，商品毁损、短缺、残损、变质、水湿、盗窃、包装破漏，以及单货不符、单货不同所造成的损失或差错等事故。后者是指减少在运输或装卸过程中，由于商品的物理、化学或生物变化等自然原因所引起的商品减量和变质。如蔬菜、水果的水蒸发、霉烂变质，油料及化工产品的挥发，食糖的受潮结块或融化等。

2. 运输安全管理的基本措施

要实现运输安全管理，必须坚决贯彻"以防为主"的方针，牢固树立"安全第一"的思想，防患于未然，以防止各种货损、货差事故发生，确保人身、商品和运输设备的安全。为此，需要采取以下措施。

（1）加强对运输安全管理的领导。加强领导是做好运输安全管理的重要前提。各级运输部门和企业要有专门的领导分管安全管理工作，特别是基层企业，除了有领导干部分管安全管理工作外，应有一定的组织形式或专门人员具体负责日常的运输安全工作，并结合本单位的实际情况，制定切实可行的运输安全措施，定期检查安全情况，总结经验教训，不断推动安全管理工作的开展，以确保运输安全。

（2）建立和健全运输安全管理的规章制度。有关运输的规章制度，如《铁路货物运输规程》《联合运输单证统一》《危险货物运输规则》等都是在长期运输实践中逐渐形成的规章制度，运输部门必须坚决贯彻执行。此外，各运输企业对于在运输过程中涉及的有关装卸、搬运、收货、发货、押运等环节也要制定相应的安全管理制度，并采取分级管理、逐级检查、责任到人、实行奖惩的办法加以贯彻执行，以防止和避免运输事故的发生。

（3）加强内外协作，相互督促检查，确保运输安全。商品运输主要是靠企业内部各个环节和公路、铁路等交通运输部门之间分工负责、相互协作来完成的，如果有一个方面或一个环节的工作配合得不好，就可能引起商品运输事故的发生。

（4）加强运输包装的管理。运输包装对保证安全运输、保护商品质量完好，方便装卸、搬运、交接和开展商品运输集装化、提高运输工作效率等都具有重要的作用。具体要求是：在运输包装物方面，要根据商品的性质、价值、体积、重量等因素合理选用包装形式和包装材料；在运输标记、标志方面，如地区标记、商品重量体积标记、指示性标志及其他标记、标志等，必须严格按国家有关规定进行刷写，文字要清晰，图案要清楚，不写同音异字或不规范的简化字，颜色要不易褪色、褪落；在利用旧包装物时，对旧包装的标记、标志要彻底消除，以防混淆而造成不应有的差错发生。

3. 特种商品运输的安全管理

特种商品是指物理化学性质上具有某些特殊性质的商品，如化工危险品、鲜活易腐商品、易碎流汁商品等。对这些商品的运输必须采取相应的防护措施，才能完整无损地运达目的地，所以称为特种商品运输。由于这些商品的性质特殊，如危险品具有爆炸、着火、腐蚀、毒害、放射等特性；鲜活易腐商品具有容易变质、霉烂等特性；易碎流汁商品易渗漏和发生污染等，因此在运输过程中，一旦发生事故，轻则影响人民的日常生活，重则危害人民生命财产的安全。

上述这些特种商品，在运输过程中要保证安全运输，必须做到以下五个方面。

（1）在发运时，首先要检查运输工具的技术状况，按照商品的特性来选择和调配适用的运输工具，对与商品性质相抵触或影响运输安全的因素要及时研究并提出改进措施。同时，商品的外部状况要符合运输的要求，如不符合要求时，要督促有关部门按规定办理，严禁对不符合运输要求的商品进行运输。

（2）在商品装卸时，要本着"轻拿轻放，重不压轻"的原则，严禁随意装卸。因为这些商品性质特殊，如果装卸不慎，容易发生运输事故或留有隐患。

（3）在使用装卸机具堆装这些商品时，除了与承运部门认真交接外，还要注意做好加固工作，以防止意外发生。

（4）在运输过程中，派有押运人员的要明确其职责，押运人员要负责经常检查；未派有押运人员的应与有关部门说明情况，以期引起重视。

(5) 接运时要认真检查运输工具的有关部位，如窗、门、钩扣及铅封有无异状；有关货物运输凭证是否与商品相符，是否齐全；商品的包装有无破漏等。如有问题，要及时向有关部门索取货运记录，同时协同有关部门采取措施进行抢救，以免扩大损失。

项目小结

本项目主要介绍了货物的到达交付：公路运输货物的到达交付、铁路运输货物的到达交付、水路运输货物的到达交付、航空运输货物的到达交付；货物装卸：运输工具积载、装载与卸载；运输商务管理：运输经营风险管理、运输商务纠纷及处理、运输服务质量管理、运输安全管理。

职业能力训练

一、概念题

1. 服务质量。
2. 运输商务。
3. 飞货。
4. 飞单。

二、简答题

1. 提高运输服务质量的途径有哪些？
2. 物流运输的风险按经营流程可分为哪几类？
3. 车辆积载中应该遵循的基本原则有哪些？
4. 简述公路运输货物交接业务。
5. 怎样衡量运输服务的质量？

三、计算题

某物资中心拟采用铁路运输三合板和瓷砖两种货物，三合板的单位质量体积为 $1.8m^3/t$，瓷砖为 $0.6m^3/t$，计划使用铁路车辆的载重量为 60t，车箱容积为 $71.6m^3$。试问，如何装载才能使该运输工具的载重能力和车箱容积都被充分利用？

四、实训题

货物的运输

2014 年 3 月 30 日，动力发动机厂有一批柴油发动机从上海运往广州白云区石区镇，现委托红星物流有限公司为其运输这批货物，出货单见表 6-3。付款方式为回单付，不办理保险，交货的方式是送货到门。

【实训目标】
熟悉公路运输作业的流程，重点训练学生掌握公路运输货物交付、装卸。

【实训内容】

根据模拟情景,训练学生完成从托运方提出运输需求开始,直到货物送达、运费结算完毕的整个操作流程。

【实训要求】

全班分组,每组不超过 8 人,设组长 1 名,由组长安排小组的进度,并负责总体的协调工作。

表 6-3 出货单

第一联 客户联

动力发动机厂出货单

收货人:张青　　联系电话:135××××××32

收货人地址:广东省广州市白云区石区镇 22 号

出货时间:2010-3-30　16:00　　　　要求送达时间:2010-4-2　16:00

柴油机型号	输出功率/kW	额定电流/A	频率/转速/[Hz/r(min)]	外形尺寸(L×B×H)/mm	重量/kg	件数
S195	8	14.4	50/1 500	1 450×700×800	302	5
S1100	10	18	50/1 500	1 450×700×800	306	3
S1110	12	21.6	50/1 500	1 300×700×1 200	386	2
2100D	15	28.8	50/1 500	1 550×700×1 000	510	4
395D	20	36	50/1 500	1 800×750×1 100	780	1

注:(1)客户在出货单上加盖单位公章,货运公司凭回单结算。

(2)出货单一式三联,第一联客户联,第二联货运公司联,第三联存底联。

【评价标准】

(1) 实训过程表现(20 分)。

(2) 实训结果(80 分)。

项目 7

特殊货物运输

任务 1 危险货物运输

【学习目标】

- 掌握危险货物的概念及其主要特征，理解危险货物运输的管理规定与业务规范。
- 能运用危险货物运输的有关法律法规，设计运输方案。
- 能组织与管理危险货物运输。

【任务描述】

以一票危险货物为载体，确认危险货物的种类及其特性、进行危险货物运输方案设计并组织运输。

【想一想】

河北省石家庄华康伟业医药化工有限公司崔先生运送 30t 化工原料要从石家庄市南石环 308 国道栾城口运到福建泉州。他应如何来完成此次运输任务？他应该具备什么样的知识帮助他尽快完成此次运输任务，并如何开展工作？

崔先生要解决运输问题，需要知道什么是危险货物，如何组织危险货物的运输。

7.1.1 识别和确认危险货物

1. 危险货物的定义

危险货物是指具有爆炸、易燃、毒害、感染、腐蚀、放射性等危险特性，在运输、储存、生产、经营、使用和处置中，容易造成人身伤亡、财产损毁或环境污染而需要特别防护的物质和物品。危险货物的定义包含以下三点要求。

（1）具有爆炸、易燃、毒害、腐蚀、放射性等性质。这是危险货物能造成火灾、灼伤、中毒、辐射伤害与污染等事故的先决条件。

（2）能引起人身伤亡和财产损毁。这是指危险货物在一定外界因素作用下，如受热、明火、摩擦、振动、撞击、渗漏及与性质相抵触物品接触等，发生化学变化所产生的危险效应，不仅使（危险）货物本身遭到损失，而且危及人身安全和破坏周围环境。

（3）在运输、储存、生产、经营、使用和处置中需要特别防护。

 特别提示

特别防护不仅是一般所说的轻拿轻放、谨防明火，而且是指针对各种危险货物本身的特性所必须采取的"特别"防护措施。例如，对某种爆炸品必须添加抑制剂，对有机过氧化物必须控制环境温度等。大多数危险货物的配载都有所忌物品。

以上三点必须同时具备，货物方可称为危险货物。例如，精密仪器防震动、易碎器具防破损都需要特别防护，但这些物品不具有特殊性质，一旦防护失措，不致造成人身伤亡或除货物本身以外的财物毁损，所以不属于危险货物。

2. 危险货物的分类

危险货物是一个总称，包括很多品种，《危险货物运输规则》列名的就有3 000 种以上。这些危险货物性质各异，危险程度参差不齐，有的还相互抵触。为了保证储运安全和管理的方便，有必要根据各种危险货物的主要特性进行分类。

我国 2012 年 5 月 11 日颁布并于 2012 年 12 月 1 日实施的国家标准《危险货物分类和品名编号》(GB 6944—2012)，将危险货物按其主要特性和运输要求分成九类 20 项：第一类：爆炸品；第二类：气体；第三类：易燃液体；第四类：易燃固体、易于自燃的物质、遇水放出易燃气体的物质；第五类：氧化性物质和有机过氧化物；第六类：毒性物质和感染性物质；第七类：放射性物质；第八类：腐蚀性物质；第九类：杂项危险物质和物品，包括危害环境物质。

3. 危险货物的确认

为了加强危险货物运输的管理，在具体确认某一货物是否为危险货物时，不能仅凭定义判断，这不仅在具体操作上有困难，因承、托各方不可能对众多的危险品在需要运输时再进行技术鉴定和判断，而且有时还会引起歧义和矛盾。所以，各种运输方式在确认危险货物时都采取了列举原则。各运输方式都有适合本运输方式的《危险货物运输规则》。各《危险货物运输规则》在对各危险货物下定义的同时，都收集列举了本规则范围内各种具体品名，并加以分类。我国国家标准《危险货物品名表》(GB 12268—2012)2012 年 5 月 11 日颁布并于 2012 年 12 月 1 日开始实施。该标准仅对危险货物的品名进行了规定，而对各品名的具体防护措施未作统一规定，留给各运输方式另作具体要求。据此，各运输方式结合自身的特殊性也相继发布了《危险货物品名表》。因此，危险货物必须是本运输方式《危险货物品名表》所列名的，才能确认、运输。要运输《危险货物运输规则》中未列名的、而性能确实危险的某些货物，必须根据各种危险货物的分类分项标准，由托运人提出技术鉴定书，并经有关主管部门审核或认可后，才能作为危险货物运输。

7.1.2 各类危险货物的特征和储运要求

1. 爆炸品

爆炸品是指具有爆炸性物质、爆炸性物品和为产生爆炸或烟火实际效果而制造的物质或物品。

1) 爆炸品的特性

(1) 爆炸性。爆炸是物质非常迅速地产生物理或化学变化而形成压力急剧上升的一种现象。爆炸反应主要是分解反应和燃烧反应。爆炸品发生爆炸的原因主要有两个：一是通过本身化学反应产生气体、温度、压力和速度的变化(不需接触火源)引起爆炸；二是接触火焰、受热或受震动、摩擦、撞击等外力作用或受其他物质激发时引起爆炸。爆炸性是爆炸品的主要危险。

衡量爆炸性的重要指标是爆速和敏感度。爆速是指爆炸品在进行爆炸反应时的传播速度，它是决定爆炸品威力大小的重要因素，传播速度越快，其威力越大，反之，则越小。例如，三硝基甲苯炸药(TNT 炸药)爆速为 6 900m/s，雷汞炸药爆速为 5 400m/s，则前者爆炸威力大于后者。敏感度是指爆炸品能进行反应所需要的最小起爆能。所需能量越小，其敏感度越高，反之，则越低。例如，四硝基甲烷的冲击感度为 2kg·m，硝酸甘油炸药的冲击感度为 0.02kg·m，则后者敏感度高于前者。敏感度对运输装卸安全影响极大。《国际危险货物运输规则》规定，极其敏感或会引起自发反应的爆炸性物质禁止运输。爆炸性物品是含有一种或几种爆炸物质的物品。有些爆炸品本身含有不同程度的毒性，在引起爆炸时，还会造成人员中毒。

(2) 吸湿性。绝大多数爆炸性物质或物品具有较强的吸湿性，当吸湿受潮后会降低爆炸性能，甚至失去作用。例如，黑火药在含水量为 2% 时，就不易引爆。但必须注意有些物品当水分蒸发后，仍可恢复其原来的爆炸性能。有些爆炸物质在受潮后会引起反应使它更加危险，在运输中应确保其干燥。

(3) 不稳定性。某些爆炸品遇酸或碱分解，或受日光照射分解，或与某些金属接触产生不稳定的盐类等特性，归纳起来，称为不稳定性。例如，雷汞遇浓硫酸会发生猛烈分解而爆炸；三硝基甲苯遇碱生成不安全的爆炸物，受日光照射会增加敏感度，更易引起爆炸；胶质硝酸甘油(爆胶)炸药低温冻结后，其敏感度会大增，当再熔化时危险性极大，易引起爆炸。有些爆炸品装有对外部能源极为敏感的电气起爆装置。例如，无线电发信机、雷达发射机、电磁辐射机等能产生外部能源，在运输装卸过程中应加以防护。

2) 公路运输爆炸品的安全要求

(1) 慎重选择运输工具。公路运输爆炸品货物禁止使用以柴油或煤气为燃料的机动车，自卸车、三轮车、自行车及畜力车同样不能运输爆炸物品。这是因为柴油车容易飞出火星，煤气车容易发火，三轮车和自行车容易翻倒，畜力车有时牲口受惊不易控制，这些运输工具对于安全运输爆炸品具有潜在危险性。

(2) 装车前应将货厢清扫干净，排除异物，装载量不得超过额定负荷。押运人应负责监装、监卸，点收、点交清楚数量，所装货物的高度超出部分不得超过货箱高的 1/3；封闭式车厢货物总高度不得超过 1.5m；没有外包装的金属桶(一般装的是硝化棉或发射药)只能单层摆放，以免压力过大或撞击、摩擦引起爆炸；在任何情况下，雷管和炸药都不得同车装运，或者两车在同时、同一场所进行装卸。

(3) 公路长途运输爆炸品时，其运输路线应事先报请当地公安部门批准，按公安部门指定的路线行驶，不得擅自改变行驶路线，以利于加强运行安全管理，万一发生事故也可及时采取措施处置；车上无押运人员不得单独行驶，押运人员必须熟悉所装货物的性能和作业注意事项等；车上严禁捎带无关人员和危及安全的其他物资。

(4) 驾驶员必须集中精力，严格遵守交通法规和操作规程。行驶中注意观察，保持行车平稳。多辆车列队运输时，车与车之间至少保持 50m 以上的安全距离。一般情况下不得超车、强行会车，非特殊情况下不准紧急刹车。

(5) 运输及装卸工作人员都必须严格遵守保密规定，对有关弹药储运情况不准向无关人员泄露，同时必须严格遵守有关库、场的规章制度，听从现场指挥人员或随车押运人员的指导。装卸时必须轻拿轻放，严防跌落、摔碰、撞击、拖拉、翻滚、投掷、倒置等，以免发生着火、爆炸。

3) 装卸爆炸品的安全要求

(1) 参与装卸的人员都必须严格遵守保密规定，不准向无关人员泄露有关爆炸品储运情况。同时，必须严格遵守有关库、场的规章制度，听从现场指挥人员或随车押运人员的指导。

(2) 装卸时，必须轻拿轻放，稳中求快，严防跌落、摔碰、撞击、拖拉、翻滚、投掷、倒置等。

（3）装车时，应分清爆炸品的种类、批号，点清数量，防止差错。

（4）装车不得超高、超宽；堆放要稳固、紧凑、码平，非封闭式货厢的车辆装车后必须盖好苫布，苫布边缘必须压入栏板里面，再以大绳捆扎牢固。

（5）当爆炸品受到强烈的震动、撞击、摩擦、跌落、拖拉、翻滚等作用时，容易发生严重后果，必须严加注意。

特别提示

爆炸物品在装卸过程中一定要轻拿轻放，严禁摔、掷、撞、翻滚等有剧烈震动的操作行为。

2. 气体

气体包括压缩、液化、溶解和冷冻液化气体，是指常温常压条件下的气态物质（一般临界温度低于50℃，或在50℃时的蒸气压力大于$3kg/cm^2$），经压缩或降温加压后，储存于耐压容器或特制的高强度耐压容器或装有特殊溶剂的耐压容器中，此类物质均属于压缩、液化、加压溶解气体货物。常见的有氧气、氢气、氯气、氨气、乙炔、石油气等。

特别提示

此概念是以物品的物理特征为依据的，并包括包装物和包装方式。在所有的危险货物中，只有这一类的货物以物理特征为分类的唯一依据，并在概念中定义了包装方式。

1）压缩、液化、加压溶解气体的特性

压缩、液化、加压溶解气体货物的危险性主要表现在以下四个方面。

（1）容易爆炸。压缩、液化或加压溶解的气体具有因受热、撞击、震动等影响，会引起钢瓶内气体压力增大，使容器有炸裂或爆炸的危险。高压气体按气体所处的状态，可分为压缩气体、液化气体和溶解气体。压缩气体是在常温环境下经加压不能液化的气体，如氢气、氧气、氮气等。液化气体是在常温环境下经加压能成为液体的气体，如氨气、氯气、乙烷气等。溶解气体是经加压后溶解在溶剂中的气体，使用多孔材料吸收。例如，乙炔单纯地在高压下压缩时，有发生分解或聚合性爆炸的危险，因此以丙酮为溶剂，使乙炔呈溶解状态装入容器中。此外，还有深冷液化气，它是在极低温下加压液化的气体，如液氧、液氢等。部分气体的临界温度和临界压力见表7-1。

表7-1 部分气体的临界温度和临界压力

气体名称	临界温度/℃	临界压力/kPa	气体名称	临界温度/℃	临界压力/kPa
氦气(He)	−267.9	229	甲烷气(CH_4)	−82.1	4 640.7
氮气(N_2)	−239.9	1 297	乙烯气(C_2H_2)	9.5	5 137.2
氢气(H_2)	−228.7	2 725.6	二氧化碳(CO_2)	31.1	7 386.6
氖气(Ne)	−146.9	3 398.4	乙烷气(C_2H_6)	32.27	4 336.7
一氧化碳(CO)	−140.0	3 495.7	氨气(NH_3)	132.3	11 277.5
氧气(O_2)	−118.4	5 035.9	氯气(Cl_2)	144.0	7 710.8
二氧化硫(SO_2)	−157.5	7 883.1	三氧化硫(SO_3)	218.2	8 491

知识链接

经加压能使气体液化的最高温度称为临界温度。在临界温度时使气体液化所需要的最低压力称为临界压力。这是了解液化气体的两个重要数据。通常临界温度低的气体处于压缩状态,而临界温度比常温高的气体则处于液化状态。在安全运输方面,液化气体比压缩气体更危险。

(2) 气体泄漏。高压气体不得泄漏。如果泄漏的气体为有毒气体,如氯化氢、磷化氢等,人体吸入能引起中毒死亡事故。如果泄漏的气体为易燃、助燃气体,如氢气、石油气等,遇火星极易引起燃烧事故。同时,还应防止与空气或泄漏的助燃气体形成爆炸性的混合气体。另外,氨气与氯气相混,经日光照射会引起爆炸。如果泄漏的气体为惰性气体,如氮气、二氧化碳等,在空气中浓度很高时,对人、畜有窒息性。

(3) 氧气与油脂类接触易燃烧。油脂类可燃物质在高压纯氧的冲击下,极易引起燃烧或爆炸。如果钢瓶上沾有油脂时,应立即用四氯化碳揩去。运输中氧气空钢瓶也不得与油脂类货物配装,防止残存氧气外泄引起燃烧事故。

(4) 注意比空气重的高压气体沉积。按气体密度的大小,气体可分为以下几种。
① "较空气为轻",其蒸气密度小于(不小于 1/2)空气的密度。
② "远较空气为轻",其蒸气密度小于空气密度的 1/2。
③ "较空气为重",其蒸气密度大于(不大于 2 倍)空气的密度。
④ "远较空气为重",其蒸气密度大于空气密度的 2 倍以上。

多数高压气体重于空气,泄漏后往往沉积于低洼处或船舱底部,不易散发,增加了潜在危险。某些易燃气体能扩散到相当距离外的火源处被点燃并将火焰传播开引起燃烧事故,如二甲胺、丁二烯等。

2) 压缩、液化、加压溶解气体的分类储运

《危险货物运输规则》对压缩、液化、加压溶解气体定义为易燃气体、不燃气体、有毒气体,分别定名为 2.1 类、2.2 类、2.3 类危险品。储运第 2.2 类气体货物时,必须把助燃气体和不燃气体区别开,储运助燃气体要遵守储运第 5 类危险货物——氧化剂的各项要求和规定;而储运第 2.3 类气体货物时,首先要确定这类气体的毒性指标是否满足《危险货物运输规则》第 6 类危险货物——毒害品中的有关规定,若满足,储运时必须严格按照这些规定组织运输。

3. 易燃液体

凡闭杯试验闪点(Flash Point)不高于 60℃,易散发出易燃蒸气的液体,或者液体混合物,或含有处于溶解或悬浮状态固体的液体(如油漆、清漆)均属易燃液体(但不包括因其危险性已列入其他类别危险货物的液体),如乙醇(酒精)、苯、乙醚、二硫化碳(CS_2)、油漆类及石油制品和含有机溶剂制品等。

1) 易燃液体的特性

(1) 极易燃烧性。液体燃爆前必须先蒸发后燃烧。易燃液体都是蒸发热(或汽化热)较小的液体,极易挥发蒸气并在空间扩散,同时易燃液体几乎都是有机化合物,其分子组成中含有碳原子和氢原子,极易与空气中的氧化合,只要极小的火星即可点燃,甚至与火焰相隔一定的距离仍可发生"返闪"现象,将货物点燃而引起燃烧,如乙醚、汽油、二硫化碳等。

 特别提示

易燃液体的易燃程度以闪点表示,闪点越低,表示该液体越易燃烧。所谓闪点,是指该液体的蒸气与

空气形成的混合物，遇明火出现瞬间闪光时的最低温度。当易燃液体温度高于闪点时，则随时都有被点燃的危险。闪点数据通过标准仪器测定，有开杯式（使用敞开的容器测定，用符号 O.C. 表示）和闭杯式（使用关闭的容器测定，用符号 C.C. 表示），同一物质用闭杯式比用开杯式测得的闪点数据值要稍低几度，闪点是衡量易燃液体危险性的主要数据。

（2）蒸气的易爆性。易燃液体挥发出的蒸气，与空气混合达到一定的浓度范围时，遇火星即可发生爆炸。这个爆炸的浓度范围称为爆炸极限，一般用该气体占的体积百分比表示，其最低浓度称为爆炸下限，最高浓度称为爆炸上限。爆炸极限越大，爆炸下限越低，危险性就越大。例如，二硫化碳的爆炸极限是 1.0%～50%，乙醇的爆炸极限是 3.3%～19%，二硫化碳比乙醇发生爆炸的机会更多、更危险。

（3）流动扩散性。易燃液体的黏度很小，液体极易流淌，还因渗透、毛细管引力、浸润等作用，即使容器只有细微裂纹，易燃液体也会渗出容器壁外，扩大其表面积并不断地挥发蒸气，增加了燃烧爆炸的危险性。大多数易燃液体比例比水轻且不溶于水，故发生燃烧时不宜用水扑救；否则，浮在水面上的易燃液体会向低洼处流动继续燃烧，扩大火灾区域。

（4）受热膨胀性。易燃液体的容器一旦受热，容器内的体积就会急剧膨胀，同时蒸气压也迅速提高，使密封容器内的压力升高，从而致使容器渗漏、变形或爆裂。因此，易燃液体应在阴凉场所存放，铁桶灌装时一般应留有 5% 的膨胀余位，低沸点液体的蒸气压力通常较高，容器的强度应有足够的抗压力安全系数，以确保安全。

（5）易积聚静电。大部分易燃液体，如醚类、酮类、脂类、芳香烃、石油及其产品等，在运输装卸过程中，往往由于与其他物质摩擦接触而产生静电，当静电荷积聚到一定程度时，就会产生放电而出现电火花，引起易燃液体蒸气燃烧爆炸的危险。

（6）有毒性。大多数易燃液体有不同程度的毒性，有的毒性较大，长时间吸入会引起中毒，如二乙胺、丙烯腈、二硫化碳等。尤其是较空气重的易燃液体的有毒蒸气会沉积在货舱底部或库房低洼处，引起潜在的危险。

2）易燃液体的分类储运

危险货物中品种最多、运输量最大的是易燃液体，最常见的是乙醇、苯和汽油。危险货物国际运输的主要方式是海运，国际海事组织（International Maritime Organization，IMO）的易燃液体的划分标准以联合国专家委员会的建议为基础，该标准也适合于大部分国家的国内运输状况，故正在逐步被世界各国接受。我国国家标准（GB 6944—2012）对易燃液体的定义与分级全部接受国际海事组织的标准，即规定闭杯试验闪点不高于 60℃ 或开杯试验闪点不高于 65.6℃ 为易燃液体，并根据闪点高低把易燃液体划分为三个包装类别。初沸点不高于 35℃ 的易燃液体，不论其闪点如何都用Ⅰ级包装，沸点 35℃ 以上的液体，视闪点（闭杯）的高低分别采用Ⅱ级和Ⅲ级包装组织运输，见表 7-2。

表 7-2 易燃液体包装类别

包装类别	闪点（闭杯）	初沸点
Ⅰ	—	≤35℃
Ⅱ	<23℃	>35℃
Ⅲ	≥23℃ 和 ≤60℃	>35℃

4. 易燃固体、易于自燃的物质、遇水放出易燃气体的物质

易燃固体是指燃点低，对热、撞击、摩擦敏感，易被外部火源点燃，燃烧迅速，并可能

散出有毒烟雾或有毒气体的固体，但不包括已列入爆炸品范围的物品，如赤磷、硫黄、萘、硝化纤维塑料等。

易于自燃物质是指自燃点低，在空气中易于发生氧化反应，放出热量而自行燃烧的物质，如黄磷和油浸的麻、棉、纸及其制品等。

遇水放出易燃气体的物质是指遇水或受潮时，发生剧烈化学反应，放出大量易燃气体和热量的物质。有些不需明火即能燃烧或爆炸，如钠和钾等碱金属、电石（碳化钙）等。

1）易燃固体、易于自燃的物质、遇水放出易燃气体的物质的特性

易燃固体、易于自燃的物质、遇水放出易燃气体的物质具有如下特性。

（1）燃点低，易燃或自燃。

（2）遇湿、遇水、遇酸、遇氧化物时，会发生剧烈化学反应。

（3）易与氧化剂形成混合物，具有爆炸性。

（4）具有毒害性或腐蚀性。

易燃性是本类物品的共同特性。对于易燃固体来说，常用燃点（物质的最低点火温度）作为其衡量和分级的标准。易燃固体的燃点越低，说明其发生燃烧的可能性越大。燃点低于400℃是衡量易燃固体的参考数据。

可自燃物质不需要明火，自行起火燃烧时的最低温度称为自燃点。易自燃物质会自燃，除了本身是可燃物质和与空气反应较快造成热量积聚两个条件外，最主要的原因是自燃点低。易自燃物质的自燃点一般都低于200℃。

2）易燃固体、易于自燃的物品、遇水放出易燃气体的物质的分类储运

《危险货物运输规则》对易燃固体、易于自燃的物品、遇水放出易燃气体的物质分别定名为4.1类、4.2类、4.3类危险品。储运过程中，因为第4.1类危险货物发生燃烧事故，都是由于接触明火、火花、强氧化剂、受热、受摩擦、撞击等引起的。所以只要在储运过程中能严格防止上述外因的作用，就可以做到保证安全。储运第4.2类货物时，要严格按照Ⅰ级、Ⅱ级自燃物品各自的包装要求进行特殊包装。Ⅱ级自燃物品，如黄磷要浸没在水中，不能有半点破损、渗漏；油浸棉麻纸制品要充分干燥后装入花格透笼箱，并保持良好的通风散热条件，尤其要慎防淋雨受潮。储运第4.3类货物时，要按照Ⅰ级、Ⅱ级遇湿易燃物品各自的特性，严格做好防水防潮工作。例如，碱金属要浸没在脱水矿物油中，电石桶要透气或密封充氮。

5. 氧化性物质和有机过氧化物

氧化性物质和有机过氧化物是指易于放出氧气从而促使其他材料燃烧并助长火势的物质。这类物质本身未必燃烧，但一般因容易分解放出氧气并产生大量的热可导致或促成其他物质的燃烧，甚至引起爆炸。有机过氧化物绝大多数是燃烧猛烈的，能起到强氧化剂的作用，并易于发生爆炸性的分解，能严重损害眼睛。

1）氧化性物质和有机过氧化物的特性

（1）强氧化性。在氧化还原反应中，从狭义上来讲，给出氧的物质就叫氧化性物质；从广义上讲，凡在化学反应中得到电子的物质，就称为氧化性物质。一种物质如果在反应中很容易给出氧或得到电子，就叫强氧化性物质。《危险货物运输规则》中所列的氧化性物质绝大多数是强氧化性物质或较强氧化性物质。

氧化性物质最突出的特性就是具有强氧化性。当氧化性物质遇到还原剂、易燃物或有机

物时，会引起激烈的化学反应，产生燃烧或爆炸。尤其是有机过氧化物，无论是液态还是固体，它们都能同其他物质发生危险反应。

（2）遇热分解。氧化性物质都具有遇热分解产生氧（或具有氧化性的气体）和高热的特性。例如，硝酸盐类（硝酸铵、硝酸钾等）遇热能放出氧化氮气体和氧气，氯化盐、高锰酸盐、过氧化钠等遇热都能加速分解出氧气，当分解激烈时会引起燃烧或爆炸。大多数有机过氧化物对热敏感，极易燃烧和爆炸，为降低其敏感性，不少是呈溶液状、糊状、用水浸湿或与惰性固体混合来运输的，当受热失水干燥会发生危险，如糊状的过氧化苯甲酰等。

（3）爆炸性。氧化性物质的爆炸性也较突出，一些氯酸盐类、硝酸盐类，尤其有机过氧化物，当其中混有可燃杂质（尤其是粉末状的物质）或经摩擦、震动、受热等作用后，这种爆炸性更加明显。例如，硝酸铵在吸湿结块后，用铁质或硬质工具猛烈敲击会迅速分解而发生爆炸；氯酸钾在堆码时铁桶之间发生撞击、摩擦也能引起爆炸；过氧化钠在受热情况下，遇到棉花、碳、铝粉等会引起爆炸；有机过氧化物与金属氧化物、铵类接触亦会引起爆炸。

（4）遇酸、遇水分解。绝大多数氧化性物质遇强酸类液体会发生剧烈反应，放出剧毒性气体，引起燃烧或爆炸。在运输中，硝酸盐类与硝酸、发烟硝酸可以配装，而与硫酸、发烟硫酸、氯磺酸不可以配装。无机氧化剂与有机氧化剂也不能相互配装，否则相互接触会产生化学反应而引起危险事故。

某些氧化性物质具有不同程度的吸水性，活泼金属的过氧化物（如过氧化钠、过氧化钾等）遇水会猛烈分解出原子氧，若遇有机物、可燃物时立即引起燃烧；铬酸迅速吸水后会变成铬酸；次氯酸钙（漂粉精）遇水后不仅能放出大量热及原子氧，容易引起可燃物着火，而且还会产生剧毒和腐蚀性的氯气。故氧化剂要求包装严密，需防潮和防水。

（5）有毒性和腐蚀性。氧化性物质一般都具有不同程度的毒性，有的还有腐蚀性，或分解时可散发毒性气体或腐蚀性气体。人体吸入、误食或接触皮肤可中毒，某些物质对眼睛、角膜能造成严重灼伤。例如，硝酸盐类、氯酸盐类都有不同程度的毒性，铬酸、过氧化钠都有腐蚀性等。

2) 氧化性物质和有机过氧化物的分类储运

《危险货物运输规则》中将第 5 大类的氧化性物质和有机过氧化物对应分为两个小类，即第 5.1 类和第 5.2 类。在危险货物的运输中，虽然从品种和运输量而言只占很小一部分，但造成的事故却占了不小比例。因此要严格按照各类货物的特殊要求进行分级包装，低温储运；并在包装、储运过程中，做好防酸、防热、防潮、防有机物接触的预防工作，特别要注意避免振动、冲击、摩擦和遇热现象的发生。

6. 毒性物质和感染性物质

毒性物质是指经吞食、吸入或与皮肤接触后可能造成人或动物死亡或损害人类身体健康的物质。感染性物质是指已知或有理由认为含有病原体的物质，这类微生物包括细菌、病毒、寄生虫、真菌等。

1) 毒性物质和感染性物质的特性

（1）毒害性。有毒物质少量进入人、畜体内或接触皮肤，即可引起中毒和死亡事故。不同的有毒物质，其毒性各不相同，它们的物理性质对毒性的大小有较大的影响。

① 可溶性。有毒物质可溶性愈大，其毒性也愈大。因为易溶于水的有毒物质易被人吸收。例如，氯化钡易溶于水，毒性较大，而硫酸钡不溶于水，则毒性较小。如不溶于水而溶

于脂肪和类脂质中，毒性也大，称为脂溶性毒性。它虽不与血液结合，但可与中枢神经系统之类脂质结合，表现出明显的麻醉作用，如苯、甲苯等。

② 挥发度。有毒物质在空气中的浓度与其挥发度有着直接关系。在一定时间内，有毒物质挥发度愈大，其毒性也愈大。挥发度的大小常与物质的熔点、沸点、蒸气压等有关。例如，溴甲烷的沸点为 4.6℃，极易引起挥发中毒事故。

③ 颗粒度。有毒物质可分为粉尘、烟尘、雾、蒸气和气体五种颗粒度状态，颗粒度愈小，其毒性也愈大。例如，散发于空气中的气态有毒物质（如一氧化碳、氰化氢等），要比液体蒸气或固体升华蒸气（如苯蒸气、萘升华气等）的毒性大。

量度毒性的单位一般以物质引起实验动物某种毒性反应所需的剂量表示，所需剂量（浓度）愈小，表示毒性愈大。常见使用单位有以下几个，见表 7-3。

表 7-3 量度毒性单位

毒性程度	定　义	单　位
半数致死量或浓度（以 LD_{50} 或 LC_{50} 表示）	指染毒动物半数死亡的剂量或浓度	mg/kg 或 mg/L
绝对致死剂量或浓度（以 LD_{100} 或 LC_{100} 表示）	指全组染毒动物全部死亡的最小剂量或浓度	mg/kg 或 mg/L
极限阈值（Threshold Limit Values，TLV）	指引起机体发生某种有害作用的最小剂量或浓度，即在周围环境内小于极限阈值时，不会引起人体、畜类中毒事故	空气中气体的百万分比

有毒物质毒害人体主要是通过吞咽、吸入和皮肤接触三种途径侵入体内的。毒害品毒性大小的划分可采用联合国危险货物运输专家委员会制定的标准。

(2) 遇酸、氧化剂分解。有毒物质除了具有强烈的毒害性外，还有一些物质遇酸会发生剧烈反应产生剧毒、易燃的气体，如氰化钠、氰化钾、磷化铝、磷化锌、乙基苯胺等。有些物质与氧化剂会发生剧烈反应，如乙基苯胺、磷化铝、磷化锌等。

(3) 遇水分解性。有些有毒物质遇水能发生分解反应，产生易燃、剧毒、腐蚀性的气体，引起燃烧或中毒事故，如磷化铝、氰化钾、氯化砷、溴化氰等。

此外，有些有毒物质遇碱类会发生反应，产生有毒的氨气、苯胺、氰氢酸气体等，如砷酸胺、苯胺盐酸盐、丙酮合氰化氢等。有些有毒物质遇热能分解出毒性气体。有些有毒物质与金属接触会发生反应。例如，砷酸会散发出剧毒的气体，二硝基苯酚等与重金属或其盐类能组成非常敏感的化合物。

2) 毒性物质和感染性物质的分类储运

国内外的各种危险货物运输规则都将毒性物质定为第 6.1 类危险货物，将感染性物质定为第 6.2 类危险货物。毒性物质的品种和数量在整个危险货物中占有很大的比例，仅次于易燃液体。储运毒性物质除须做好毒品本身的防明火、防高温、防与氧化剂接触，部分毒品的防酸、防水工作外，储运人员尤其要注意防毒、防腐蚀，要尽可能避免皮肤接触毒品。运输第 6.2 类危险货物需经有关卫生检疫机构的特许，其中经航空运输的占绝大多数。例如，某地发生疫情，而当地又无法确定疫情的性质和防治措施，需把疫苗运到研究所鉴定，空运是最快、最适合的运输方式。经豁免可以运输的禁止航空运输的危险货物，绝大部分属于此类。

7. 放射性物质

一些元素和它们的化合物或制品，能够自原子核内部自行放出穿透力很强而人的感觉器官不能察觉的粒子流（射线），具有这种放射性的物质称为放射性物质。《危险货物运输规则》中将放射性物品定义为放射性比活度大于 7.4×10^4 Bq/kg 的物质。

放射性物质有块状固体、粉末、晶粒、液态和气态等各种物理形态，如铀、钍矿石及其浓缩物，未经辐照的固体天然铀、贫化铀和天然钍及表面污染物体（Surface Contaminated Object，SCO）、可裂变物质、低弥散物质等。

1) 放射性物质的特性

(1) 放射性衰变和半衰期。放射性衰变是指放射性物质的原子核由于放出某种粒子而转变为新核的变化；而半衰期则是指放射性物质的原子数目因衰变而减少到原来的一半所需要的时间。

(2) 放射性活度和放射性比活度。放射性活度是指每秒内放射性物质发生核衰变的数目或每秒射出的相应粒子数目；而放射性比活度则是指单位质量（或体积）的放射性物质的放射性活度。

(3) 射线的剂量和最大容许剂量。射线的剂量是指射线照射到物质或生物体上时，被照射者所吸收的射线的能量；而最大容许剂量则是指人体所受到的对身体健康没有危害的最大射线照射量。

使用半衰期的概念是为了表示放射性元素衰变的快慢。这对于放射性物品的储运及内照射防护来说相当重要，因为这直接涉及储运的效益与价值，以及放射性物品对人体健康和安全的危害问题。其中，内照射是指射线进入人体内而没有穿透人体留在体内，由于电离作用而杀死人体组织细胞，使人的生理作用失调而使肌体受到的损伤。半衰期概念用放射性比活度表示放射性物质的活度减少到原来一半所需的时间。

使用放射性比活度可以确切地表示某种物质的放射性活度的大小，故各种运输方式的危险货物运输规则都以放射性比活度来度量某一种物质是否应列入放射性物质，并将放射性比活度大于 7.4×10^4 Bq/kg 的物质归于危险货物中的放射性物质，而放射性比活度小于 7.4×10^4 Bq/kg 的物质，因其放射性活度很小，不会对人体造成危害，故将其视为普通货物。

射线的剂量主要反映了物质或生物体吸收射线能量的大小。一般情况下，用吸收剂量表示单位质量的物质吸收辐射能量的大小，用当量表示人体对一切射线所吸收能量的剂量单位（Sievert，Sv），单位时间内所受到的剂量当量称为放射剂量当量率，简称剂量当量率，又称辐射水平。显然，时间越短，剂量的当量越大，该放射性物质的辐射水平就越高，放射危险性就越大。储运中将辐射水平转化为运输指数，以确定放射性货物的危险程度。运输指数是指放射性货包或货物外表面 1m 外最大辐射水平单位数值。

2) 放射性物质的分类储运

放射性比活度大于 7.4×10^4 Bq/kg 的物质，在国家标准的《危险货物运输规则》中被定为第七类危险货物。放射性物品按其放射性比活度或安全程度分为五个小类。因为不管放射性货物本身的辐射水平多高，一般情况下，经过屏蔽包转，在包装表面，其辐射水平总是可以控制在一定水平内的，所以，放射性货物按包件或集装箱的运输指数可以分为三个等级。其中，测不出运输指数的为Ⅰ级，在 0～1（包括 1）范围内的为Ⅱ级，在 1～10（包括 10）范围内的为Ⅲ级。对于放射性物质的储运来说，放射性货包主要根据其所装货物的性质分为豁免型货包和非豁免型货包。运输豁免型货包时不需要按放射性货包那样严格管理，且在装卸、运输和储存过程中没有特殊要求；而非豁免型货包的运输必须有屏蔽防护，屏蔽层外表的辐射水平不应大于豁免型货包表面辐射水平，且运输指数大于 10 的货包一般禁止运输。

对半衰期短的放射性物质应优先运输，不能久储。对于在一个半衰期内不能运达目的地的放射性物质，公路运输不宜受理，而应采用更快的运输方式。所以，《公路危险货物运输规则》中规定了托运半衰期短的放射性货物，应在运单上注明允许运送期限，其期限不得少于运输送达所需时间。

8. 腐蚀性物质

从包装内渗漏出来后，接触人体或其他物品，在短时间内即会在被接触表面发生化学反应或电化学反应，造成明显破坏现象的物品，称为腐蚀性物质，也就是能灼伤人体组织并对金属等物品造成损坏的固体或液体，如硫酸、硝酸、盐酸、氯化氢、氯硫酸、冰醋酸、氢氧化钠、甲醛等。

1) 腐蚀性物质的特性和标准

（1）腐蚀性。腐蚀是物质表面与周围某些介质或接触物之间发生化学反应，并引起物质受破坏的现象，所进行的反应称为腐蚀反应。造成腐蚀的基本原因是由于腐蚀性物质的酸性、碱性、氧化性和吸水性，主要是强酸、强碱，或遇水作用后能形成强酸、强碱的物质。腐蚀性物质对无机物、有机物或人体都能产生不同程度的腐蚀作用。对人体的伤害通常称为化学灼伤。有些腐蚀性物质对人体有特别严重的伤害，在接触到人体的皮肤、眼睛及黏膜后，能立即和表面细胞组织发生反应，使细胞组织受到破坏而造成严重的烧伤，如氨水、氟化氢铵、硝基盐酸（王水）等。

（2）毒害性。多数腐蚀性物质都有不同程度的毒性，误被吞咽或吸入其蒸气可能会中毒，其中有些物质甚至可渗入皮肤引起中毒，如肼、发烟硝酸等。有少数腐蚀性物质遇高温会分解产生易燃、有毒、腐蚀性气体，如氢氟酸、三聚氰酰氯、四氯化硅等。

（3）易燃性。有些腐蚀性液体闪点低于 61℃，从定义上说也是易燃液体，当接触火源时具有易燃性，如丙酰氯闪点 12℃（C.C.）、三甲基乙酰氯闪点 19℃（C.C.）等。具有强还原性的肼与多孔材料接触，如木、土、布等，易于燃烧并会在空气中自发着火。

此外，有些腐蚀性物质具有强氧化性，当与有机材料接触时会着火燃烧，如溴及其溶液、硝酸、高氯酸等。有些腐蚀性物质遇水时会放出大量的热，如氯磺酸、三氧化硫、发烟硫酸等。

2) 腐蚀性物质的分类储运

腐蚀性物质是九大类危险货物中最混杂的一类，在《危险货物运输规则》中被列为第八类危险货物。因腐蚀性物质的最大危险是腐蚀性，所以在本类物品的储运中，把腐蚀性物质按危险程度划分为三个包装等级，见表 7-4。

腐蚀性物质的构成复杂多样，其中不乏相互抵触的物质，如可燃物品与氧化剂、酸性和碱性物质等。因此，根据各种腐蚀性物质不同的化学性质，把其酸碱性作为进一步的分项标志，可将腐蚀品分为酸性腐蚀性物质、碱性腐蚀性物质和其他腐蚀性物质三项，其中，酸性腐蚀性物质又可分为无机酸性腐蚀性物质和有机酸性腐蚀性物质。

表 7-4 联合国制定的腐蚀品等级标准

包装类别	等级标准	标　准
Ⅰ	大	在动物实验中，与皮肤接触，在 3min 以内出现可见的坏死现象的物质
Ⅱ	中	在动物实验中，与皮肤接触，在 3～6min 以内出现可见的坏死现象的物质
Ⅲ	小	在动物实验中，与皮肤接触，在 1～4h 以内出现坏死，或在腐蚀品试验温度为 55℃时，对 S235JR＋CR 型或类似型号钢或非复合型铝的表面年腐蚀率超过 6.25mm/年的腐蚀品

由于各种腐蚀性物质具有各种不同的性质，因而在此类物质的储运中，要严格按照我国《危险货物分类和品名编号》(GB 6944—2012)中对腐蚀性物质的分项，控制酸碱货物混装、氧化剂与还原剂混装配载；即使同为酸性物质，也应在分项中加以区别显示，有机酸也不能与有氧化性的无机酸混储配载。

9. 杂项危险物质和物品，包括危害环境物质

杂项危险物质和物品是指除以上八类以外的其他危险货物和危害环境的物质，包括凡经验已经证明或可以证明，按其危险性质必须应用本类规定的任何其他物质。此类物质由于具有其他类别的规定不能恰当包括的特有危险，或相对地只有较低的运输危险，因而不能恰当地归入任何有较精确定义的类别之内，如喷雾器、石棉、硝酸铵肥料、鱼粉(低度危险的)、火柴(安全型的)、农药(低度危险的)、次氯酸钙(干的混合物，含有效氯为 39% 以下，但超过 10% 的)等。

7.1.3 危险货物运输的组织与管理

1. 危险货物运输法规

危险货物运输和储存安全直接关系到社会的安定和人民生命财产的安全，所以世界各国都对危险货物运输和储存实行立法管理，即把有关危险货物运输的管理条例提高到法律的高度，违反管理条例，就是违反有效的法律，就要受到国家法律的制裁。我国对危险货物运输一直有比较严格的管理体系，于 1954 年、1962 年、1971 年先后制定和修订了《危险货物运输规则》，对保障我国危险货物的安全运输起到了重要作用。改革开放以后，随着社会经济发展，危险货物运量和品种的增加，以及运输方式、运输结构的变化，原来适用于公路、铁路、水路运输的《危险货物运输规则》已不能适应运输生产发展和管理的需要。因此，自1982 年以来，国家有关部门结合我国实际情况，加强了对危险货物运输的立法管理，并借鉴国际及其他国家的成功经验，修改、颁布、实施了一系列危险货物运输的法律法规条例和标准，这些法律规范的总和构成了危险货物运输法规体系。

危险货物运输法规主要包括行政法规和技术标准法规两大主要部分，这些法规的主要内容如下。

(1) 关于确认物品危险性质的法律规定。确认某一种物质或物品是否具有危险性及具有什么性质的危险性，是全部危险货物运输法规的核心和基石。确认物品的危险性质不仅是危险货物专业运输的需要，而且是现代人应具备的基本法律常识。

我国一贯要求对危险货物实行专业运输。从《合同法》到各种运输方式的货物运输合同实施细则、货物运输规则都规定：在普通货物中不准夹带危险货物，不准匿报危险货物。要

使货物托运人和承运人遵守执行这些规定，懂得什么是危险品，国务院于2011年修订的《化学危险物品安全管理条例》的开篇就规定了什么是化学危险品。该管理条例可以说是现行化学危险货物安全管理法规中层次最高的行政法规。

我国确认物品危险性质的国家标准和法规有《危险货物分类和品名编号》《危险货物品名表》，以及各种运输方式的危险货物运输规则及其危险货物品名表。

在《危险货物分类和品名编号》中，不仅对什么是危险货物给出了准确的定义，而且将危险货物分为九类，并规定了每一类危险货物的定义或标准参数。在具体确认某项货物是否属于危险货物时，《危险货物品名表》则采用法律上的列举原则来确认危险货物，使危险货物的法律具有很强的可操作性。

《危险货物品名表》列举的危险货物是就各种运输方式的一般情况而言的。各运输方式都有其特殊性。某种货物对这种运输是危险的而对其他运输方式也可能是无害的。例如，磁性物品对航空运输是危险的，但对其他运输方式则无危险。正因为如此，各种运输方式的主管部门都颁布了本运输方式的《危险货物运输规则》及附属的《危险货物品名表》。《危险货物运输规则》在遵循《危险货物分类和品名编号》和《危险货物品名表》的前提下，列举了该方式可以运输的危险货物的名称，并规定了相应的运输条件和防护措施。所以，某种方式所运输的危险货物必须是该《危险货物运输规则》所列名的；要运输《危险货物运输规则》中未列名的而性能确实危险的货物，必须根据《危险货物分类和品名编号》的分类分项标准，由托运人提出技术鉴定书，并经有关的主管部门审核或认可，才能作为危险货物运输。

（2）关于危险货物运输包装的法律规定。运输包装是运输安全的保障。危险货物运输包装不仅是为了保护产品的使用价值不受损失，而且是防止危险货物的使用价值在运输过程中使环境受到损害的重要条件之一。因此，应从保障公共安全和维护运输秩序的双重目的出发对危险货物的运输包装予以法律规定。我国规定危险货物运输包装的国家标准有《危险货物运输包装通用技术条件》（GB 12463—2009）、《水路、公路运输货物包装基本要求》（JT/T 385—2008）、《放射性物质安全运输规程》（GB 11806—2004）各种运输方式的危险货物运输规则。

这些法规详尽地规定了危险货物运输包装的基本要求、包装性能试验的方法和合格标准、包装的等级、包装的形式和分类，以及各种危险货物应当采用的包装等级、类型和包装方法。

托运人托运货物的包装如与《危险货物运输规则》的具体规定不一致时，托运人要向承运人提供包装试验和适用情况的证明文件。经承运人认可，才能进行运输。

危险货物的每件包装外表都应有证明性能试验合格的标志，这在目前国内运输执行中尚有难度，但在国际运输中，早在1988年就已开始执行。作为一种暂时的措施，出口危险货物需取得国家出入境检验检疫局签发的出境危险货物运输包装容器使用鉴定书。

（3）关于危险货物运输包装标志和标签的法律规定。包装标志是从受理、装卸、储存、保管直至送达交付的运输全过程中，区别和辨认危险货物的基础，是包装货物正确交接、安全运输、完整交付的基本保证。我国有关运输包装标志的国家标准和法律规定有《运输包装收发货标志》（GB 6388—1986）、《包装储运图示标志》（GB/T 191—2008）、《危险货物包装标志》（GB 190—2009）、《化学品安全标签编写规定》（GB 15258—2009）及各种运输方式的危险货物运输规则。

四个国家标准规定了四种标志的形式、图式和制作使用的一般要求。《危险货物运输规则》则具体地规定了每种危险货物必须使用的危险货物性能标志的种类。

（4）关于危险货物运载工具的法律规定。各种运输方式对于危险货物运载工具有不同的规定。民航只承运包装件的危险货物，因民用航空器适航性规定非常严格，故没有对航空器是否适合承运的危险货物另作规定，只对某种危险货物"仅限货机"或可用客货两用机运载作了规定。陆路和水路运输，除包装件外还有大量散装货物，这就对用于运载散装危险货物的运输车辆和船舶提出了很严格的专业技术要求。目前，我国已制定或适用的关于危险货物运载工具的法律规定及国际惯例有《运油车、加油车技术条件》（QC/T 653—2000）、国家劳动和社会保障部制定的《液化气体汽车罐车安全监察规程》、中国船级社制定的《散装运输液化气体船舶构造和设备规则》、国际海事组织制定的《国际散装运输危险化学品船舶构造和设备规则》、国际航运公会制定的《油轮安全指南》及各种运输方式的危险货物运输规则等。

2. 组织危险货物运输业务的有关规范

危险货物运输要经过受理托运，仓储保管，货物装卸、运送、交付等环节，这些环节分别由不同岗位人员操作完成。其中，受理托运、货物运送及交接保管工作环节尤其应加强管理，其规范要点如下。

1）受理托运

（1）在受理前必须对货物名称、性能、防范方法、形态、包装、单件重量等情况进行详细了解并注明。

（2）问清包装、规格和标志是否符合国家规定要求，必要时到现场进行了解。

（3）新产品应检查随附的技术鉴定书是否有效。

（4）按规定需要的"准运证件"是否齐全。

（5）做好运输前准备工作，装卸现场、环境要符合安全运输条件，必要时应赴现场勘察。

（6）到达车站、码头的爆炸品、剧毒品、一级氧化剂、放射性物品（天然铀、钍类除外），在受理前应赴现场检查包装等情况，对不符合安全运输要求的，应请托运人改善后再受理。

2）货物运送

（1）详细审核托运单内容，发现问题要及时弄清情况，再安排运行作业。

（2）必须按照货物性质和托运人的要求安排车班、车次，如无法按要求安排作业时，应及时与托运人联系进行协商处理。

（3）要注意气象预报，掌握雨雪和气温的变化。

（4）遇有大批量烈性易燃、易爆、剧毒和放射性物资时，须做重点安排，必要时召开专门会议，制定运输方案。

（5）安排大批量爆炸物品与剧毒物品跨省市运输时，应安排有关负责人员带队，指导装卸和运行，确保安全。

（6）遇有特殊注意事项，应在行车单上注明。

3）交接保管

（1）自货物交付承运起至运达止，承运单位及驾驶、装卸人员应负保管责任；托运人派有押运人员的，应明确各自应负的责任。

(2) 严格货物交接，危险货物必须点收点交签证手续完善。

(3) 装货时发现包装不良或不符安全要求，应拒绝装运，待改善后再装运。卸货时发生货损货差，收货人不得拒收，并应及时采取安全措施，以避免扩大损失，同时在运输单证上批注清楚。驾驶员、装卸工返回后，应及时汇报，及时处理。

(4) 因故不能及时卸货，在待卸期间，行车人员应负责对所运危险货物的看管，同时应及时与托运人取得联系，恰当处理。

(5) 如所装货物危及安全时，承运人应立即报请当地运管部门会同有关部门进行处理。

3. 危险货物运输托运人的责任

危险货物运输的托运人应以在危险货物运输托运证明书上签字的人为主要托运人，但也不排除在特殊情况下，按法律的规定，把发货人、收货人、运输代理人作为托运方的连带责任人。

托运人的责任与危险货物运输的安全有直接的关系，所以各种危险货物运输规则都明确或隐含地规定了托运人的责任。《合同法》第三百零七条规定："托运人托运易燃、易爆、有毒、有腐蚀性、有放射性等危险物品，应当按照国家有关危险品运输的规定对危险物品妥善包装，做出危险物标志和标签，并将有关危险物品的名称、性质和防范措施的书面材料提交承运人。托运人违反前款规定的，承运人可以拒绝运输，也可以采取相应措施以避免损失的发生，因此产生的费用由托运人承担。"这是对《危险货物运输规则》的法律效力的确认和赋予，也是对《危险货物运输规则》规定的托运人责任的概括。

4. 危险货物运输承运人的责任

托运人将危险货物交付给承运人，并从承运人处得到货运单或提单或运单后，危险货物的保管责任即同时移交给承运人，直到收货人从承运人手中提取货物为止，在整个承运期间，承运人要对所运危险货物的安全负全部责任。

危险货物承运人在受理托运人交给的危险货物时，除应遵守受理普通货物的一般规定外，还要按危险货物的运输要求对托运人提交的运输单证和货物对照《危险货物运输规则》的各项规定进行全面、详尽、严格的审核检查。

 特别提示

承运人在受理托运人交给的危险货物进行审核检查时，应对运单上所填写的货物编号、品名、规格、件重、净重、总重、收发货地点、时间及所提供的单证是否符合规定等，对照所托运的货物进行审核，以确保承托货物的性能、包装、标志等各种情况与托运书说明书完全一致。至于对所托危险货物有无必要由承运人再行审核，各种运输方式采用的做法不完全一致。

海上运输和铁路运输因运输批量大，承运方的受理人员不可能对托运交付的货物逐件检查，所以海运和铁路运输的危险货物运输规则对发货港站在受理危险货物时是否要逐件检查货物都不作明文规定，奉行的是法律上所称的"诚信法则"。而汽车、航空运输因其批量小，受理人员可以对所托货物逐件进行检查；尤其是航空危险货物的运输，不允许在运送途中危险货物有任何危及航空安全的情况发生，所以空运危险货物运输规则中对受理审核危险货物的程序作了详细的规定。

取得经营资格的危险货物承运人，要注意提供与所运危险货物性质相匹配的运输工具组织运输。交通部2001年8月20日颁布实施的《道路运输行政处罚规定》第九条第十八款规定，从事危险货物运输的车辆和设备不符合国家规定技术条件的，处以500元以上1 000元以下的罚款。

具体运送人在运输过程中，要随时检查、监护危险货物，如有变化应采取相应的应急措施，直至将发生变化的危险货物投弃。对此，不同的运输方式有不同的处理方法。航空运输因其货物在密封的货舱内不会受到外界的影响，同时运送时间短，所以机组人员一般不到货舱检查货物。海上、陆地运输一般时间长，要受到天气和环境的影响，如外来明火对易燃易爆物品的威胁、雨雪对遇水反应物品的影响等，所以运送人员要加强对所运危险货物的监护，天气骤变时尤其应注意，紧急时可将危险货物投弃。但是，陆地运输投弃时，要考虑到危险货物对环境的影响。汽车运输因接触面广更要注意。

危险货物运送抵达目的地后，应迅速通知收货人取货。待取货期间，承运人应对危险货物妥善保管；即使收货人逾期未领，也不能因此免除承运人的保管责任。如果在此期间货物发生变化危及安全，承运人有临机处置的权责，但最好是会同当地公安部门共同进行，以备赔偿纠纷的解决。

【做一做】

站在石家庄华康伟业医药化工有限公司崔先生的立场上，设计运输方案，办理运输业务手续，并讨论如何履行危险货物运输承运人的责任。

【评一评】

相互交换所完成的方案结果，查看组内其他成员所设计的方案，每组进行综合，得出小组方案，在班级内交流。

任务2　超限货物运输

【学习目标】

- 能运用超限货物运输的有关法律法规，设计运输方案。
- 掌握超限货物的概念及其主要特点，理解超限货物运输的管理规定与业务规范。
- 能组织与管理超限货物运输。

【任务描述】

以一票超限货物为载体，确认超限货物的种类及其特性，进行超限货物运输方案设计并组织运输。

【想一想】

某锅炉制造公司为客户制造一大型锅炉，卧放长12m、宽4m、高3.5m，重7t，现要委托一汽车运输公司运输，请为运输公司设计运输方案。

7.2.1 超限货物概述

1. 超限货物的概念与特点

1) 超限货物的概念

超限货物是指货物外形尺寸和重量超过常规(指超长、超宽、超重、超高)车辆、船舶装载规定的大型货物,见表7-5。

表7-5 超限货物的条件

运输方式	应满足的条件之一
公路货运	(1) 长度在14m以上、或宽度在3.5m以上、或高度在3m以上的货物; (2) 重量在20t以上的单体货物或不可解体的成组(捆)货物
铁路货运	(1) 单件货物装车后,在平直线路上停留时,货物的高度和宽度有任何部位超过机车车辆限界或特定区段装载限界; (2) 在平直线路上停留虽不超限,但行经半径为300m的曲线线路时,货物的内侧或外侧的计算宽度(已经减去曲线水平加宽量36mm)仍然超限; (3) 一件货物装车后,虽然在平直线路或行经在半径为300m的曲线线路上均未超出货物装载限界,但当货车行经在特定区段时,货物的高度或宽度超出特定区段的装载限界

2) 超限货物的特点

一般来说,超限货物有如下特点。

(1) 装载后车与货的总重量超过所经路线桥涵、地下通道的限载标准。

(2) 货物宽度超过车辆界限。

(3) 载货车辆最小转弯半径大于所经路线设计弯道半径。

(4) 装载总高度超过5m;通过电气化铁路平交道口时,装载总高度超过4.2m;通过无轨电车线路时,装载总高度超过4m;通过立交桥和人行过街天桥时,装载总高度超过桥下净空限制高度。

2. 超限货物的类型

超限货物同样是一个总称,包括不同种类,有的是超高货物,有的是超长货物,有的则是超重、超宽货物,这些货物对运输工具、运输组织的要求各异。为了保证运输安全和管理的需要,一些运输方式有必要根据超限货物的主要特性进行分类。

 知识链接

大型物件分组

我国公路运输主管部门现行规定,公路超限货物(大型物件,简称大件)按其外形尺寸和重量分成四级,见表7-6。

表7-6 大型物件分组

大型物件级别	重量/t	长度/m	宽度/m	高度/m
一	40~(100)	14~(20)	3.5~(4)	3~(3.5)
二	100~(180)	20~(25)	4~(4.5)	3.5~(4)

续表

大型物件级别	重量/t	长度/m	宽度/m	高度/m
三	180～(300)	25～(40)	4.5～(5.5)	4～(5)
四	300以上	40以上	5.5以上	5以上

注：(1)"括号数"表示该项参数不包括括号内的数值。
(2) 货物的重量和外廓尺寸中有一项达到表列参数，为该级别的超限货物；货物同时在外廓尺寸和重量达到两种以上等级时，按高限级别确定超限等级。

超限货物重量是指货物的毛重，即货物的净重加上包装和支撑材料后的总重，它是配备运输车辆的重要依据，一般以生产厂家提供的货物技术资料所标明的重量为参考数据。

《铁路超限超重货物运输规则》(铁运(07)62号)第6条、第7条、第9条对超限超重货物的等级和类型进行了说明，整理如下。

(1) 根据货物的超限程度，超限货物分为三个等级：一级超限、二级超限和超级超限。

① 一级超限：自轨面起高度在1 250毫米及其以上超限但未超出一级超限限界者；

② 二级超限：超出一级超限限界而未超出二级超限限界者，以及自轨面起高度在150毫米至未满1 250毫米间超限但未超出二级超限限界者；

③ 超级超限：超出二级超限限界者。

(2) 根据货物超限部位所在的高度，超限货物分为三种类型：上部超限、中部超限和下部超限。

① 上部超限：自轨面起高度超过3 600毫米，任何部位超限者；

② 中部超限：自轨面起高度在1 250毫米至3 600毫米之间，任何部位超限者；

③ 下部超限：自轨面起高度在150毫米至未满1 250毫米之间，任何部位超限者。

(3) 根据货物的超重程度，超重货物分为三个等级：一级超重、二级超重和超级超重。

① 一级超重：$1.00 < Q \leqslant 1.05$；

② 二级超重：$1.05 < Q \leqslant 1.09$；

③ 超级超重：$Q > 1.09$。

注：Q为活载系数。

3. 超限货物运输的特殊性

基于超限货物的特点，其运输组织与一般货物运输应有所不同。

1) 特殊装载要求

超限货物运输对车辆和装载有特殊要求，一般情况下超重货物装载在超重型挂车上，用超重型牵引车牵引，而这种起重型车组是非常规的特种车组，车组装上超限货物后，往往重量和外形尺寸大大超过普通汽车、列车，因此，超重型挂车和牵引车都是用高强度钢材和大负荷轮胎制成的，价格昂贵。

2) 特殊运输条件

超限货物运输条件有特殊要求，途经道路和空中设施必须满足所运货物车载符合和外形储存的通行需要。道路要有足够的宽度、净空及良好的曲度。桥涵要有足够的承载能力。这些要求在一般道路上往往难以满足，必须事先进行勘测，运输前要对道路相关设施进行改造，如排除地空障碍、加固桥涵等，运输中要采取一定的组织技术措施，采取分段封闭交通，大件车组才能顺利通行。

3) 特殊安全要求

超限货物一般均为国家重点工程的关键设备,因此超限货物运输必须确保安全,万无一失。其运输可以说是一项系统工程,要根据有关运输企业的申请报告,组织有关部门、单位对运输路线进行勘察筛选;对地空障碍进行排除;对超过设计荷载的桥涵进行加固;指定运输护送方案;在运输中,进行现场的调度,搞好全程护送,协调处理发生的问题;所运大件价值高,运输难度大,牵涉面广,所以受到各级政府和领导、有关部门、有关单位和企业的高度重视。

7.2.2 超限货物运输的管理规定与业务规范

1. 超限货物运输的管理规定

1) 公路运输超限货物的管理规定

交通部 2000 年 4 月 1 日施行的《超限运输车辆行驶公路管理规定》第四条规定:超限运输车辆行驶公路的管理工作实行"统一管理、分级负责、方便运输、保障畅通"的原则。国务院交通主管部门主管全国超限运输车辆行驶公路的管理工作。县级以上地方人民政府交通主管部门主管本行政区域内超限运输车辆行驶公路的管理工作。超限运输车辆行驶公路的具体行政管理工作,由县级以上地方人民政府交通主管部门设置的公路管理机构负责。

第五条规定:在公路上行驶的车辆的轴载质量应当符合《公路工程技术标准》的要求。但对有限定荷载要求的公路和桥梁,超限运输车辆不得行驶。

第八条规定:在公路超限货物的运输车辆行驶公路前,其承运人应根据具体情况分别依照下列规定的期限提出申请。

(1) 对于车货总质量在 40 000kg 以下,但其车货总高度、长度及宽度超过第三条第(一)、(二)、(三)项规定的超限运输,承运人应在起运前 15 日提出书面申请。

(2) 对于车货总质量在 40 000kg 以上(不含 40 000kg)、集装箱车货总质量在 46 000kg 以上(含 46 000kg),100 000kg 以下的超限运输,承运人应在起运前 1 个月提出书面申请。

(3) 对于车货总重在 100 000kg(不含 100 000kg)以上的超限运输,承运人应在起运前 3 个月提出书面申请。

2) 铁路运输超限货物的管理规定

《铁路超限货物运输规则》第二章第五条规定:发货人托运超限货物时,除按一般货运手续办理外,并应提出下列资料。

(1) 托运超限货物说明书、货物外形的三视图,并须以"+"号标明货物重心位置。

(2) 自轮运转的超限货物,应有自重、轴数、轴距、固定轴距、长度、转向架中心销间距离、制动机形式,以及限制条件。

(3) 必要时,应附有计划装载、加固计算根据的图样和说明。

对超限的大型设备,发货人应在设计的同时,考虑装载加固和运送条件。必要时,应采取改变包装和拆解货体等措施,尽可能地降低超限程度。

2. 组织超限货物运输的有关业务规范

依据超限货物运输的特殊性,其组织工作环节主要包括办理托运、理货、验道、制定运输方案、签订运输合同、组织线路运输工作及运输统计与结算等。

1) 办理托运

由大型物件托运人(单位)向已取得大型物件运输经营资格的运输业户或其代理人办理托

运，托运人必须在(托)运单上如实填写大型物件的名称、规格、件数、件重、起运日期、收发货人详细地址及运输过程中的注意事项。凡未按上述要求办理托运或运单填写不明确，由此发生运输事故的，由托运人承担全部责任。

2）理货

理货是大件运输企业对货物的几何形状、重量和重心位置事先进行了解，取得可靠数据和图样资料的工作过程。通过理货工作分析，可为确定超限货物级别及运输形式、查验道路及制定运输方案提供依据。

理货工作的主要内容包括调查大型物件的几何形状和重量、调查大型物件的重心位置和质量分布情况、查明货物承载位置及装卸方式、查看特殊大型物件的有关技术经济资料，以及完成书面形式的理货报告。

3）验道

验道工作的主要内容包括查验运输沿线全部道路的路面、路基、纵向坡度、横向坡度及弯道超高处的横坡坡度、道路的竖曲线半径、通道宽度及弯道半径，查验沿线桥梁涵洞、高空障碍，查看装卸货现场、倒载转运现场，了解沿线地理环境及气候情况。根据上述查验结果预测作业时间，编制运行路线图，完成验道报告。

4）制定运输方案

在充分研究、分析理货报告及验道报告的基础上，制定安全可靠、可行的运输方案。其主要内容包括配备牵引车、挂车组及附件，配备动力机组及压载块，确定限定最高车速，制定运行技术措施，配备辅助车辆，制定货物装卸与捆扎加固方案，制定和验算运输技术方案，完成运输方案书面文件。

5）签订运输合同

根据托运方填写的委托运输文件及承运方进行理货分析、验道、制定运输方案的结果，承托双方签订书面形式的运输合同，其主要内容包括明确托运与承运甲乙方、大型物件数据及运输车辆数据、运输起讫地点、运距与运输时间，明确合同生效时间、承托双方应负责任、有关法律手续及运费结算方式、付款方式等。

6）组织线路运输工作

组织线路运输工作包括建立临时性的大件运输工作领导小组负责实施运输方案，执行运输合同和相应对外联系。领导小组下设行车、机务、安全、后勤生活、材料供应等工作小组及工作岗位，并组织相关工作岗位责任制，组织大型物件运输工作所需牵引车驾驶员、挂车操作员、修理工、装卸工、工具材料员、技术人员及安全员等，依照运输工作岗位责任及整体要求认真操作、协调工作，保证大件运输工作全面、准确完成。

7）运输统计与结算

运输统计是指完成公路大型物件运输工作各项技术经济指标统计，运输结算即完成运输工作后按运输合同有关规定结算运费及相关费用。

🌐【做一做】

站在锅炉制造公司的立场上，设计运输方案，两人一组模拟办理运输业务手续。

🌐【评一评】

相互交换所完成的方案结果，查看组内其他成员所设计的方案，每组进行综合，得出小组方案，在班级内交流。

任务3 鲜活易腐货物运输

【学习目标】

- 掌握鲜活易腐货物的种类。
- 掌握鲜活易腐货物的特点。
- 掌握鲜活易腐货物的保藏和运输的方法。
- 理解鲜活易腐货物运输的运输组织工作。
- 能设计鲜活易腐货物运输方案。
- 能组织与管理鲜活易腐货物运输。
- 能运用超限货物运输的有关法律法规，设计运输方案。

【任务描述】

以一票鲜活易腐货物为载体，确认鲜活易腐货物的种类及其特性，进行鲜活易腐货物运输方案设计并组织运输。

【想一想】

安徽省宿州粮库改革传统储粮方法，大胆引进新技术，改用环保、科学储粮方法，日前已全部消灭历年的陈化粮，在确保国家储备粮质量的同时，节约了100多万元资金。

针对传统储粮方法造成的粮食陈化周期短，储存中药物使用量大，影响粮食质量等弊端，宿州粮库改变了不发热、不生虫、不霉变、不短少的传统储粮标准，确立了低污染、低药量、保鲜度的绿色环保储存目标，近年来不断加大投入力度，改革传统储粮方法，大胆引用环保新技术实行科学保粮。

近年来，通过不断增加环流熏蒸、机械通风等环保设施，先后改造陈旧简陋仓库20多幢，使20世纪70年代兴建的老仓库全部得以改造，新、老仓库均具备了科学储粮的基础条件，并在安徽省率先实行粮库低温、低氧"双低"技术，"双低"储存技术的使用使粮食储存周期由原来的3年延长至5年，保鲜能力提高80%，仓库配置谷物冷却机使粮库温度由原来的27℃下降到26℃，实现了低温状态，同时采用宽幅复合薄膜达到低氧，每年冬季实行两次机械通风，夏季进行复合膜压盖下的低温熏蒸。

据这个市粮库的负责人介绍，他们多方引资，先后添置了布拉班德粉质仪、降落数值器、面筋指数仪等一批先进设备，粮库全部实现环保电子测温。新技术推行以来，每仓每年仅药物费一项可节约5万元。

宿州粮库的传统储粮标准和绿色环保储存目标有什么本质的不同？如何评价宿州粮库引进新技术、新设备的投资和收益？

7.3.1 鲜活易腐货物运输的特点

鲜活易腐货物是指在运输过程中，需要采取一定措施，以防止死亡和腐烂变质的货物。公路运输的鲜活易腐货物主要有鲜鱼虾、鲜肉、瓜果、蔬菜、牲畜、观赏野生动物、花木秧苗、蜜蜂等。鲜活易腐货物具有以下特点。

1) 季节性强、运量变化大

例如，水果蔬菜大量上市的季节、沿海渔场的鱼汛期等，运量会随着季节的变化而变化。

2) 运送时间要求紧迫

大部分鲜活易腐货物极易变质，要求以最短的时间、最快的速度及时运到。

3) 运输途中需要特殊照料

例如，牲畜、家禽、蜜蜂、花木秧苗等的运输，需配备专用车辆和设备，沿途进行专门的照料。

7.3.2 鲜活易腐货物保藏及运输的方法

鲜活易腐货物运输中，除了少数部分确因途中照料或车辆不适造成死亡外，其中大多数都是因为发生腐烂所致的。发生腐烂的原因，对于动物性食品来说，主要是微生物的作用。由于细菌、真菌和酵母在食品内的繁殖，使蛋白质和脂肪分解，变成氨、游离氮、硫化醛、硫化铜、二氧化碳等简单物质，同时产生臭气和有毒物质。此外，还会使维生素受到破坏，有机酸分解，使食物腐败变质不能食用。对于植物性食物来说，腐烂原因主要是呼吸作用所致的。呼吸作用是一个氧化过程，能抵抗细菌入侵，但同时也不断地消耗体内的养分。随着体内各种养分的消耗，抗病性逐渐减弱，到了一定的程度，细菌就会乘虚而入，加速各种成分的分解，使水果、蔬菜很快腐烂。而水果、蔬菜如被碰伤后，呼吸就会加强，也就加快了腐烂过程。

了解鲜活易腐货物腐烂变质的原因，就可以得出保藏这些货物的方法。凡是能用以抑制微生物的滋长、减缓呼吸作用的方法，均可达到延长鲜活易腐货物保藏时间的目的。冷藏方法比较有效并常被采用，它的优点是，能很好地保持食物原有的品质，包括色、味、香、营养物质和维生素；冷藏的时间长，能进行大量的保藏及运输。

冷藏货大致分为冷冻货和低温货两种。冷冻货是指货物在冻结状态下进行运输的货物，运输温度的范围一般在－20～－10℃。低温货是指货物在还未冻结或货物表面有一层薄的冻结层的状态下进行运输的货物，一般允许的温度调整范围在－1～+16℃。货物要求低温运输的目的主要是维持货物的呼吸，以保持货物的鲜度。

冷藏货在运输过程中为了防止货物变质，需要保持一定的温度。该温度一般称作运输温度。温度的大小应根据具体的货种而定，即使是同一货物，由于运输时间、冻结状态和货物成熟度的不同，对运输温度的要求也不一样。

一些具有代表性的冷冻货物的运输温度见表 7-7。

表 7-7 冷冻货物的运输温度

货　　名	运输温度/℃	货　　名	运输温度/℃
鱼	－17.8～－15.0	虾	－17.8～－15.0
肉	－15.0～－13.3	黄油	－12.2～－11.1
蛋	－15.0～－13.3	浓缩果汁	－20

用冷藏方法来保藏和运输鲜活易腐货物时，温度固然是主要的条件，但相对湿度的高低、通风的强弱和卫生条件的好坏对货物的质量也会产生直接的影响。而且温度、相对湿度、通风、卫生四个条件之间又有互相配合和互相矛盾的关系，只有充分了解其内部规律，妥善处理好它们相互之间的关系，才能保证鲜活易腐货物的运输质量。

用冷藏方法来保藏和运输鲜活易腐货物，一个突出的特点就是必须连续冷藏。因为微生物活动和呼吸作用都随着温度的升高而加强，若储运中某个环节不能保证连续冷藏的条件，那么货物就可能在这个环节中开始腐烂变质，这就要求协调组织好物流的各个环节，为冷藏运输提供必要的物质条件。就运输环节来讲，应尽可能配备一定数量的冷藏车或保温车，尽量组织"门到门"的直达运输，提高运输速度，确保鲜活易腐货物的完好。

7.3.3 鲜活易腐货物的运输组织工作

良好的运输组织工作对保证鲜活易腐货物的质量十分重要。鲜活易腐货物运输的特殊性要求保证及时运输。因此，应充分发挥公路运输快速、直达的特点，协调好仓储、配载、运送各环节，及时送达。

配载运送时应对货物的质量、包装和温度要求进行认真的检查，包装要合乎要求，温度要符合规定。应根据货物的种类、运送季节、运送距离和运送地方确定相应的运输服务方法，及时地组织适宜车辆予以装运。

鲜活易腐货物装车前，必须认真检查车辆及设备的完好状态，应注意清洗和消毒。装车时应根据不同货物的特点，确定其装载方法。例如，为保持冷冻货物的冷藏温度，可紧密堆码，水果、蔬菜等需要通风散热的货物，必须在货件之间保留一定的空隙，怕压的货物必须在车内加隔板，分层装载。

【做一做】

运用组织鲜活易腐货物保藏及运输的方法等相关知识，设计水果的运输方案。

【评一评】

相互交换所完成的方案，查看组内其他成员所设计的方案，每组进行综合，得出小组方案，在班级内交流。

本项目主要介绍了危险货物运输：识别和确认危险货物、各类危险货物的特征和储运要求、危险货物运输的组织与管理；超限货物运输：超限货物概述、超限货物运输的管理规定与业务规范；鲜活易腐货物运输：鲜活易腐货物运输的特点、鲜活易腐货物保藏及运输方法、鲜活易腐货物的运输组织工作。

一、概念题

1. 鲜活易腐货物。
2. 超限货物。
3. 危险货物。
4. 爆炸品。

二、简答题

1. 食糖引起燃烧的原因有哪些？在运输中应采取哪些防护措施？
2. 各种运输方式在确认危险货物时，应采取什么原则确认？
3. 超限货物运输的组织工作环节包括哪些？
4. 危险货物分为哪几类？
5. 鲜活易腐货物运输有哪些特点？

三、实训题

危险货物运输

【实训目标】

进一步掌握特殊货物运输方案的制定要求。

【实训内容】

某运输公司接到一批烟花爆竹的运输任务，包装形式：纸箱；运输数量：120箱；起运地：湖南浏阳；目的地：苏州；运输时间：7天。要求学生制定运输方案。

【实训要求】

全班分组，每组不超过8人，设组长1名，由组长安排小组的进度，并负责总体的协调工作；各小组分别制定运输方案。

项目 8

国际货物运输

任务 1 制定国际货物运输方案

【学习目标】
- 掌握国际货物运输的方式。
- 熟悉国际货物运输的航线。
- 掌握国际多式联运的概念。
- 掌握国际货运代理的概念。
- 熟悉国际货运代理责任。

【任务描述】

本任务通过对国际货物的运输方式、国际海运航线、国际货运代理基本知识的学习，并加以相应的技能训练，使学生掌握进行国际货物运输操作的能力。

【想一想】

苏州电子公司有一集装箱货物出口至美国纽约，从节省时间和费用的角度，请为该公司选择合理的运输方式和运输线路并落实国际货运代理公司。

8.1.1 选择国际货物运输方式

国际货物运输是指国家与国家、国家与地区之间的货物运输。国际货物运输是实现进出口商品，转运国际物资、过境物资、邮件、国际捐赠和援助物资、加工装配所需物料和部件及退货等从一国（或地区）向另一国（或地区）运送的活动，属于国际物流范畴。

国际货物运输的方式主要有国际海上货物运输、国际铁路货物运输、国际公路货物运输、国际航空货物运输、管道运输、集装箱运输、国际多式联运和大陆桥运输（Land Bridge Transport）。

1. 国际海上货物运输

国际海上货物运输是指使用船舶通过海上航道在不同国家和地区的港口之间运送货物的一种方式。国际海上货物运输具有通过能力大、运输量大、运费低廉、对货物的适应性强、速度较低、风险较大等特点。由于地球的海洋面积占 71%，目前国际货物总运输量中的 2/3 以上、我国进出口货物运量的 90% 都是利用海上进行运输。

2. 国际铁路货物运输

国际铁路货物运输是指货物起运地点、目的地点或约定的经停地点位于不同的国家或地区的铁路货物运输。国际铁路货物运输具有运量大、速度快、安全可靠、运输成本低、运输准确性和连续性强、受气候影响小、业务办理简便等特点。在国际货物运输中，国际铁路货物运输是仅次于国际海上货物运输的运输形式。我国铁路线通往大陆境外的邻国及地区有俄罗斯、朝鲜、蒙古、越南、哈萨克斯坦。

国际铁路货物运输主要采用国际铁路货物联运的形式进行。所谓国际铁路货物联运是指在跨及两个及两个以上的国家铁路的货物运输中，由参加国际铁路货物联运的国家铁路使用同一份运输票据，在由一国铁路向另一国铁路移交货物和车辆时，不需要收发货人参加，并以连带责任办理货物的全程铁路运输。

3. 国际公路货物运输

国际公路货物运输是指货物起运地点、目的地点或约定的经停地点位于不同的国家或地区的公路货物运输。国际公路货物运输具有适应性强、机动灵活、直达性能好、运输成本高、运行持续性较差、对环境污染影响较大等特点。在国际货物运输中，国际公路货物运输是邻国间边境贸易货物运输的主要方式。国际公路货物运输按有关国家之间的双边或多边公路货物运输协定或公约运作。

4. 国际航空货物运输

按照《华沙公约》和《海牙议定书》的定义，国际航空货物运输是指根据当事人所订立的合同约定，不论运输中有无间断或转运，始发地和目的地是在两个缔约国的领土内；或者始发地和目的地都在一个缔约国的领土内而在另一个缔约国的领土内有一个约定的经停点的任何货物和邮件的运输。国际航空货物运输具有运输速度快、安全准确、包装要求低、不受地面条件限制、载运量小、运输费用高等特点。在国际货物运输中，国际航空货物运输占的比例较小，一般适用于运送急需物资、鲜活易腐商品、精密仪器和高附加值、小体积的贵重物品。

5. 管道运输

管道运输是由大型钢管、泵站和加压设备等组成的运输系统来完成物料输送工作的一种运输方式。同以上几种运输方式不同的是，管道运输主要的运输对象是大宗流体货物。

6. 集装箱运输

集装箱运输就是以集装箱为运输单位，利用水运、铁路、公路和航空等运输方式进行货物运输的一种现代化、先进的运输方式。所谓集装箱是指具有一定强度、刚度和规格，专供周转使用的大型装货容器。集装箱运输一般由一个承运人负责全程运输，可以将集装箱从一种运输工具直接方便地换装到另一种运输工具，而无须接触或移动箱内所装货物；货物从发货人的工厂或仓库装箱后，可经由海陆空不同运输方式一直运至收货人的工厂或仓库，实现"门到门"运输。

7. 国际多式联运

国际多式联运是指按照多式联运合同，以至少两种不同的运输方式，由多式联运经营人将货物从一国境内接受货物的地点运至另一国境内指定交付货物的地点的联合运输。国际多式联运适用于水路、公路、铁路和航空多种运输方式。在国际贸易中，由于 $85\%\sim90\%$ 的货物是通过海运完成的，故海运在国际多式联运中占据主导地位。

8. 大陆桥运输

大陆桥运输是指以横贯大陆上的铁路、公路运输系统为中间桥梁，把大陆两端海洋连接起来形成的海陆联运的连贯运输。

大陆桥运输主要是国际集装箱过境运输，是国际集装箱多式联运的一种特殊形式。广义的大陆桥运输还包括小路桥运输和微型路桥运输。大陆桥运输是一种主要采用集装箱技术，由海运、铁路、公路、航空组成的现代化多式联合运输方式，是一个大的系统工程。

1）西伯利亚大陆桥

西伯利亚大陆桥利用俄罗斯的西伯利亚铁路作为陆地桥梁，把太平洋远东地区与波罗的海和黑海沿岸及西欧大西洋口岸连起来。此条大陆桥运输线东自日本和东南亚海运至符拉迪沃斯托克（海参崴）的纳霍特卡港口起，横贯欧亚大陆，至莫斯科，然后分三路，一路自莫斯科波罗的海沿岸的圣彼得堡港，转船往西欧、北欧港口；另一路从莫斯科至俄罗斯西部国境站，转欧洲其他国家铁路（公路）直运欧洲各国；最后一路从莫斯科至黑海沿洋转船往中东、地中海沿岸。所以，从远东地区至欧洲，通过西伯利亚大陆桥有海—铁—海、海—铁—公路和海—铁—铁三种运送方式。

2）北美大陆桥

北美大陆桥是指北美的加拿大和美国都有一条横贯东西的铁路（公路）大陆桥，它们的线路基本相似，其中美国的大陆桥的作用更为突出。

美国有两条大陆桥运输线，一条是从西部太平洋口岸至东部大西洋口岸的铁路（公路）运输系统，全长约3 200km；另一条是西部太平洋口岸至南部墨西哥港口岸的铁路（公路）运输系统，长500～1 000km。

3）新欧亚大陆桥

1990年9月11日，我国陇海—兰新铁路的最西段乌鲁木齐至阿拉山口的北疆铁路与哈萨克斯坦的德鲁贝巴站接轨，第二座亚欧大陆桥运输线全线贯通，于1992年9月正式通车。此条运输线东起我国连云港（其他港口亦可，如大连、天津、上海、广州等），西至荷兰鹿特丹，跨亚欧两大洲，连接太平洋和大西洋，穿越中国、哈萨克斯坦、俄罗斯，与第一条运输线重合，经自俄罗斯、波兰、德国到荷兰，辐射30多个国家和地区，全长10 900km，在我国境内全长4 213km。

特别提示

大陆桥运输是海—陆—海的联合运输方式，属于国际多式联运。

8.1.2 拟定国际货物运输线路

国际货物运输线路有国际海上货物运输航线、国际铁路线路、国际公路线路、国际空运航线、国际管道运输线路等。下面就国际海上货物运输航线进行介绍。在国际海上货物运输中，船舶在两个或多个港口之间从事货物运输的线路称为海运航线。航线中停靠的港口分为基本港和非基本港。基本港是指港口设备好、货运量大、班轮公司按期挂靠的港口，按国际惯例，运往基本港的货物按基本费率收取运费，航行在基本港之间的船舶，在业内被称为大船、主船或母船。非基本港又称支线港或偏港、僻港、小港，是指班轮公司不常挂靠的港口，运往该港的货物要加收运费，在支线航道上行使的船舶一般为小船或称支线船和喂给船。主船的船名和航次号码都会在海运提单中体现出。

1. 国际海运航线分类

国际海运航线分类见表8-1。

表 8-1 国际海运航线分类

标准	类别	特点
按船舶营运方式分类	定期航线	指使用固定的船舶，按固定的船期和港口航行，并以相对固定的运价经营客货运输业务的航线。定期航线又称班轮航线，主要装运件杂货物
	不定期航线	是临时根据货运的需要而选择的航线。船舶、船期、挂靠港口均不固定，是以经营大宗，低价货物运输业务为主的航线
按航程的远近分类	远洋航线	指航程距离较远，贯通一个或数个大洋的海上运输路线，包含太平洋航线、大西洋航线、印度洋航线、远东至欧洲和美洲的航线等。我国习惯上以亚丁港为界，把去往亚丁港以西，包括红海两岸和欧洲及南北美洲广大地区的航线划为远洋航线
	近洋航线	是本国各港口至邻近国家港口间的海上运输航线的统称，不跨越大洋在局部海域较邻近国家间港口运行的海上运输路线，包含地中海航线、波罗的海航线等。我国习惯上把航线在亚丁港以东地区的亚洲和大洋洲的航线划为近洋航线
	沿海航线	指连接同一个国家沿海各港口之间的海运，属于一国国内航线，如上海—广州、青岛—大连等
按航行的范围分类	大西洋航线	西北欧—北美东海岸航线，西北欧、北美东海岸—加勒比航线，西北欧、北美东海岸—地中海、苏伊士运河—亚太航线，西北欧、地中海—南美东海岸航线，西北欧、北美东海—好望角、远东航线，南美东海—好望角—远东航线
	太平洋航线	远东—北美西海岸航线，远东—加勒比、北美东海岸航线，远东—南美西海岸航线，远东—东南亚航线，远东—澳大利亚、新西兰航线，澳新—北美东西海岸航线
	印度洋航线	以石油运输线为主，此外有不少是大宗货物的过境运输。波斯湾—好望角—西欧—北美航线，波斯湾—东南亚—日本航线，波斯湾—苏伊士运河—地中海—西欧、北美运输线，远东—东南亚—东非航线，远东—东南亚、地中海—西北欧航线，远东—东南亚—好望角—西非—南美航线，澳新—地中海—西北欧航线，印度洋北部地区—欧洲航线

注：目前，世界海运集装箱航线主要有远东—北美航线，北美—欧洲、地中海航线，欧洲、地中海—远东航线，远东—澳大利亚航线，澳新—北美航线，欧洲、地中海—西非—南非航线。

2. 我国外贸主要海运航线

1) 近洋航线

近洋航线包括中国—朝鲜航线，中国—日本航线，中国—越南航线，中国大陆—中国香港航线，中国—独联体远东航线，中国—菲律宾航线，中国—新加坡、马来西亚航线，中国—北加里曼丹航线，中国—泰国湾航线，中国—印度尼西亚航线，中国—孟加拉湾航线，中国—斯里兰卡航线，中国—波斯湾航线，中国—澳大利亚、新西兰航线。

我国近洋航线具体如下。

（1）港澳线：到我国香港、澳门地区。

（2）新马线：到新加坡、马来西亚的巴生港（Port Kelang）、槟城（Penang）和马六甲（Malacela）等港。

（3）泰国湾线（又可称为越南、柬埔寨、泰国线）：到越南海防、柬埔寨的磅逊和泰国的曼谷等港。

(4) 科伦坡、孟加拉湾线：到斯里兰卡的科伦坡和缅甸的仰光、孟加拉的吉大港和印度东海岸的加尔各答等港。

(5) 菲律宾线：到菲律宾的马尼拉港。

(6) 印度尼西亚线：到爪哇岛的雅加达、三宝垄等。

(7) 澳大利亚新西兰线：到澳大利亚的悉尼、墨尔本、布里斯班和新西兰的奥克兰、惠灵顿。

(8) 巴布亚新几内亚线：到巴布亚新几内亚的莱城、莫尔兹比港等。

(9) 日本线：到日本九州岛的门司和本州岛神户、大阪、名古屋、横滨和川崎等港口。

(10) 韩国线：到釜山、仁川等港口。

(11) 波斯湾线（又称阿拉伯湾线）：到巴基斯坦的卡拉奇，伊朗的阿巴斯、霍拉姆沙赫尔，伊拉克的巴士拉，科威特的科威特港，沙特阿拉伯的达曼。

2）远洋航线

远洋航线包括中国—红海航线，中国—东非航线，中国—西非航线，中国—地中海航线，中国—西欧航线，中国—北欧、波罗的海航线，中国—北美航线，中国—中南美航线，具体如下。

(1) 地中海线：到地中海东部黎巴嫩的贝鲁特、的黎波里，以色列的海法、阿什杜德，叙利亚的拉塔基亚，地中海南部埃及的塞得、亚历山大，突尼斯的突尼斯，阿尔及利亚的阿尔及尔、奥兰，地中海北部意大利的热那亚，法国的马赛，西班牙的巴塞罗那和塞浦路斯的利马索尔等港口。

(2) 西北欧线：到比利时的安特卫普，荷兰的鹿特丹，德国的汉堡、不来梅，法国的勒阿弗尔，英国的伦敦、利物浦，丹麦的哥本哈根，挪威的奥斯陆，瑞典的斯德哥尔摩和哥德堡，芬兰的赫尔辛基等。

(3) 美国加拿大线：包括加拿大西海岸港口温哥华，美国西岸港口西雅图、波特兰、旧金山、洛杉矶，加拿大东岸港口蒙特利尔、多伦多，美国东岸港口纽约、波士顿、费城、巴尔的摩、波特兰和墨西哥湾港口的莫比尔、新奥尔良、休斯敦等港口。美国墨西哥湾各港也属于美国东海岸航线。

(4) 南美洲西岸线：到秘鲁的卡亚俄，智利的阿里卡、伊基克、瓦尔帕莱索、安托法加斯塔等港。

8.1.3 确定国际货运代理

1. 国际货运代理的定义和性质

1）国际货运代理的定义

国际货运代理原为一种佣金代理。现为国际贸易和运输的基本联系机构，但至今国际上尚无一个可以普遍接受的定义。一些机构和工具书的解释见表8-2。

2）国际货运代理企业

国际货运代理企业作为代理人从事国际货运代理业务的，是指接受进出口货物收货人、发货人和其他委托方或其代理人的委托，以委托人名义或者以自己的名义办理有关业务、提供增值服务，收取代理费、佣金或其他的增值服务报酬的行为。

表 8-2 机构和工具书对国际货运代理的解释

机构和工具书	定 义
国际货运代理协会联合会	国际货运代理是根据客户的指示,并为客户的利益而揽取货物运输的人,其本身并不是承运人。国际货运代理也可以依据这些条件,从事与运输合同有关的活动,如储货(也含寄存)、报关、验收、收款等
联合国亚太经社会	国际货运代理代表其客户取得运输,而本人并不起承运人的作用
《中华人民共和国国际货物运输代理业管理规定》	国际货运代理是指接受进出口货收货人、发货人的委托,以委托人的名义或者以自己的名义,为委托人办理国际货物运输及相关业务并收取服务报酬的行业

国际货运代理企业作为独立经营人从事国际货运代理业务的,是指接受进出口货物收货人、发货人和其他委托方或其代理人的委托,承办货物运输、签发运输单证、履行运输合同、提供增值服务并收取运费及服务报酬的行为。

国际货运代理企业可按照《对外贸易经营者备案登记办法》向商务部或商务部委托的机构办理外贸经营者备案登记,从事货物或技术进出口业务。

国际货运代理企业作为独立经营人从事国际货运代理业务的,实际上是通过买卖舱位,而不是收取佣金来获取利润的,这就涉及了无船营运公共承运人(Non-Vessel Operating Common Carrier, NVOCC)。舱位可以是海运的舱位,也可以是空运的舱位,或者进一步延伸到任何运输工具的装载空间,如同金融业的"期货""期权",国际货运代理企业把"舱位"作为一种衍生商品来交易。无船营运公共承运人是做"舱位"买卖的,并像实际承运人一样出具提运单的货运代理,它不一定是多式联运承运人,因为它不一定涉及多种运输方式。无船营运公共承运人和多式联运承运人都是货运代理中比较典型的形式。

 知识链接

国际货运代理来源于英文"International Freight Forwarder",近年来,随着国际贸易和多种运输形式的发展,国际货运代理的服务范围不断扩大,其在国际贸易和国际运输中的地位也越来越重要。目前,各国对之称谓不尽相同,如"通关代理行""清关代理人""报关代理人"及"船货代理"等,而我国则称之为"国际货运代理"。虽然称谓不同,但实际上含义是相同的。

3) 国际货运代理的性质

国际货运代理主要是接受委托人的委托,就有关货物运输、转运、仓储、保险,以及与货物运输有关的各种业务提供服务的一个机构。国际货运代理是一种中间人性质的运输业者,他既代表货方,保护货方的利益,又协调承运人进行承运工作,其本质就是"货物中间人",在以发货人和收货人为一方,承运人为另一方的两者之间行事。

从另一个角度看,国际货运代理是社会产业结构中的第三产业,是科学技术、国际贸易结构、国际运输方式发展的结果。在社会信息高度发展的趋势下,由于信息不受任何行业、区域、国界的限制,只要掌握信息,便能提供为委托人所需要的优质服务。传统的装卸公司、运输部门、仓储等也纷纷摆脱其局限性,转向或参与转运服务,并有效地使用自己所拥有的设施和条件,从中获取"附加价值"或"附加收益"。而现在某些国际货运代理通过建立自己的运输组织并以承运人身份承担责任的方式来谋求更广阔的业务范围。

2. 国际货运代理的服务对象及内容

1)为发货人服务

国际货运代理代替发货人承担在不同货物运输中的任何一项手续,以最快最省的运输方式,安排合适的货物包装,选择货物的运输路线。向客户建议仓储与分拨。选择可靠、效率高的承运人,并负责缔结运输合同。安排货物的计重和计量。办理货物保险。拼装货物。装运前或在目的地分拨货物之前把货物存仓。安排货物到港口的运输,办理海关和有关单证的手续,并把货物交给承运人。代表托运人或进口商承付运费、关税税收。办理有关货物运输的任何外汇交易。从承运人那里取得各种签署的提单,并把他们交给发货人。通过与承运人和货运代理在国外的代理联系,监督货物运输进程,并使托运人知道货物去向。

2)为海关服务

当货运代理作为海关代理办理有关进出口商品的海关手续时,它不仅代表他的客户,而且代表海关当局。事实上,在许多国家,他得到了这些当局的许可,办理海关手续,并对海关负责,负责在早发定的单证中,申报货物确切的金额、数量、品名,以使政府在这些方面不受损失。

3)为承运人服务

货运代理及时向承运人定舱,议定对发货人、承运人都公平合理的费用,安排适当时间交货,以及以发货人的名义解决和承运人的运费账目等问题。

4)为航空公司服务

货运代理在空运业上充当航空公司的代理。在国际航空运输协会以空运货物为目的而制定的规则上,它被指定为国际航空运输协会的代理。在这种关系上,它利用航空公司的货运手段为货主服务,并由航空公司付给佣金。同时,作为一个货运代理,它通过提供适于空运程度的服务方式,继续为发货人或收货人服务。

5)为班轮公司服务

货运代理与班轮公司的关系随业务的不同而不同,近几年来由货运代理提供的拼箱服务,即拼箱货的集运服务已建立了他们与班轮公司及其他承运人(如铁路)之间的较为密切的联系,然而一些国家却拒绝给货运代理支付佣金,所以他们要在世界范围内争取对佣金的要求。

6)提供拼箱服务

随着国际贸易中集装运输的增长,引进了集运和拼箱的服务,在提供这种服务中,货运代理担负起委托人的作用。集运和拼箱的基本含义是,把同一个出运地若干发货人发往另一个目的地的若干收货人的小件货物集中起来,作为一个整件运输货物发往目的地的货运代理,并通过它把单票货物交给各个收货人。货运代理签发提单,即分提单或其他类似收据交给每票货的发货人,货运代理在目的港的代理凭初始的提单交给收货人。拼箱的收、发货人不直接与承运人联系,对承运人来说,货运代理是发货人,而货运代理在目的港的代理是收货人。因此,承运人给货运代理签发的是全程提单或货运单。如果发货人或收货人有特殊要求,货运代理也可以在出运地和目的地从事提货和交付的服务,提供"门到门"的服务。

7)提供多式联运服务

在货运代理作用上,集装箱化介入了多式联运,这时他充当了主要承运人,并承担了组织一个单一合同下,通过多种运输方式进行"门到门"的货物运输的任务。它可以以当事人的身份,与其他承运人或其他服务提供者分别谈判并签约。但是,这些分拨合同不会影响多式联运合同的执行,也就是说,不会影响发货人的义务和在多式联运过程中,他对货损及灭失所承担的责任。在货运代理作为多式联运经营人时，通常需要提供包括所有运输和分拨过程的一个全面的"一揽子"服务，并对它的客户承担一个更高水平的责任。

3. 国际货运代理的作用

国际货运代理企业通晓国际贸易环节，精通国际运输业务，熟悉有关法律、法规，业务关系广泛，信息来源准确、及时，与进出口货物收发货人、承运人、仓库、堆场、货运站、码头、港口代理、机场、车站、保险公司、报关行、快递公司、拖车行、控箱公司、熏蒸公司、银行等相关企业，海关、出入境检验检疫局、外汇管理局、港务局等有关政府部门存在着密切的业务关系，是这些关系人和政府部门沟通的重要桥梁。它不仅可以促进国际贸易和国际运输事业的发展，而且可以为国家创造外汇来源，对于本国国民经济发展和世界经济的全球化都有重要的推动作用。其在国际物流活动中的作用简述如下。

1）提供专业服务

国际货运代理企业的本职工作是利用自身专业知识和经验，为委托人提供货物的承揽、订舱(含租船、包机、包舱)、托运、仓储、包装；货物的监装、监卸、集装箱拼装拆箱、分拨、中转及相关的短途运输服务，报关、报检、报验、保险，缮制、签发有关单证、交付或收取运费、结算及交付或收取杂费，国际展品、私人物品及过境货物运输代理，国际多式联运、集运(含集装箱拼箱)，国际快递(不含私人信函)；咨询及其他国际货运代理业务。国际货运代理企业通过向委托人提供各种专业服务，可以使委托人不必在自己不熟悉的业务领域花费更多的心思和精力，使不便或难于依靠自己力量办理的事宜得到恰当、有效的处理，有助于提高委托人的工作效率。

2）办理集中托运

国际货运代理企业也称为集中托运商，因为它从个别托运人处接收分散的或小批量的零散货物、物品，然后集中成组交给承运人进行运输，在目的地又把大批量装载拆成原来的装运量，以便进行运输、配送。这样对托运人来说，方便快捷；对承运人来说，接受货物省时、省事、省钱，而且有比较稳定的货源。集货适用于任何运输方式。国际货运代理企业的优势主要表现在大批量的装运可以获得较低的费率，而且在很多时候可以使小批量装运的速度快于个别托运人直接和承运人打交道的装运速度，因而大大提高了服务质量和服务速度，提高了国际货运代理企业为客户提供"安全、迅速、准确、节省、方便"的服务质量的广度和深度，为客户增加了价值，促进了生产力的发展，提高了经济效益。

3）安排合理运输

国际货运代理企业掌握货物的运输、仓储、装卸、保险市场行情，与货物的实际承运人、仓库、堆场、货运站、码头、港口代理、机场、车站、保险公司、报关行、快递公司、拖车行、控箱公司、熏蒸公司、银行等相关企业有着长期、密切的友好合作关系，拥有丰富的专业知识和业务经验、有利的谈判地位、娴熟的谈判技巧。国际货运代理企业通过努力可以为客户选择货物的最佳运输路线、运输方式，最佳的仓储保管人、装卸作业人和保险公司，争取公平合理的运价，为客户提供合理的运输方案。

4）提供咨询服务

国际货运代理企业可以就货物的包装、储存、装卸和照管，货物的运输方式、运输工具、运输路线、运输费用和运输时间，货物的保险、进出口单证和货款的结算，海关、出入境检验检疫局、外汇管理局、港务局等有关当局的要求向委托人提出明确、具体的咨询意见,协助委托人设计、选择适当处理方案,避免、减少不必要的周折和浪费。国际货运代理企业肩负起货物跟踪的责任,随时随地向客户提供货物的在途信息。

4. 国际货运代理与委托人的义务、责任和权利

委托人与货运代理之间是委托与被委托的关系。这种委托代理关系必须由一方书面提出,经另一方书面接受才能成立。长期的应签订协议或合同,委托方的要求或指示和被委托方的义务应在协议或合同中做出明确的规定。临时的应由委托人填写委托申请单,此单一般都有印就的格式。

1) 货运代理的义务、责任

通常货运代理应尽的义务或者说应承担的责任如下。

(1) 货运代理应按照协议或合同中的规定和委托人的指示,办理有关的委托事项。货运代理必须在委托人授权的范围内行事,否则,由此而产生的一切后果由代理人承担责任。

(2) 货运代理应本着忠信、诚实的原则向委托人及时、如实地汇报一切重要事项。

(3) 货运代理不得收受贿赂或图谋私利或与第三方串通损害委托人的利益。

(4) 货运代理在代理期间或在代理协议(合同)终止后,不得将代理过程中所得到的商业情报或重要资料向第三方泄露。

(5) 货运代理不得将委托人所授予的代理权委托他人行使,如在客观上确有此需要,应事先征得委托人的同意。

(6) 货运代理应对其本人及其雇员所造成的错误或疏漏承担责任。应承担的责任包括未按照指示交付货物,办理保险时发生错保、漏保,报关有误或延迟,错发错运,未能按照必要的程序取得再出口货物的退税,未按规定收取收货人的货款就交付货物,在代理过程中造成第三方的财产灭失或损坏或人身伤亡。

(7) 当货运代理作为缔约当事人时,应对其雇佣的承运人或分运代理人的行为或不行为负责。

(8) 货运代理应如实向委托人申报账目,如发生特殊开支或个别费用,应事先征得委托人的同意。

2) 货运代理的权利

通常货运代理应享有的权利如下。

(1) 收取因运送货物、保管储存货物而产生的一切费用。

(2) 收取因办理投保、报关、报检、签证、银行结汇及其他服务而产生的费用。

(3) 收取因不能控制的原因致使代理合同难以履行而产生的有关费用。

(4) 收取委托人支付的佣金和承运人支付的订舱佣金。

(5) 如委托人无理拒付或拖延支付其应付的费用,货运代理有权对货物行使留置权,并有权以某种适当的方式出售货物以补偿其应收取的费用,或以委托人留在货运代理手中的其他款项进行抵偿。

3) 委托人的义务、责任

委托人通常应承担的义务与责任如下。

(1) 委托人除应按协议(合同)中规定的条款办事外,如对货运代理另有要求时,必须及时发出明确具体的指示,以便货运代理凭以执行。

(2) 对于货运代理提出的征询意见应及时回答,如由于回答不及时或不当而造成某种损失时,委托人应承担相应责任。

(3) 委托人应按规定支付代理佣金和其他有关费用。

(4) 委托人通常应预付一笔业务备佣金给货运代理，代理工作完毕后，由货运代理报账，多退少补，如由于委托人的责任而使货运代理遭受经济损失的，应由委托人给予补偿。

4) 委托人的权利

委托人通常享有的权利如下。

(1) 对于货运代理所提供的情况或资料不实，或货运代理故意隐瞒某一事实真相而致使委托人遭受损失的，委托人有权向货运代理追索赔偿并撤销协议(合同)。

(2) 如由于货运代理图谋私利或与第三方串通或接受贿赂或出卖委托人的机密而使委托人的利益遭受损害时，委托人有权向货运代理提出赔偿要求，或拒绝支付佣金或进行起诉。即使上述行为未使委托人遭受损失，委托人亦可行使上述权利。

【做一做】

站在苏州某电子公司物流部负责人张成的立场上，对苏州地区一家货运代理企业进行调研。

【评一评】

相互交换所完成的调研报告，查看组内其他成员的调研工作，每组进行综合，得出小组调研报告，在班级内交流。

任务2 签订国际货物运输合同

【学习目标】

- 熟悉国际货物运输合同。
- 掌握国际货物运输单据的种类。
- 掌握国际货物运输单据的填写规范。

【任务描述】

本任务通过对国际货物的交接、提单等基本知识的学习，并加以相应的技能训练，培养学生进行国际货物运输操作的能力。

【想一想】

苏州某电子公司有35kg货物样品，经国际运输托运至美国华盛顿四十号大街35号美华贸易公司，请为该公司缮制相关运单，签订运输合同。

国际货物运输合同按不同的运输方式有国际海上货物运输合同、国际铁路货物运输合同、国际公路货物运输合同、国际航空货物运输合同、国际多式联运合同等。下面主要介绍有关国际海上货物运输方面的合同。

8.2.1 签订国际货物运输代理合同的基本程序

国际货物运输代理合同是由国际货物托运人与国际货运代理双方签订的协议，其签订的基本程序如下。

1. 提出委托、代理意向

无论是建立长期委托代理关系，还是建立个案委托代理关系，都要有一方当事人首先提出建立这种关系的意向。实践中，有时由进出口货物的收、发货人向国际货运代理企业提出委托办理某项业务的意向，有时则由国际货运代理企业主动向进出口货物的收、发货人揽取业务，提出建立代理关系的愿望。当事人提出委托、代理意向是建立委托代理关系的起点，也是洽谈委托代理合同条款的基础。关于委托、代理意向的表现形式，一般体现为进出口货物的收、发货人提出拟委托办理的国际货物运输业务项目，向国际货运代理企业进行询价，国际货运代理企业向进出口货物的收、发货人介绍自己能够提供的服务项目，以及各项服务的价格，法律上称之为"要约邀请"。

2. 调查、了解对方资信状况

委托代理关系建立在委托人和受托人之间相互了解、信任的基础之上。双方全部具备签订国际货物运输委托代理合同的主体资格，是保证所签国际货物运输委托代理合同合法、有效的前提条件；双方具有较好的商业信誉，委托人具备按时提供需要运输的货物及相关单证，支付相关运费、杂费和代理费用的能力，受托人具备亲自办理委托事项的能力和经验，是国际货物运输委托代理合同得以正常履行的必要条件。

因此，无论委托人委托国际货运代理企业办理国际货物运输事宜，还是国际货运代理企业主动向进出口货物的收、发货人揽取国际货物运输业务，双方在正式发生业务关系以前，都要调查、了解对方的签订国际货物运输委托代理合同的主体资格、商业信誉和履行合同的能力，然后才能洽谈委托代理事宜，正式建立业务关系。否则，难免会发生国际货物运输委托代理合同无效、不能顺利履行、无法达到预期目的的后果。

实践中，作为委托人的进出口货物收货人或发货人，应当注意了解其拟委托的单位是否已经取得《中华人民共和国国际货物运输代理企业批准证书》，该证书中是否载有其拟委托的业务经营范围，拟委托的单位是否具有对外开展经营活动、签订合同的主体资格，是否具有完成其拟委托的业务的经验和能力。如果发现其拟委托的单位没有上述批准证书，或者批准证书中没有记载其拟委托的业务经营范围，或者没有办理其拟委托业务的经验和能力，应当果断终止业务联系，另行寻找受托对象。如果发现其拟委托的单位属于国际货运代理企业的内部业务部门，或者属于没有业务经营权限的办事机构，应当要求与具备签订合同主体资格的国际货运代理企业法人或其持有营业执照的分支机构签订合同。作为受托人的国际货运代理企业，也要注意了解委托人是否拥有"企业法人营业执照"，是否拥有进出口经营权，其所委托的业务是否属于上述执照记载的经营范围，调查委托人是否具有履行委托人义务的能力。如果发现委托人没有相应的货物进出口经营权，不具备对外签订合同的资格，可以建议其委托拥有相应货物进出口经营权的单位办理货物进出口手续，由具备对外签订合同主体资格的单位出面签订国际货物运输委托代理合同。如果发现委托人商业信誉不好，没有履行委托人义务的能力，亦应婉言谢绝其委托意向。否则，难以保证其合法权益的实现。

3. 表达订立合同的愿望

进出口货物的收、发货人和国际货运代理企业收到对方表达的建立委托代理关系的意向，了解对方的资信状况以后，如果同意继续洽谈建立委托代理关系的有关问题，应明确向对方表达订立委托代理合同的愿望，正式向对方提出订立委托代理合同的建议及合同条件，法律上称之为要约。

知识链接

要约是指希望订立合同的人向其他人发出的希望订立合同的意思表示,包括订立合同的建议和合同条件等内容。发出要约的人称为要约人,接受要约的人称为受要约人,简称受约人。

4. 审核、评估对方的合同条件

无论委托人主动提出合同条件,还是国际货运代理企业主动提出合同条件,收到合同条件的一方都应当对其从经济、技术、法律等角度进行审核、评估,以便决定是否接受对方提出的合同条件。对于委托人来讲,通常要对国际货运代理企业提出的运输方式、运输路线、运输时间、操作方法、收费标准等进行评估,以便决定是否将有关业务委托给该国际货运代理企业。对于国际货运代理企业来讲,则要对委托人提出的运输方式、运输时间、价格条件、结算方式等要求进行评估,以便确定自己是否能够完成委托事项,能否按照委托人提出的条件接受委托。

5. 回复对方当事人

委托人或国际货运代理企业审核、评估对方提出的合同条件以后,应当及时回复对方当事人。回复的内容可以分为拒绝接受、同意接受和提出新的谈判条件三种情况。其中,拒绝对方提出的合同条件意味着放弃建立委托代理关系。同意接受对方提出的合同条件构成法律上的承诺,需要与对方签订合同。提出新的谈判条件构成法律上的反要约,需要等待对方的回复。

所谓承诺,是指受要约人接受要约的全部条件,同意订立合同的意思表示。

6. 签订委托代理合同

从法律上来讲,自承诺生效时起,合同就成立了。承诺生效的地点为合同成立的地点。但是,实践中双方就合同条款达成一致后,往往需要签订书面合同。当事人采用书面形式订立合同的,自双方当事人签字或者盖章时合同成立,并以双方当事人签字或者盖章的地点为合同成立的地点。当事人采用信件、数据电文等形式订立合同,一方当事人要求签订确认书的,签订确认书时合同成立。采用数据电文形式订立合同的,以收件人的主要经营场所所在地为合同成立的地点;对于没有主营业地的自然人,以其经常居住的地点为合同成立的地点。法律、行政法规规定或当事人约定采用书面形式订立合同,当事人没有采用书面形式订立合同,或者采用书面形式订立合同,在双方签字或盖章之前,一方已经履行主要义务,对方亦接受履行的,合同仍然成立。

8.2.2 缮制提单

国际海上货物运输一般可以分为班轮运输和租船运输两类。国际海上货物运输合同是承运人与托运人订立的,规定由承运人将货物从一国港口运至另一国约定港口,并由托运人或收货人向承运人支付约定运费和其他有关费用的协议。

由于国际海上货物运输中有班轮运输和租船运输之分,所以,国际海上货物运输合同也相应地分为班轮提单和租船合同两类。

1. 提单的概念、性质和作用

提单(Bill of Lading)是承运人在接管货物或把货物装船之后,由其本人或代理人签发给托运人,用以证明双方之间存在海上运输合同和证明该合同内容,并保证在目的港按提单所载明的条件交付货物的书面凭证。提单的性质和作用主要有以下四个方面。

(1) 提单是托运人与承运人之间海上运输合同存在及其内容的证明。虽然提单是证明海上货物运输合同存在及其内容的证据，但它本身并不是海上货物运输合同。这是因为，在班轮运输交易中，实际上在班轮公司或其代理人签发装货单、同意承运托运人的货物时，海上货物运输合同即成立，但提单通常是在海上货物运输合同成立以后才由班轮公司或其代理人向托运人签发的。提单的存在并非证明海上货物运输合同是何时订立的，而只是证明如下两点：其一，海上货物运输合同是存在的；其二，海上货物运输合同的基本内容。

(2) 提单是承运人收到托运人托运货物的正式收据。承运人或其代理人向托运人签发提单，就表明承运人已经收到提单项下所列的货物。在货物运到目的港后，承运人应按提单项下所列的货物，向收货人交货。

(3) 提单是物权凭证。提单是其项下所列货物的物权凭证。因此，提单即代表其项下所列的货物。占有提单就等于占有其项下所列的货物。转让提单亦等于转让其项下所列的货物。由于提单是物权凭证，所以，在交易实践上，也可以在提单上设定担保物权。

(4) 提单是处理承运人与收货人及承运人与提单受让人之间权利和义务争议的法律依据。即提单不仅是承运人与托运人之间海上货物运输合同的证明，在提单发生转让的情况下，它也是确定承运人与提单受让人之间权利和义务的主要法律依据。承运人与提单受让人之间的权利和义务关系也要受提单的约束。

2. 提单的种类

可以按不同的标准，对提单做不同的分类。一般地，可将提单做以下分类，见表8-3。

表8-3 提单的种类

标准	类别	特　点
以提单项下所列货物是否已经装船划分	备运提单	又称货物收讫待运提单，是承运人收到提单项下货物但尚未将其装上运货船舶时，应托运人的要求所签发的提单
	已装船提单	在货物装船后，托运人可凭备运提单换取已装船提单，或者，由承运人在备运提单上加注"已装××船"字样并注明装船日期和签字盖章，使之转为已装船提单
以是否在提单上对其项下货物加列批注划分	清洁提单	承运人未就提单项下货物的表面状况在提单上加列任何批注。清洁提单表明，承运人承认提单项下货物是在表面状况良好的条件下装船的
	不清洁提单	承运人就提单项下货物的表面状况在提单上加列了批注。不清洁提单表明，承运人声明提单项下货物是在表面状况不良的条件下装船的。在国际货物买卖交易实践上，不清洁提单通常被买方和银行所拒绝
以提单上所注明的收货人确定的方式划分	指示提单	在提单上收货人一栏内只填写"凭指示"或"凭××指示"字样的提单。前者称不记名指示提单；后者称记名指示提单。指示提单是一种可转让提单。提单的持有人可以通过背书将提单转让，而无须取得提单签发人亦即承运人的同意或认可
	记名提单	又称收货人抬头提单，在提单上收货人一栏内填写某一特定的人或公司名称的提单。记名提单要求承运人必须将提单项下货物交给提单上所注明的特定收货人。记名提单的特点是，只有记名提单的收货人才可以将其背书转让，而包括托运人在内的任何其他人，都不能将其背书转让
	不记名提单	其中不填写具体收货人，仅注明承运人须向提单持有人交付提单项下货物的提单，因此，不记名提单又称持有人提单或空白抬头提单。不记名提单的转让无须背书。承运人见单即交货，而不询问提单持有人的身份

续表

标准	类别	特　　点
以提单项下货物的具体运输方式划分	直达提单	又称直运提单，是指由承运人所签发的，表明其用同一船舶将提单项下货物从起运港直接运抵目的港的提单
	转船提单	由承运人所签发的，表明其需在起运港以外的其他港口将提单项下货物换装其他船舶，从而将提单项下货物运抵目的港的提单。在实务中，提单中可能会载有规定承运人有权转船的"自由转船条款"，在这种情况下，如在提单上有转船批注，该提单为转船提单；如无转船批注，则该提单仍是直达提单，而非转船提单
	联运提单	由第一承运人所签发的，表明提单项下货物需经联合采用，包括海运方式在内的两种或两种以上不同的运输方式（如海—铁路、海—空、海—空—公路等），方能运抵目的地的提单。联运提单虽是由第一承运人签发的，但其对所有的承运人都有约束力。联运提单中通常采用分段负责制，并相应地载有分段负责条款。按照分段负责制，各承运人仅对自己经营的船舶所承担的提单项下货物的运输负责。运费由第一承运人统一收取，然后依照各承运人所承担的运输量来分配
以提单表现形式的简繁划分	简式提单	仅在提单正面载明提单的各主要项目内容（货物名称、数量、船名、装运港、目的港、转运港等），但并不在提单背面载明规定承运人或托运权利、义务等提单条款的提单。在实务中，通常在简式提单上注明"根据×××年××月××日订立的租船合同出立"或类似字样，从而使之用于租船合同下的货物运输。在班轮运输中一般不采用简式提单
	繁式提单	不仅在其正面载明提单各主要项目内容，而且还在其背面载明规定承运人和托运人权利、义务等提单条款的提单。繁式提单通常用于班轮运输
以提单项下货物的运费是否已经在提单签发之时付讫划分	运费预付提单	在提单上已经注明"运费预付"字样的提单
	运费未付提单	在提单上已经注明"运费未付"字样的提单。在实务中，运费未付提单项下货物的运费一般是由收货人在货抵目的港后支付的
以提单日期与货物的实际装船日期的关系划分	正期提单	提单日期与货物的实际装船日期一致的提单
	倒签提单	虽然货物的实际装船日期在后，但提单日期却由承运人提前了的提单。正期提单是正常的。但是，倒签提单却往往是应托运人的要求，由承运人和托运人共同所为欺骗行为的结果。在海事欺诈案件中，常发生倒签提单的情况

3. 提单的主要内容

这里的提单是指繁式提单。提单的正面和背面均载有文字与条款，它们构成了提单的内容。在实际国际海上货物运输交易中，提单通常都是由作为承运人的班轮公司印制的。虽然不同的班轮公司所使用的提单内容可能不尽相同，但是，提单的主要内容基本相同。在提单的正面，一般包括以下各项内容。

（1）提单号码。

（2）签发提单的日期、地点和份数。

（3）船名与船籍。

（4）托运人、收货人及通知人。

（5）货物名称、唛头、号码、包装、内容、件数、尺码、重量和价值等关于货物情况的项目。

（6）装运港、转运港、目的港（地）及运输航线。

（7）运费及其支付状况（预付或本付）。

（8）提单签发人的签名。

提单正面的内容大部分是由班轮公司印制的分栏空白表格，并由托运人填写或由承运人根据托运人提供的信息打印的。此外，在一些提单的正面还印制有表明当事人双方已经接受提单中一切印刷、书写或打印的规定，免责事项和条件的条款。

4. 提单缮制的内容

提单（图 8.1）的缮制包括以下内容。

（1）提单的名称。必须注明"提单"（Bill of Lading）字样。

（2）提单的份数。整套正本提单应注有份数，应当按照信用证规定办理。例如，信用证规定全套提单（Full Set B/L，Complete Set B/L）是指承运人签发提单正本，通常为一份、两份或三份。如信用证要求"2/3 Original B/L"，即指承运人签发提单正本三份，受益人凭全套正本提单中的两份办理结汇。

（3）托运人（Shipper）的名称和营业所。此栏填写出口商，信用证没有特殊规定时应填写信用证受益人（Benificiary）的名称和地址，如果信用证要求以第三者为托运人，必须按信用证的要求予以缮制，填写托运人的全称、街名、城市、国家名称、联系电话、传真号码。

① 托运人可以是货主。

② 托运人可以是货主的贸易代理人。

③ 托运人也可以是货主的货运代理人。

（4）收货人（Consignee）的名称。收货人的指定关系到提单能否转让及货物的归属问题，收货人名称一栏必须按信用证的规定填写。例如，信用证规定提单做成"Made out to order"，则打"order"一字；"Made out to order of the issuing bank"则打"Order of ×××× Bank（开证行全名）"。如信用证规定提单直接做成买主（申请人）或开证行的抬头，则不可再加"Order of"两字。此栏应填写收货人的全称、街名、城市、国家名称、联系电话、传真号码。

① 本栏填写"To Order"或"To Order of Shipper"等字样，表示提单可以转让。

② 收货人可以是实际收货人，也可以是货运代理人。

③ 如有两个或者两个以上收货人，收货人栏内填写第一收货人，通知栏填写第二收货人。

（5）通知方（Notify Party）。须注有符合信用证规定的名称和地址、电话号码等。被通知人即进口方或进口方的代理人。填写通知人的全称、街名、城市、国家名称、联系电话、传真号码。

（6）海运船只（Ocean Vessel）。本栏按实际情况填写承担本次运输货物的船舶的名称和航次。若是收妥待运提单，待货物实际装船完毕后应记载船名。

（7）装货港（Port of Lading）。本栏填写货物的实际装船的港口名称，即启运港。

① 在信用证项下，必须按照信用证规定的发运港填制。

Shipper

B/L NO.

Consignee

中国远洋运输（集团）总公司

CHINA OCEAN SHIPPING (GROUP)CO .

CABLE:COSCO BEIJING
TLX:210740 CPC CN

COPY

Notify Party

Combined Transport BILL OF LADING

RECEIVED in apparent good order and condition except as otherwise noted the total number of container or other packages or units enumerated below for transportation from the place of receipt to the place of delivery subject to the terms hereof. One of the signed Bills of Lading, must be surrendered duly endorsed in exchange for the Goods of delivery order. On presentation of this document duly endorsed to the Carrier by or on behalf of the Holder of the Bill of Lading, the rights and liabilities arising in accordance with the terms hereof shall, without prejudice to any rule of common law of statute rendering them binding on the Merchant become binding in all respects between the Carrier and the Holder of the Bill of Lading as though the contract evidenced hereby had been made between them. IN WITNESS whereof the number of original Bills of Lading slated under have been signed, all of this tenor and date, one of which being acccomplicned, the other(s) to be void.

Pre-Carriage by	Place of Receipt	
Pre-Carriage by Voy No.	Port of Loading	
Port of Discharge	Place of Delivery	Final Destination (of the goods-not the ship) see Article 7 paragraph(2)

Particulars Furnished by Merchants

Marks & Nos. Container. Seal No.	No.of Containers or P kgs	Kind of Packages; Description of Goods	Gross Weight	Measurement

Total Number of Containers or Packages(in words)

Freight & Charges	Revenue Tons	Rate	Per	Prepaid	Collect

Ex Rate	Prepaid at	Payable at	Place and Date of Issue
	Total Prepaid	No. of Original B(S)/L	Signed for the Carrier

LADEN ON BOARD THE VESSEL
DATE BY..........................

图 8.1 提单

② 对于从内陆地送货到沿海港口的，发货地不一定是装运港。

(8) 卸货港(Port of Discharge)。本栏填写海运承运人终止承运责任的港口名称。在单式海运即港对港(装货港到卸货港)运输方式下,只需在装货港、海轮名及卸货港三栏内正确填写;如在中途转船(Transshipment),转船港(Port of Transshipment)的港名不能打在卸货港(Port of Discharge)栏内。需要时,只可在提单的货物栏空间打明"在××(转船港)转船"或"With transshipment at ××"。

"港口"和"地点"是不同的概念。有些提单印有"收货地点"和"交货地点/最后目的地"等栏目,供提单用作"多式联运"或"联合运输"运输单据时用。单式海运时不能填注,否则会引起对运输方式究竟是单式海运抑或多式联运的误解。

提单上印有"前期运输由"(Pre-Carriage by)栏也为"多式联运"方式所专用,不能作为转船提单时打明第一程海轮名称的栏目。只有作为多式联运运输单据时,才能在该栏内注明"铁路""卡车""空运"或"江河"等运输方式。

① 卸货港一般是最终收货人所在国家的港口,有时依据承运人的航线和挂靠港口来确定。

② 对于信用证方式结算的交易,按信用证中规定的卸货港填制。

③ 对于有中间商加入的交易三方,一般是货物直接运到最终收货人所在国家或地区的港口。

(9) 标志和号码(Marks and Nos.):又称唛头,是提单与货物联系的主要纽带,是收货人提货的重要依据,必须按信用证或合同的规定填写。如无唛头规定时可注明:"No Marks"(N/M)。

(10) 包装件数和种类、货名(Number and Kind of Packages,Description of Goods)。此栏按货物是散装货、裸装货还是包装货的实际情况填写。要填写符合信用证或合同的,与实际货物的名称、规格、型号、成分、品牌等相一致的货物名称和包装种类等。严格做到品名、包装、数量等"单单一致、单证一致、单货一致"。

(11) 毛重和尺码(Gross Weight and Measurement)。此栏填写各货物的毛重和体积(尺码)。

(12) 合计件数(Total Number of Container or Packages)。此栏填写货物的毛重总数和体积总数(必须用大写)。提单上关于货物的描述不得与商业发票上的货物描述不一致,货物件数应按实际包装名称填写。

(13) 运费和其他费用(Freight and Charges)。此栏填写运费及额外的附加费用。

(14) 运费支付地点(Freight Payable at)。此栏按信用证的规定填写。

(15) 签单地点和日期(Place and Date of Issue)。提单签发地点为装运港所在城市的名称,签发日期为货物交付承运人或装船完毕的日期。

(16) 提单的签发。提单必须由船长或承运人或承运人的代理人签字盖章。

提单正面须打明承运人(Carrier)的全名及"Carrier"一词以表明其身份。提单正面未做如上表示,且由代理行(Forwarder)签署提单时,则在签署处必须打明签署人的身份。提单的签发应以收货单(M/R,件杂货)或场站收据(D/R,集装箱)为依据。

(17) 提单右上方的 B/L NO. 是承运人或其代理人按承运人接受托运货物的先后次序或按舱位入货的位置,公司内部对提单的编号。

(18) 装船批注。提单有印就"已装船"字样的,无须加注"装船批注";如有印就"收妥待运"字样的则必须再加注"装船批注"并加上装船日期。

提单印有"Intended vessel""Intended port of loading""Intended port of discharge"

及/或其他"Intended…"等不肯定的描述字样者,则必须加注"装船批注",其中须把实际装货的船名、装货港口、卸货港口等项目打明,即使和预期(Intended)的船名和装卸港口并无变动,也需重复打出。

(19) 批注。提单不能有"不洁净"批注(Unclean Clause),即对所承载的该批货物及其包装情况有缺陷现象的批注。

(20) 关于转船。转船要根据信用证要求填制。

(21) 提单的涂改、更正。提单上的任何涂改、更正须加具提单签发者的签章。

8.2.3 签订租船合同

1. 租船合同的概念和种类

租船合同是出租人与承租人之间关于由出租人向承租人出租船舶,而由承租人向出租人支付租金的合同。

在租船运输交易实务中,租船合同主要有以下几种,见表8-4。

2. 标准租船合同范本

为了简化签订租船合同的手续,加快签约的进程和节省为签订租船合同而发生的费用,也为了能通过在合同中列入一些对自己有利的条款,以维护己方利益,在国际航运市场上,一些航运垄断集团、大的船公司或货主垄断组织先后编制了供租船双方选用,作为洽商合同条款基础的租船合同范本。租船合同范本的种类很多,标准航次租船合同代表范本是"金康"(GENCON),定期租船合同代表范本有"纽约土产"(NYPE),光船租船合同代表范本有"光租"(BARECON)等。

表8-4 租船合同的种类

类别	特点	合同类别	合同的主要内容
航次租船合同	指船舶出租人向承租人提供船舶或者船舶的部分舱位,装运约定的货物,从一港口运至另一港口,并由承租人为此向出租人支付约定运费的合同	在法律性质上,航次租船合同是一种海上运输合同	出租人和承租人的名称、船名、船籍、船级、吨位容积、船速、燃料消耗、航区、用途、租期限、交船与还船时间、地点及条件,租金及其支付等相关事宜
定期租船合同	指船舶出租人向承租人提供约定的由出租人配备船员的船舶,由承租人在约定的期间内按照约定的用途使用,并向出租人支付租金的合同	在法律性质上,定期租船合同是一种船舶租赁合同	出租人和承租人的名称、船名、船籍、载货重量、容积、货名,装运港与目的港、受载期限、装卸期限、运费、滞期费、速遣费的支付及其他事项
光船租赁合同	指船舶出租人向承租人提供不配备船员的船舶,在约定的期间内由承租人占有、使用和营运,并向出租人支付租金的合同	在法律性质上,光船租赁合同是一种船舶租赁合同	出租人和承租人的名称、船名、船籍、船级、吨位、容积、航区、用途、租船期间、交船和还船的时间和地点及条件、船舶检验、船舶的保养维修、租金及其支付、船舶保险、合同解除的时间和条件,以及其他有关事项

 **知识链接**

租船合同样本

租用单位(甲方):_____
地址:_____ 邮编:_____ 电话:_____
法定代表人:_____ 职务:_____
船舶单位(乙方):_____
地址:_____ 邮编:_____ 电话:_____
法定代表人:_____ 职务:_____

1. 乙方根据甲方需要,同意将_____船_____马力_____t租给甲方使用,经双方协商签订本合同。

2. 甲方租用乙方船舶只限于_____工作,甲方只有调度权,航行安全、技术操作由乙方船长负责。如甲方需要在船上另增设备等工作,必须经船方同意方可施行,对船体及船上设备损坏、退租时由甲方负责恢复原状或赔偿;修复期照收租费,因驾驶造成损失由乙方自理,因特殊情况造成损失的按海事章程办理。

3. 船在租期内,因气候(大风、雨、雾)等原因滞船均包括在租期内,但机器发生故障或者船上责任在24h内照收租费,超过24h由甲方通知船管处按已收租费退给甲方。

4. 无论航行或停泊,倘遇有人力不可抗拒的灾害、政府法令和军事行动等情况,甲乙双方受损,呈请上级按海事处理。

5. 租用期定为_____年,自_____年_____月_____日起至_____年_____月_____日止,甲方如继续使用或停用应在5日前向船管处提出协商,否则按合同规定照收租费或按合同期限将船舶调回,另行安排任务。

6. 租金每月为_____元,合用生效日起船管处即进行结算,每月结算一次,按月租用,不足一个月按一个月收费,超期部分按日计收。

7. 燃料由_____方负责,但_____方需协助,其费用由_____方承担。

8. 装运乱石石子等特殊物资的船舶由甲方负责配备铺垫船板等,以保护船体。

9. 双方接交船舶地点在_____港。

10. 本合同正本三份,甲乙方和船管处各执一份,具有同等效力。

11. 本合同于_____年_____月_____日起生效。

12. 未尽事宜,发生后按照规定经双方协商同意,方可执行。

甲方:(盖章)　　　　　　　　　乙方:(盖章)
甲方代表:　　　　　　　　　　　乙方代表:
日期:　　　　　　　　　　　　　日期:

【做一做】
根据运输合同的要求,填写提单的相关内容。

【评一评】
相互交换所完成的结果,提出修正意见,每组重新填写提单,在班级内交流。

任务 3 　国际货物的交接

【学习目标】

- 熟悉国际货物运输的装载方式与交接地点。
- 掌握国际货物运输的交接方式。
- 熟悉国际货物运输的交接程序。

【任务描述】

本任务通过对国际货物的到达交付基本知识的学习，并加以相应的技能训练，使学生掌握进行国际货物运输操作的能力。

【想一想】

美国纽约出口集装箱货物至苏州某电子公司，张成是电子公司业务员，负责货物的到达接货任务，他应该如何办理接货手续？

8.3.1　国际货物的装载方式与交接地点

1. 国际货物的装载方式

国际货物 90% 左右是通过海运完成的，而集装箱运输是海运的主要承担者。国际货运代理企业的货物接交方式或称运输条款对于委托人而言就是交接方式，在日常实务中最重要的就是委托人的集装箱交接方式。

1）装箱装车方式

货物装箱装车应根据出口业务员编制的预配清单，在集装箱货运站或发货人的仓库进行。装箱装车方式分为整箱或整车装和拼箱或拼车装两种，港口系统的集装箱状态中 F 为整箱，L 为拼箱。发货人装箱完毕后，发货人或其货运代理人缮制装箱单和场站收据，在装箱单上标明装卸货港口、提单号、集装箱号、封条号、所装货物名称、重量、件数、尺码等，业内通常称为点单。

装箱完毕后一般要封上承运人提供的封条。封条上印有承运人的名字（多为缩写，如COSCO，MSC）及一连串阿拉伯数字。通常承运人将其封条交给其船代保管。船公司的封条通常为子弹封，很牢固，开启箱门时需用大铁剪方可剪断。有人将承运人封条称为"大封条"。通常，封条加在后门的右半边。因若先打开左半边门是无法打开右半边门的，而相反则可，大部分集装箱后门有四个耳朵（理论上至多可加四个封条）。

封条是一次性的，封条号在提箱时已经出现在各种单证上，所以一旦锁上就不得解下，除非报关时要检查。如果遇上漏装货物却已锁上封条或者封好后海关查箱拆封，则需向承运人或堆场重新申请一条封条，海关查箱后也会给集装箱加封条，但承运人并不允许以海关加的封条来代替承运人的封条。因为实际上装货时海关人员监装的情况很少，所以实际操作中可以先用普通的锁锁箱门，等确认没有问题或海关没有查箱后再加封，这样可以省去多要封条和改单的额外费用。若在内陆发货人仓库装箱运输至集装箱码头的整箱货，应有内地海关关封，并应向出境地海关办理转关手续。

(1) 整箱货或整车货。整箱货或整车货是指货方自行将货物装满整箱或整车以后，以箱或车为单位托运。整箱货(Full Container Load，FCL)通常在堆场(Container Yard，CY)处理。这种情况通常在货主有足够货源装载一个或数个整箱时采用，除有些大的货主自己置备有集装箱外，一般都是向承运人或集装箱租赁公司租用一定的集装箱。业界称"门到门"，指的是把空箱运到客户门点后，发货人把货装入箱内、计数、加锁、加封条后交承运人并取得站场收据，最后凭收据换取提单或运单；到达目的地后同样是把重箱运到客户门点后由收货人自行拆箱。拖车司机去箱场提空箱时即找承运人的船代拿到封条，在工厂做好箱后即加上。整箱货的拆箱一般由收货人办理，但也可以委托承运人在货运站拆箱。承运人不负责箱内的货损、货差，除非货方举证确属承运人责任事故的损害，承运人才负责赔偿。整箱货或非承运人货运站装箱的拼箱货则与传统运输完全不同，承运人只负交箱责任，即负责封条完好，集装箱外表与接运时相似，责任即终止。至于集装箱内所装货物的数量与质量，在一般情况下，承运人是不负责的。整箱货运提单上要加上"委托人装箱、计数并加封条"的条款。

(2) 拼箱货或拼车货。拼箱货(Less than Container Load，LCL)或拼车货是整箱货的相对用语，指装不满一整箱的小票货物。通常是由承运人(或代理人)接受货主托运的数量不足整箱的小票货运后，根据货类性质和目的地进行分类整理，把同一目的地的货集中到一定数量拼装入箱。由于一个箱内有不同货主的货拼装在一起，所以叫拼箱。这种情况在货主托运数量不足装满整箱时采用。业界称"内装"，指于码头或集装箱货运站内装箱。码头单证科依据船公司的封条号在开《理货记录》的同时配发封条，散货班在装箱后立即施封。货主或其代理人将不足整箱的货物连同事先缮制的场站收据送交集装箱货运站，集装箱货运站核对由货主或其代理人缮制的场站收据和送交的货物，接受货物后，在场站收据上签收。如果接收货物时，发现货物外表状况有异状，则应在场站收据上按货物的实际情况做出批注。集装箱货运站将拼箱货物装箱前，需由货主或其代理人办理货物出口报关手续，并在海关人员的监督下将货物装箱，同时还应从里到外地按货物装箱的顺序编制装箱单。

2) 集装箱装箱注意事项

装箱人在装箱前应按规定认真检查箱体，发现集装箱不适合装运货物时，应拒绝装箱，并立即通知集装箱所有人。转关在起运地关区封关，装完箱后，确认装货资料，拖车到工厂所属海关封关。拖车把集装箱还场于转关地拆关，海关检验无误后放行货物，进堆场拿场单盖放行章及装船。转关出口一般要提前一天装箱，以便有充裕时间做封/转关的事宜。集装箱所有人有责任继续提供适合货物装运的集装箱。

集装箱装箱完毕后，应使用合适的方法进行固定、绑扎，并关闭箱门。集装箱内积载良好可节约运输费用和保证货物运送安全，减少货差、货损。如果一票货物装完若干个集装箱以后，只剩下一小部分时，由于不能把不同卸货港的货物混装在一个集装箱内，或者集装箱虽然适合于大部分不同货种的运输，但并不是所有货物都能互相适应装同一箱内，集装箱空间也是有限的。因此在配装同一箱的不同货种时，应当仔细判断，不同货种相互适应才可同箱积载，若不能同箱积载，即便剩下的货物件数不多，也只好另装一个集装箱。因此，在提取空箱之前应全面考虑，编制好集装箱预配清单，按预配清单的需要提取空箱。

2. 国际货物的交接地点

1）集装箱码头堆场

集装箱码头堆场包括集装箱前方堆场（Marshalling Yard）和集装箱后方堆场，但有些国家对集装箱堆场并不分前方堆场或后方堆场，统称为堆场。

在集装箱码头堆场交接的货物，不论是发货港集装箱堆场还是卸货港集装箱堆场，都是整箱交接。

2）集装箱货运站

集装箱货运站（Container Freight Station，CFS）是处理拼箱货的场所。它在办理拼箱货的交接、配积载后，将集装箱送往集装箱堆场；接受集装箱堆场交来的进口货箱，并对其进行拆箱、理货、保管，最后拨交给收货人。从集装箱货运站的任务看，它实际上起到了货物的集中、疏散的作用。

集装箱货运站一般包括集装箱装卸港的市区货运站，内陆城市、内河港口的内陆货运站和中转站。中转站的作用除了没有集装箱专用船的装卸作业外，其余均与集装箱装卸区业务相同。

在集装箱货运站交接的货物，不论是在起运地集装箱货运站交接还是在到达地集装箱货运站交接都是拼箱交接。

3）门点

门点是指委托人的营业所在地，即委托人的工厂或仓库大门或其他营业场所，如办公地点。

8.3.2 国际货物的交接方式

在集装箱运输中根据实际交接地点不同，集装箱货物的交接有多种方式。在不同的交接方式中，集装箱运输经营人与货方承担的责任、义务不同，集装箱运输经营人的运输组织内容、范围也不同。集装箱货物的交接方式有以下四类九种。

1. 委托人整箱交，收货人整箱接

货主把装满货后的整箱在工厂或仓库或堆场交给承运人，收货人在目的地同样以整箱接货，换言之，承运人以整箱为单位负责交接。货物的装箱和拆箱均由货方负责。

1）门到门交接方式

门到门（Door to Door）交接方式是指运输经营人由发货人的工厂或仓库接受货物，负责将货物运至收货人的工厂或仓库交付。在这种交付方式下，货物的交接形态都是整箱交接。

2）门到场交接方式

门到场（Door to CY）交接方式是指运输经营人在发货人的工厂或仓库接受货物，并负责将货物运至卸货港码头堆场或其内陆堆场，在堆场向收货人交付。在这种交付方式下，货物也都是整箱交接。

3）场到门交接方式

场到门（CY to Door）交接方式是指运输经营人在码头堆场或其内陆堆场接受发货人的货物，并负责把货物运至收货人的工厂或仓库，向收货人交付。在这种交付方式下，货物的交接形态都是整箱交接。

4）场到场交接方式

场到场（CY to CY）交接方式是指运输经营人在装货港的码头堆场或其内陆堆场接受货物

（整箱货），并负责运至卸货港码头堆场或其内陆堆场，在堆场向收货人交付（整箱货）。在这种交接方式下，货物的交接形态都是整箱交接。

2. 委托人整箱交，收货人拆箱接

发货人在工厂或仓库把装满货后的整箱交给承运人，在目的地的集装箱货运站或内陆中转站由承运人负责拆箱后，各收货人凭单接货。

1）门到站交接方式

门到站（Door to CFS）交接方式是指运输经营人在发货人的工厂或仓库接受货物，并负责将货物运至卸货港码头的集装箱货运站，或其在内陆地区的货运站，经拆箱后向各收货人交付。在这种交接方式下，运输经营人一般是以整箱形态接受货物，以拼箱形态交付货物的。

2）场到站交接方式

场到站（CY to CFS）交接方式是指运输经营人在装货港的码头堆场或其内陆堆场接受货物（整箱），并负责运至卸货港码头集装箱货运站，或其在内陆地区的集装箱货运站，一般经拆箱后向收货人交付。

3. 委托人拼箱交，收货人整箱接

货主将不足整箱的小票托运货物在集装箱货运站或内陆中转站交给承运人。由承运人分类调整，把同一收货人的货集中拼装成整箱，运到目的地后，承运人以整箱交，收货人以整箱接。

1）站到门交接方式

站到门（CFS to Door）交接方式是指运输经营人在装货港码头的集装箱货运站或其内陆的集装箱货运站接受货物（经拼箱后），负责运至收货人的工厂或仓库交付。在这种交接方式下，运输经营人一般是以拼箱形态接受货物，以整箱形态交付货物的。

2）站到场交接方式

站到场（CFS to CY）交接方式是指运输经营人在装货港码头集装箱货运站，或其内陆的集装箱货运站接受货物（经拼箱后），负责运至卸货港码头或内陆地区的堆场交付。在这种方式下，货物的交接形态同站到门交接方式。

4. 委托人拼箱交，收货人拆箱接

站到站（CFS to CFS）交接方式。该交接方式是指运输经营人在装货港码头集装箱货运站，或内陆地区的集装箱货运站接受货物（经拼箱后），负责运至卸货港码头集装箱货运站，或其内陆地区的集装箱货运站，经拆箱后向收货人交付。在这种方式下，货物的交接形态一般都是拼箱交接。

以上九种交接方式是集装箱运输中集装箱货物基本的交接方式。除装货海港码头堆场（或海港码头的集装箱货运站）到卸货海港码头堆场（或卸货海港码头集装箱货运站），交接方式适用于海运单一方式运输（包括海上转运）外，其他交接方式都是集装箱货物多式联运下的交接方式。

8.3.3 国际货物的交接程序

1. 出口货物的交接程序

国际海运出口业务是指根据贸易合同中有关运输条件，把国内的订货加以组织，通过海运方式运至国外的一种业务。国际集装箱出口货物的交接程序如下。

1）发放空箱

除货主使用自备箱外，通常整箱货使用的空箱由发货人凭船方签署的提箱单到指定的码头堆场（或内陆场站）领取空箱，并办理设备交接单手续。拼箱货使用的空箱由双方议定交接货物的集装箱货运站负责领取。

2）拼箱货或整箱货装箱

发货人将不足一整箱且以原来形态托运的货物交至集装箱货运站，由货运站根据订舱清单、场站收据和船方的其他指示负责装箱、加封并制作装箱单，然后将集装箱运至码头堆场。整箱货则由发货人自行负责装箱并将已加海关封志的整批货运至码头堆场（或内陆场站），场站业务员根据订舱清单、场站收据及装箱单接收货物。

3）交接签证

集装箱码头堆场在验收货箱后，即在场站收据上签字，并将签署的场站收据交还给发货人，由发货人据以换取提单。

4）换取提单

发货人凭签署的场站收据向船公司或其代理人换取提单，然后到银行结汇。

2. 进口货物的交接程序

国际海运进口业务指根据贸易合同中有关运输条件，把向国外的订货加以组织，通过海运方式运进国内的一种业务。国际进口货物的交接程序如下。

1）发出到货通知

在进口货物船舶抵达国内港口联检后3日内，代办人港口机构填制海运进口货物到货通知书，寄送给委托人或由委托人指明的收、用货单位。委托人或收、用货单位收到海运港口货物到货通知书后，对该通知书逐项进行核对，如发现内容有误，通知代办人港口机构纠正。如属于同一张提单内货物需要分运几个地点，则须告知代办人港口机构，由代办人港口机构根据港口条件酌情受理。

2）监卸和交接工作

（1）一般由船方申请理货，负责把进口货物按提单、标记点清件数，验看包装情况，分清后拨交收货人。监卸人一般是收货人的代办人。监卸人员与理货人员密切配合，把好货物数量和质量关，要求港方卸货人员按票卸货，严禁不正常操作和混卸。

（2）已卸存库场的货物应按提单、标记分别码垛、堆放。

（3）对船边现提货和危险品货物，根据卸货进度及时与车、船方面人员联系，做好衔接工作，防止卸货与拨运工作脱节而产生等车卸货或车到等货的现象。

（4）对于超限重大件货物应事先提供正确的尺码和数量，以便准备接运车驳，加速疏运进度。

（5）货物卸货后，检查有无漏卸情况，在卸货中如发现短损，应及时向船方或港方办理有效签证，并共同做好验残工作。

（6）验卸时要注意查清以下内容：①货物内的包装的残损和异状；②货物损失的具体数量、重量和程度及受损货物或短少货物的型号和规格；③判断致残短少的原因。

3）接货

代办人港口机构收到委托人或收、用货部门对到货通知的反馈后，根据委托人的授权代办加保手续和选择运输方式,在货物由港口发运后,另以承运部门的提货通知(运单)或发通知书,通知委托人或收、用货单位据以收货。代运货物到达最终目的地时,收、用货单位与承运部门办理交接,查验铅封是否完好,外观有无异状,件数是否相符,是否发生残、短。如发现残、短,收、用货单位须及时向承运部门取得商务记录,在货到10日内,交代办人向承运部门、保险公司或责任方办理索赔。如发现国外错装或代办人错发、错运、溢发,收、用货单位须立即采取措施,妥善保管货物,并及时通知代办人。

4) 保险

如以船上交货(Free On Board,FOB)、成本加运费(Cost and Freight,CFR)条件成交的进口货物,在收到发货人装船通知后应立即办理投保手续。目前为简化手续和防止发生漏保现象,也可采用预约保险办法,由负责进口的单位与中国人民保险集团股份有限公司签订进口货物预约保险合同。

【做一做】

根据国际货物运输的要求,一票货从日本运到苏州,办理货物到达交付手续。

【评一评】

相互交换所完成的结果,提出修正意见,每组进行综合,在班级内交流。

项目小结

本项目主要介绍了制定国际货物运输方案:选择国际货物运输方式、拟定国际货物运输线路、确定国际货运代理;签订国际货物运输合同:签订国际货物运输代理合同的基本程序、缮制提单、签订租船合同;国际货物的交接:国际货物的装载方式与交接地点、国际货物的交接方式、国际货物的交接程序。

职业能力训练

一、概念题

1. 不清洁提单。
2. 国际多式联运。
3. 国际货运代理。
4. 大陆桥运输。

二、简答题

1. 国际货运代理的服务对象和服务内容有哪些?
2. 我国目前国际货运代理企业的类型有哪些?
3. 国际货物运输交接的地点和方式是什么?
4. 国际海运货物运输合同包括哪些?
5. 国际货物的运输方式有哪些?

6. 国际远洋航线有哪些？

三、实训题

海运货物运输流程认知

【实训目标】

（1）加深学生对海运货物运输流程的理解。

（2）加深学生对海运货物运输流程各个环节的具体内容的理解。

【实训内容】

以小组为单位参观海运公司，由航运部的主管担任主讲教师，讲解该海运公司的海运货物运输流程。讲解完毕后，组织学生到各部门考察其工作内容。

【实训要求】

对照本书的海运货物运输流程与该海运公司的海运货物运输流程是否一致，并阐述该海运公司在海运货物运输流程各个环节上的操作。

【成果与检测】

（1）以小组为单位写出心得体会。

（2）全班组织召开一次交流座谈会。

（3）根据分析报告和个人在交流中的表现进行评估。

参 考 文 献

[1] 阎子刚. 物流运输管理实务[M]. 2版. 北京：高等教育出版社，2011.
[2] 万耀明，等. 物流运输组织与管理[M]. 3版. 北京：机械工业出版社，2013.
[3] 石磊. 物流运输管理[M]. 上海：上海交通大学出版社，2008.
[4] 武德春，等. 集装箱运输实务[M]. 2版. 北京：机械工业出版社，2013.
[5] 季永青，等. 运输管理实务[M]. 2版. 北京：高等教育出版社，2011.
[6] 付丽茹，等. 运输管理实务[M]. 北京：中国水利水电出版社，2011.
[7] 何柳. 物流运输管理实务[M]. 青岛：中国海洋大学出版社，2010.
[8] 于英. 交通运输工程学[M]. 北京：北京大学出版社，2011.
[9] 苏玲利，等. 运输组织与管理项目式教程[M]. 北京：北京大学出版社，2013.
[10] 黄友文. 运输管理实务[M]. 北京：北京大学出版社，2013.
[11] 钮立新，等. 运输管理项目式教程[M]. 北京：北京大学出版社，2011.

北京大学出版社第六事业部高职高专物流管理系列教材目录

书 名	书 号	主 编	定 价
采购管理实务（第2版）	978-7-301-17917-8	李方峻	30.00
采购实务	978-7-301-19314-3	罗振华，等	33.00
采购与仓储管理实务	978-7-301-23053-4	耿 波	34.00
采购与供应管理实务	978-7-301-19968-8	熊 伟，等	36.00
采购作业与管理实务	978-7-301-22035-1	李陶然	30.00
仓储管理技术	978-7-301-17522-4	王 冬	26.00
仓储管理实务（第2版）	978-7-301-25328-1	李怀湘	35.00（估）
仓储配送技术与实务	978-7-301-22673-5	张建奇	38.00
仓储与配送管理（第2版）	978-7-301-24598-9	吉 亮	36.00
仓储与配送管理实务（第2版）	978-7-301-24597-2	李陶然	37.00
仓储与配送管理实训教程（第2版）	978-7-301-24283-4	杨叶勇，姚建凤	35.00（估）
仓储与配送管理项目式教程	978-7-301-20656-0	王 瑜	38.00
第三方物流综合运营（第2版）	即将出版	施学良	35.00（估）
电子商务物流基础与实训（第2版）	978-7-301-24034-2	邓之宏	33.00
供应链管理（第2版）	即将出版	李陶然	35.00（估）
进出口商品通关	978-7-301-23079-4	王 巾，佘雪锋	25.00
企业物流管理	978-7-81117-804-3	傅莉萍	32.00
物流案例与实训（第2版）	978-7-301-24372-5	申纲领	35.00
物流成本管理	978-7-301-20880-9	傅莉萍，罗春华	28.00
物流经济地理	978-7-301-21963-8	葛颖波，等	29.00
物流商品养护技术	978-7-301-22771-8	李燕东	25.00
物流设施与设备	978-7-301-22823-4	傅莉萍，涂华斌	28.00
物流市场调研	978-7-81117-805-0	覃 逢，等	22.00
物流市场营销	978-7-301-21249-3	张 勤	36.00
物流信息技术与应用（第2版）	978-7-301-24080-9	谢金龙，等	34.00
物流信息系统	978-7-81117-827-2	傅莉萍	40.00
物流信息系统案例与实训	978-7-81117-830-2	傅莉萍	26.00
物流营销管理	978-7-81117-949-1	李小叶	36.00
物流运输管理（第2版）	978-7-301-24971-0	申纲领	35.00
物流运输实务（第2版）	即将出版	黄 河	35.00（估）
物流专业英语	978-7-5655-0210-1	仲 颖，等	24.00
现代生产运作管理实务	978-7-301-17980-2	李陶然	39.00
现代物流概论	978-7-81117-803-6	傅莉萍	40.00
现代物流管理	978-7-301-17374-9	申纲领	30.00
现代物流概论	978-7-301-20922-6	钮立新	39.00
现代物流基础	978-7-301-23501-0	张建奇	32.00
物流基础理论与技能	978-7-301-25697-8	周晓利	33.00
新编仓储与配送实务	978-7-301-23594-2	傅莉萍	32.00
药品物流基础	978-7-301-22863-0	钟秀英	30.00

书 名	书 号	主 编	定 价
运输管理项目式教程（第2版）	978-7-301-24241-4	钮立新	32.00
运输组织与管理项目式教程	978-7-301-21946-1	苏玲利	26.00
运输管理实务	978-7-301-22824-1	黄友文	32.00
国际货运代理实务	978-7-301-21968-3	张建奇	38.00
生产型企业物流运营实务	978-7-301-24159-2	陈鸿雁	38.00

如您需要更多教学资源如电子课件、电子样章、习题答案等，请登录北京大学出版社第六事业部官网 www.pup6.cn 搜索下载。

如您需要浏览更多专业教材，请扫下面的二维码，关注北京大学出版社第六事业部官方微信（微信号：pup6book），随时查询专业教材、浏览教材目录、内容简介等信息，并可在线申请纸质样书用于教学。

感谢您使用我们的教材，欢迎您随时与我们联系，我们将及时做好全方位的服务。联系方式：010-62750667，851085153@qq.com，pup_6@163.com，lihu80@163.com，欢迎来电来信。客户服务 QQ 号：851085153，欢迎随时咨询。